Robert Browning
Byzanz — Roms goldene Tochter

Robert Browning

BYZANZ
Roms goldene Tochter

Die Geschichte
des Byzantinischen Weltreiches

Gustav Lübbe Verlag

© 1982 Gustav Lübbe Verlag GmbH, Bergisch Gladbach
    für die deutsche Ausgabe
© 1980 by Robert Browning

Die Originalausgabe erschien unter dem Titel
›The Byzantine Empire‹ bei Weidenfeld and Nicolson, London
Satz: Computersatz Alois Palmer, Bergisch Gladbach
Druck und Einband: Morrison & Gibb Ltd, Edinburgh

Printed in Great Britain 1982
ISBN 3-7857-0306-6

Inhalt

Vorwort

Byzanz und die byzantinische Welt sind längst keine Stiefkinder des historischen Interesses mehr. Norman Baynes, Steven Runciman, Joan Hussey, Dimitri Obolensky und andere haben die Geschichte des byzantinischen Reiches mit glänzender Darstellungskunst zu erzählen verstanden, wobei die eigenen Forschungsergebnisse dazu beitrugen, Byzanz im Rahmen der mittelalterlichen Gesellschaft noch schärfer hervortreten zu lassen. Georg Ostrogorskys *Geschichte des byzantinischen Staates* oder der 4. Band der *Cambridge Medieval History* sind grundlegende Werke, die der Interessierte immer wieder zur Hand nehmen wird. Wenn ich hier den Darstellungen der allgemeinen Geschichte von Byzanz eine weitere zufüge, dann deshalb, weil ich der Ansicht bin, daß viele historisch interessierte Leser Byzanz als ein starres oder doch nur wenig flexibles Gebilde ansehen, als ein Staatswesen, das weder auf äußeren Druck noch auf die eigene innere Dynamik angemessen reagieren konnte. In diesem Buch habe ich versucht, besonders diejenigen historischen Entwicklungen herauszustellen, welche grundlegende Veränderungen nach sich ziehen, es geht also vorwiegend um das Spannungsverhältnis zwischen Tradition und Fortschritt. Ich bin mir bewußt, daß ich vieles nicht gebührend berücksichtigt habe, doch der Umfang des Buches ist ohnehin schon stärker geworden, als Autor und Verlag geplant hatten.

Zu danken habe ich der Australian National University, Canberra (dort wurden die Anfangskapitel zu Papier gebracht); Susan Archer, die das Manuskript schrieb und manchen Fehler vermeiden half; Martha Caute, die als Lektorin dem Buch bis zur endgültigen Druckreife jede nur erdenkliche Sorgfalt widmete; Catherine Comfort, die einen großen Teil des Bildmaterials besorgte; meiner Frau, der ich bisweilen noch schlimmere professorale Zerstreutheit zumutete als gemeinhin üblich.   R. B.

Einleitung

Edward Gibbon urteilte im Jahr 1776 über die tausendjährige Geschichte von Byzanz, sie sei nicht mehr als »der Triumph der Barbarei und des Christentums«. Für Voltaire war sie »eine billige Ansammlung von Orakeln und Wundergeschichten«, und in Montesquieus *Considérations sur les causes de la grandeur des Romains et leur décadence* lesen wir, das byzantinische Reich sei lediglich »ein tragischer Epilog auf das alte Rom«, »ein Gewirr von Rebellionen, Aufruhr und Verrat«. Nach Ansicht dieser der Aufklärung verbundenen Schriftsteller ist die byzantinische Welt ein fossilienhaftes, starres, nicht entwicklungsfähiges Gebilde in einer sich rapide verändernden Umwelt, in der die Renaissance und das Zeitalter der Aufklärung Gipfelpunkte darstellen. Die historische Entwicklung Europas, aber auch die der Araber, wird folglich so dargestellt, als ob Byzanz ein isoliertes Eigenleben geführt und die eigene Geschichte in keiner Weise nachhaltig beeinflußt habe. Zweihundert Jahre sind seit der Veröffentlichung von Gibbons *Decline and Fall of the Roman Empire* vergangen. Seitdem machte die Byzantinistik große Fortschritte, besonders während des letzten Jahrhunderts. Nicht nur auf dem Gebiet der politischen Geschichte hat die Kenntnis enorm zugenommen; auch Kunst, Musik, Literatur, Technologie, Religion, Philosophie und andere Bereiche der byzantinischen Weltkultur gerieten immer mehr ins Blickfeld der Forschung. Jeder ernsthafte Historiker muß heute das Byzanzbild der Aufklärung als überholt ansehen, denn Byzanz war jahrhundertelang der machtvollste, reichste, der kulturell führende Staat in Europa und im Ostmittelmeergebiet. Sozusagen allgegenwärtig, bestimmte er bisweilen direkt den Gang der Dinge, immer aber war sein Einfluß zu verspüren. Noch viele hundert Jahre nach dem Untergang sind, vergleichbar mit den Schriftzügen eines Palimpsests, seine Spuren zu erkennen. Der aufmerksame Beobachter wird sogar heute noch auf feine Unterschiede in Sozialstruktur und Lebensrhythmus stoßen, welche die alten Grenzen des byzantinischen Reiches markierten. Die Autorität dieser großen, auch mit materiellen Gütern reich gesegneten kulturellen Vormacht läßt sich nachweisen in der politischen Philosophie des russischen Zarenreiches und der Theologie der Anglikaner, in Verwaltungsprinzipien der islamischen Staaten ebenso wie im Patronat einzelner Kirchen in Schottland. Auch moderne geographische Bezeichnungen lassen schon längst Vergangenes aus byzantinischer Zeit fortleben. So trägt der als ›Romagna‹ bekannte Landstrich in Italien diesen Namen, weil er etwa seit 560 n. Chr. zweihundert Jahre lang eine Provinz des byzantinischen Reiches war: ›Romania‹, das Land der Römer, grenzte man scharf ab von den Fürstentümern der barbarischen Langobarden.

Die Vorstellung vom byzantinischen Reich als einem antiquierten Staat inmitten einer sich stürmisch entwickelnden Umwelt ist durch die neueren Forschungsergebnisse ebenfalls überholt. Zugegeben, oft bietet Byzanz äußerlich ein Bild starrer Unbeweglichkeit — Ritus und Etikette in Kirche und Staat, die Phraseologie der Ämter und Behörden ändern sich jahrhundertelang kaum. Blickt man jedoch hinter die Fassade, sind sehr wohl kontinuierliche Entwicklungen zu erkennen. Die Art und Weise, wie sich die Byzantiner selbst sahen, auch wie sie diesem Empfinden in Kunst und Literatur Ausdruck verliehen, war alles andere als einheitlich. Hieraus ablesbare Wandlungen betrafen den zwischenmenschlichen Bereich, das Verhältnis des Bürgers zum Staat, Probleme der Produktionstechniken, aber auch allgemeine wirtschaftliche, politische und kulturelle Fragen, die Byzanz im Verkehr mit dem andersgearteten Ausland zu lösen hatte – mit Westeuropa, den südslawischen Staaten, Rußland, den Nomaden der eurasischen Steppen und mit der islamischen Welt.

Es gibt viele gute Abhandlungen und Handbücher zur politischen Geschichte wie zur Kulturgeschichte von Byzanz. Die Schriften zur politischen Geschichte vernachlässigen bisweilen Aspekte, die nicht rein politischer oder militärischer Natur sind, während Darstellungen der byzantinischen Kulturgeschichte oft dem Werden und Vergehen einzelner Phänomene zu wenig Raum widmen. Dieses Buch soll dem Leser einen breit angelegten allgemeinverständlichen Überblick geben, wobei die sich wandelnden Wertvorstellungen ebenso berücksichtigt werden sollen wie die verschiedenartigen Interpretationen, welche die Byzantiner der eigenen Geschichte und der nicht-byzantinischen Welt angedeihen ließen. Das Buch ist daher nach Perioden gegliedert, wobei jeder Abschnitt einen Überblick zur politischen Geschichte bietet, um den Rahmen für die jeweils folgenden Erörterungen abzustecken.

Zunächst jedoch ein Wort zu den hier verwendeten Namen. Die Byzantiner nannten sich nicht Byzantiner, sondern *Rhomaioi* – Römer. Sie waren sich ihrer Rolle als Erben Roms sehr wohl bewußt, eines Reiches, das jahrhundertelang die Mittelmeerwelt und viele ihrer Randgebiete zu einer politischen Einheit zusammengeschweißt hatte. Sie wußten auch um die Tatsache, daß die Wurzeln des Christentums in diesem römischen Reich lagen; daß dieses Bekenntnis sich hier ausbreitete, zur Staatsreligion wurde und sodann die Grundlage bildete zu einer praktisch die gesamte Reichsbevölkerung umfassenden Volkskirche. ›Römisch‹ und ›christlich‹ galten bei den Byzantinern häufig als Synonyme. So nennen sie sich oft einfach ›die Christen‹ oder ›das Volk der Christen‹, obwohl es jenseits der Grenzen des byzantinischen Reiches immer zahlreiche andere christliche Völker und Staaten gab. Das Wort ›Byzantiner‹ bezeichnet vorwiegend in griechischen literarischen Texten den Einwohner der Stadt Konstantinopel, sonst ist das gebräuchlichere Wort *Konstantinoupolites*. Französische Gelehrte verwendeten im 17. Jahrhundert den Begriff ›Byzantiner‹ als erste im umfassenden Sinn, also auf das Gesamtreich bezogen; sie sprachen auch von der ›byzantinischen Geschichte‹. Das wurde dann in der Folgezeit allgemein üblich, sogar in Griechenland. Daneben aber bezeichnen Begriffe wie ›Oströmisches Reich‹ oder ›oströmisch‹ auch weiterhin das byzantinische Reich. Die Byzantiner nannten sich praktisch nie ›Hellenen‹, obwohl ihre Staatssprache immer das Griechische und die vorherrschende Kultur immer die griechische Kultur war. Die byzantinischen Kaiser und ihre Beamten waren niemals damit einverstanden, wenn westliche Potentaten sie ›Griechen‹ *(Graeci)* nannten oder von einem ›Kaiser der Griechen‹ sprachen. Das Paradox ist offensichtlich, gewährt aber Einblick in einen wichtigen Bereich der byzantinischen Gesellschaft. Der Franzose oder der Deutsche fühlt sich heute der Gemeinschaft zugehörig, die in erster Linie durch die eigene Muttersprache definiert wird. Der Byzantiner sah dies ganz anders, denn das Bild, das er von sich als Bürger hatte, war je nach den historischen Umständen ganz verschieden – wie wir zeigen werden. Er fühlte sich niemals als Bürger eines Nationalstaates – Frankreich und England wären hier als Beispiel zu nennen – aber auch nicht als Angehöriger einer Sprachengemeinschaft oder einer ethnischen Gruppe, wie das in Italien oder Deutschland bis zur Mitte des 19. Jahrhunderts der Fall war.

Die Grenzen des byzantinischen Reiches waren zu bestimmten, höchst unruhigen Zeiten äußerst fließend, dann wieder gab es Perioden, in denen der Staat sehr lange als festumrissene Einheit gelten konnte. Landkarten belegen dies viel anschaulicher als viele Worte. Läßt man die kleineren Grenzveränderungen außer acht, vollzog sich ein wirklich bedeutsamer Wandel im 6. Jahrhundert, als Justinian Italien, Nordafrika und Südspanien wiedereroberte und diese Gebiete den dort etablierten germanischen Königreichen entriß; im 7. Jahrhundert, als im ersten großen Ansturm des Islam Syrien, Palästina, Ägypten und Nordafrika für immer verlorengingen, als slawische Völker, dann das bulgarische Reich den größten Teil des nördlichen Balkan für sich in Anspruch nahmen, als die Langobarden weite Gebiete Italiens besetzten; im 9. Jahrhundert, als die Araber Sizilien und Kreta einnahmen; im 10. Jahrhundert, als Byzanz Armenien, Nordmesopotamien, einige Landstriche in Nordsyrien und Kreta zurückgewann und ein großer Teil Süditaliens wieder oströmisch wurde; im 11. Jahrhundert, als das bulgarische Reich vernichtet und Territorien im Nordbalkan an Byzanz zurückfielen, während gleichzeitig die Seldschuken in Kleinasien an Boden gewannen; im 13. Jahrhundert, als die am 4. Kreuzzug beteiligten Kreuzritter Konstantinopel eroberten und den europäischen Teil von Byzanz nahezu vollständig unter sich aufteilten (es blieben allerdings einige kleine oströmische Teilherrschaften bestehen; von einem dieser Fürstentümer in Kleinasien ging die Initiative zur Wiedereroberung Konstantinopels und die Neugründung eines — freilich geschwächten und verkleinerten — byzantinischen Reiches aus); im 14. Jahrhundert, als die Byzantiner Kleinasien und Thrakien an die türkischen Osmanen verloren, während das serbische Reich der Erbe anderer europäischer Besitzungen von Byzanz wurde, der byzantinische Staat somit zusammenschrumpfte auf Konstantinopel, Thessaloniki, einen Teil der Peloponnes und einige Inseln in der Ägäis.

Sind wir berechtigt, bei einem Staatswesen, dessen geographische Ausdehnung solch drastischen Veränderungen ausgesetzt war, von Kontinuität zu reden? Die Antwort heißt ja. Die Byzantiner waren sich da ganz sicher — in ihren Augen gab es niemals Neuanfänge, sondern immer nur die Wiederherstellung früherer Zustände. Das Bewußtsein von der Kontinuität politisch-staatlicher Organisationsformen und der Einheitsgedanke in Religion und Kultur waren so übermächtig, daß man auch schmerzhafte Gebietsverluste verkraftete. Dies zeigt deutlich, daß man Byzanz, die Verkörperung einer Kultur, nicht als Territorialstaat bezeichnen kann, das Reich ist also nicht vergleichbar mit den Nationalstaaten der frühen Neuzeit. Es war natürlich auf ein Staatsgebiet angewiesen, doch sein Umfang erwies sich im Hinblick auf seine politische und kulturelle Identität als bedeutungslos. Ein einziges Stück Land allerdings durfte niemals über eine längere Zeit hinweg verlorengehen, was die Kontinuität des Reiches in Frage gestellt hätte: es war das Gebiet der Stadt Konstantinopel, einer von Konstantin im Jahr 330 n. Chr. eingeweihten Neugründung, deren offizieller Name immer ›Konstantinoupolis Nea Rome‹ (Konstantins Stadt Neu-Rom) gewesen war. Nachdem die Kreuzfahrer im Jahr 1204 Konstantinopel erobert hatten, betrachteten sich die überlebenden Nachfolgestaaten nicht in jeder Beziehung als Erben des byzantinischen Reiches; erst der Besitz der Hauptstadt setzte einen dieser Staaten in den Stand, Anspruch auf das legitime Erbe zu erheben und auch anerkannt zu werden. Läßt man die vielen Usurpationen in der Geschichte von Byzanz an sich vorüberziehen, zeigt sich deutlich, daß kein Kaiser über eine längere Zeitspanne hinweg eine Chance hatte, auch nur gebietsweise voll anerkannt zu werden, falls er sich nicht auch in der Hauptstadt etablieren konnte; daß andererseits der Widerstand gegen einen Usurpator rasch in sich zusammenfiel, hatte er erst einmal die Hauptstadt in seiner Hand. Im Blick auf die Landgewinne und -verluste im Verlauf der byzantinischen Geschichte drängt sich noch eine weitere Frage auf: Ist das Wirkungsfeld der byzantinischen Kultur notwendigerweise identisch mit dem Reichsgebiet? Für die letzte Periode, als Byzanz zu einem Kleinstaat auf dem Balkan geschrumpft war, heißt die

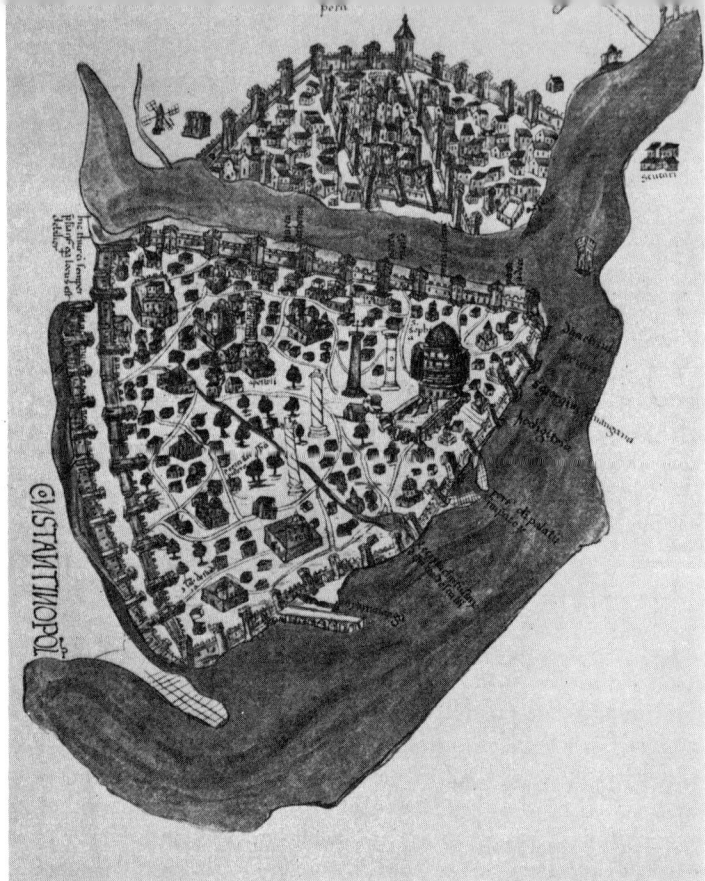

Antwort natürlich nein. Denn die griechische Sprache und Kultur, die orthodoxe Kirche und auch so etwas wie eine byzantinische Weltanschauung waren damals in weiten Gebieten zu finden, die von anderen Mächten beherrscht wurden. Kultureller Einfluß und politische Macht klafften also weit auseinander, doch war dies vielleicht mehr ein Symptom des endgültigen Niedergangs als ein dauerhafter Zustand. Insbesondere deckten sich die Autorität der orthodoxen Kirche und die politische Einflußsphäre des byzantinischen Staates in keiner Weise, was viele Probleme mit sich brachte.

Man könnte daher annehmen, daß Staat und Kultur ein notwendiges Korrelat bildeten und auf lange Sicht nur geringfügige Verschiebungen verkraftet werden konnten. Bei näherer Untersuchung ergibt sich jedoch, daß sowohl das Problem der politischen Einflußsphäre als auch das der Ausbreitung der byzantinischen Kultur im Sinne einer präzisen Grenzziehung nie akut war, denn die Anliegerstaaten wurden von Byzanz in jeweils ganz unterschiedlicher Intensität beeinflußt. Selbst die politischen Grenzen des Staates zu definieren ist oft schwierig, wie die Detailbetrachtung zeigt: es gab Gebiete, in denen man die byzantinische Oberhoheit anerkannte, obwohl sie außerhalb des Zugriffs der byzantinischen Verwaltung lagen; andere Gebiete befanden sich im Einflußbereich der Byzantiner und gleichzeitig in dem einer anderen Macht; einige angrenzende Territorien zahlten zwar eine Art von Tribut, erkannten eine byzantinische Oberhoheit jedoch nicht an; schließlich gab es noch Abhängigkeiten jeden Grades: hier war alles möglich, von der kaum verhüllten dauerhaften Unterjochung bis hin zum frei vereinbarten Vertragsverhältnis zwischen unabhängigen Staaten. Auch in dieser Hinsicht war Byzanz ein ganz anderer Staat als etwa der moderne Nationalstaat mit seinem klar umrissenen Souveränitätsanspruch, er ist auch nicht zu vergleichen mit den meisten mittelalterlichen Staaten Europas, bei denen Staatssouveränität und individuelle Herrschaftsrechte öfters kollidierten. Byzanz war das Zentrum eines weit ausgreifenden Einflußbereichs, und zwar in politischer, religiöser und kultureller Hinsicht. Oftmals fällt ihm daher eine Schlüsselrolle bei Entscheidungen zu, die selbst entfernteste Gebiete betreffen. D. Obolensky hat kürzlich in seiner anregenden Studie über *The Byzantine Commonwealth* gezeigt, daß man diesen Staat auch als ›Commonwealth‹ beschreiben kann, dem alle jene Völker und Staaten angehörten, die starke, dauerhafte Bindungen mit dem byzantinischen Reich pflegten, seien diese nun offizieller Art gewesen oder nicht. Das ist ein gangbarer Weg, auch wenn er unter Historikern umstritten bleibt. Unbestritten ist zum Beispiel, daß sich das mittelalterliche Bulgarien oder Georgien nur dank der dominierenden Ausstrahlungskraft von Byzanz so entwickeln konnte. Viele italienische Stadtstaaten, etwa Venedig, Neapel oder Amalfi, waren ursprünglich Bestandteile des Reiches und somit dem byzantinischen Einfluß ausgesetzt. Nur langsam gelang es ihnen, dieses Einfluß zurückzudrängen, etwa im Bereich der Politik oder des gesellschaftlichen Lebens. Und doch dürfte es sehr schwierig sein, den Zeitpunkt anzugeben, ab wann diese Stadtstaaten nicht mehr zum ›byzantinischen Commonwealth‹ gehörten. Das Reich von Kiew war in politischer Hinsicht im 11., 12. und 13. Jahrhundert nie Teil des byzantinischen Reiches gewesen — dasselbe gilt auch für das spätere Großfürstentum Moskau —, doch beeinflußte Byzanz nahezu völlig das gesamte Kulturleben, die russische Kirche erkannte die führende Rolle des Patriarchen von Konstantinopel an und überdies betrachtete man das Verhältnis zu diesem Staat stets unter dem Aspekt einer gewissen Sonderbeziehung. Nach dem Fall Konstantinopels im Jahr 1453 sah sich der Großfürst von Moskau als legitimer Erbe des byzantinischen, also auch des römischen Reiches und erklärte das Moskowiterreich zum ›Dritten Rom‹.

Der Vorgang darf nicht als leeres Geschwätz eines arroganten Gernegroß mißverstanden werden, sondern er reflektiert das Bewußtsein, zur byzantinischen ›Einflußsphäre‹ zu gehören, obwohl kein byzantinischer Kaiser jemals irgendeine Art von Souveränitätsanspruch über die unendlichen Weiten Rußlands angemeldet hat.

Hier kommen wir an den Ausgangspunkt unserer Betrachtung zurück. Ohne die Einbeziehung von Byzanz bleibt eine Geschichte Europas und des Nahen Ostens bruchstückhaft, denn der Einfluß dieses bisweilen sehr kraftvollen, immer aber traditions- und prestigebewußten Staates gründete auf einem legitimen Anspruch, den andere Gemeinwesen nicht erheben konnten. Gerade auch in Zeiten der Schwäche offenbarte sich hier

Musiker mit Instrument. Sophienkirche in Kiew, frühes 12. Jh.

eine kulturelle Tradition, die den direkten Zugang zum Denken der Kirchenväter und zur griechischen Klassik bewahrte. Daß dieses Reich die Jahrhunderte überdauerte, ist Beweis genug für die Qualität, aber auch für die Flexibilität seiner fundamentalen Prinzipien. Sein komplexer Verwaltungsapparat, sein hervorragend entwickeltes Rechtssystems, sein Reichtum, seine fortschrittliche Technologie machten das byzantinische Reich, modern ausgedrückt, zu einer Supermacht — zumindest bis zur Katastrophe während des 4. Kreuzzuges.

Unschwer ist das Ende von Byzanz zu bestimmen. Am 29. Mai 1453 erstürmte die türkische Armee des Sultans Mohammed II. die Stadt Konstantinopel; Kaiser Konstantin XI. fiel im Kampf um seine Hauptstadt. An jenem Tag hörte ein politisches Gemeinwesen auf zu existieren, dessen Ursprünge bis ins 8. Jahrhundert v. Chr. zurückreichten, die Sage von Romulus und Remus, von der Gründung der Stadt Rom am Tiberufer weist darauf hin. Auch nach 1453 gab es einige byzantinische Gebiete, die von den Eroberern nicht besetzt wurden, etwa in der Peloponnes. Aber das Kaisertum erlosch, die letzten Reste der alten Verwaltungsorganisation zerfielen, und selbst loyale Untertanen des byzantinischen Reiches erkannten, daß es zu Ende gegangen war. Mit der Situation nach 1204 war das alles nicht zu vergleichen, denn damals blieb die Reichstradition in einzelnen byzantinischen Kleinstaaten lebendig, bis einer von ihnen später erneut Anspruch auf das legitime Erbe erhob. Nach 1453 konnte die Hoffnung auf eine Wiederherstellung des Reiches nur eschatologischer Natur sein.

Verschiedentlich wird die Meinung vorgetragen, das byzantinische Reich sei mit der Eroberung Konstantinopels 1204 durch die Kreuzfahrer mit der damaligen Zerstückelung des Reichsgebietes zu Ende gegangen, eine These, die viel für sich hat. Das im Jahr 1261 wiedererstandene Reich war ein Schatten seiner selbst. Macht und Reichtum waren dahin, auch bestand sein Territorium bald nur noch aus einer Handvoll verstreuter Enklaven. Doch ließen die Bürger die Verbindung zur Vergangenheit nicht abreißen. Die politische Ideologie blieb trotz einiger Veränderungen lebensfähig, das Bewußtsein, die kulturelle Vormacht zu sein, war weiterhin sehr lebendig, und bis zum Jahr 1453 gestanden Freunde wie Gegner diesem Staat eine Art von Sonderstatus zu. Byzanz war kein Staatswesen wie die vielen anderen Staaten, auch war Konstantinopel keine gewöhnliche Stadt. Unsere Untersuchung der byzantinischen Geschichte wird daher bis zur Eroberung Konstantinopels durch die Türken im Jahr 1453 reichen.

Die Frage nach dem Beginn der byzantinischen Geschichte wirft ein anderes Problem auf. Byzanz wurzelt in der römischen Spätantike, die, was ihre staatliche Organisation, ihre Kulturleistung und ihr Lebensgefühl betrifft, mit dem römischen Reich des Kaisers Augustus, der Flavier oder etwa eines Marc Aurel nicht vergleichbar ist. Grundlage der Spätantike war die umfassende Neugestaltung politischer und wirtschaftlicher Strukturen durch die römische Führungsschicht nach einem halben Jahrhundert der Anarchie, das mit dem Tod des Kaisers Severus Alexander 235 n. Chr. begonnen hatte. Einige Historiker sehen in dieser Zeit der Wirren den Beginn der eigentlichen byzantinischen Geschichte. Andere bezeichnen die Einweihung der neuen Hauptstadt am Bosporus durch Konstantin im Jahr 330 als Beginn einer neuen Epoche, wieder andere sehen in der Reichsteilung von 395 oder im Staatsstreich Odoakars, der 476 den letzten Westkaiser davonjagte, das entscheidende Datum. Nicht zuletzt weisen verschiedene Historiker darauf hin, daß erst nach den Eroberungen des Islam, nach dem Verlust von Syrien,

links: Christus Pantokrator, Apsismosaik der Kathedrale in Cefalù, Sizilien. Obwohl Sizilien seit 1072 von den Normannen beherrscht wurde, ist das Mosaik (um 1155) wahrscheinlich das Werk byzantinischer Künstler.

Palästina, Ägypten und Nordafrika, auf den Resten des römischen Reiches das byzantinische Reich entstanden sei. Periodisierungsprobleme erwachsen aus der Tatsache, daß die Geschichte wirklich historische Epochen kennt — sie müssen also nicht erst von dem um Systematisierung bemühten Historiker hilfsweise zitiert werden —, daß aber dennoch eine exakte Abgrenzung praktisch unmöglich erscheint. Altes dauert an, Neues entsteht, Tradition und Fortschritt gehen einige Zeit miteinander, und den Beginn einer neuen Epoche auf ein genaues Datum zu fixieren heißt, eine willkürliche Wahl zu treffen. Was Byzanz von der Spätantike grundlegend unterscheidet, ist in seinem spezifischen Verhältnis zum Christentum begründet. Das Christentum war nicht nur Staatsreligion und Bekenntnis der großen Mehrheit der Bevölkerung, sondern es beherrschte das Denken in politischer, in intellektueller und künstlerischer Hinsicht vollkommen und gab ihm eine besondere Qualität. Das alles kam nicht über Nacht, denn während einer Übergangsperiode wurde der christliche Glauben lediglich als Bekenntnis zugelassen, dann bevorzugt, erst später zur allein geduldeten Religion erklärt. In dieser Zeit nahmen die führenden Familien des Reiches, die Vermittler des klassischen Kulturerbes, allmählich das Christentum an. So wurde das Erbe der griechisch-römischen Antike vom Christentum nicht abgestoßen, sondern aufgesogen, und eine fruchtbare gegenseitige Durchdringung begann. Die Offenbarungsreligion gewann an Ansehen, als man dazu überging, sie auch im Rahmen der Traditionen griechischer Philosophie zu sehen. Bisweilen wurde sogar dem christlichen Dogma widersprechendes Gedankengut anerkannt, so das eines Aristoteles oder Plato. Gleichzeitig übernahm man vieles aus der klassischen Literatur und Kunst, ebenso die entsprechenden Kulturtechniken, und glich sie den Erfordernissen einer christlichen Gesellschaft an, indem man allegorische Umdeutungen vornahm oder dem antiken Kulturgut den Rang von Hilfswissenschaften zubilligte.

Die Epoche, in der sich jene Verschmelzung zwischen klassischem Kulturerbe und Christentum vollzog, war das Zeitalter der Kaiser Konstantin d. Gr., Julian und Theodosius, der großen Theologen der Ostkirche Gregor von Nazianz, Basilius, Gregor von Nyssa, Johannes Chrysostomus, der Kirchenväter des Westens Ambrosius, Hieronymus und Augustin. Es war aber auch das Zeitalter, in dem die meisten der lateinsprachigen Gebiete des Westens zu germanischen Königreichen wurden und ein zentralistischer Reichsaufbau mit einer mächtigen Bürokratie das alte Gleichgewicht zwischen kaiserlicher Reichsverwaltung und städtischer Selbstverwaltung ablöste.

Aus zwei Gründen kann man diese Zeit nicht einfach als einen Prolog zur tausendjährigen Geschichte von Byzanz ansehen. Wir müssen uns vor Augen halten, daß sie ganz spezielle, wichtige und schwierige Probleme zu lösen hatte, eine reiche Überlieferung legt davon Zeugnis ab. Außerdem zeigt die umfassende Analyse, daß diese Zeit als ›Spätantike‹ der Geschichte der Alten Welt zuzurechnen ist, nicht dem Mittelalter. Konstantin hat mit Kaisern wie Aurelian oder Marc Aurel mehr gemeinsam als etwa mit Justinian oder jedem späteren byzantinischen Herrscher, die Bischöfe Gregor von Nazianz und Augustin sind nach Bildung, Gedankenwelt und persönlichem Handeln unbestritten Menschen der Antike.

Wir beginnen daher die Darstellung der byzantinischen Geschichte nicht mit der Periode, in der das Christentum triumphiert oder in der die Synthese klassischer und christlicher Traditionen abgeschlossen ist; auch die Kirchenväter und die großen ökumenischen Konzilien werden nur indirekt behandelt werden. Als Datum kann man vielleicht das Jahr 500 n. Chr. nennen. Das heißt nicht, daß damals das Altertum zu Ende gegangen wäre — die frühe byzantinische Geschichte erwächst geradezu aus dem Gegensatz zwischen Alt und Neu. Doch der historische Wandel wird zu dieser Zeit schon klar erkennbar, und das Neue bricht so unwiderstehlich herein, daß ein Zurück undenkbar erscheint.

1
Ein neues Reich entsteht
(500 - 641)

Kaiser Herakleios, Kolossalstatue in Barletta, Süditalien, frühes 7. Jahrhundert.

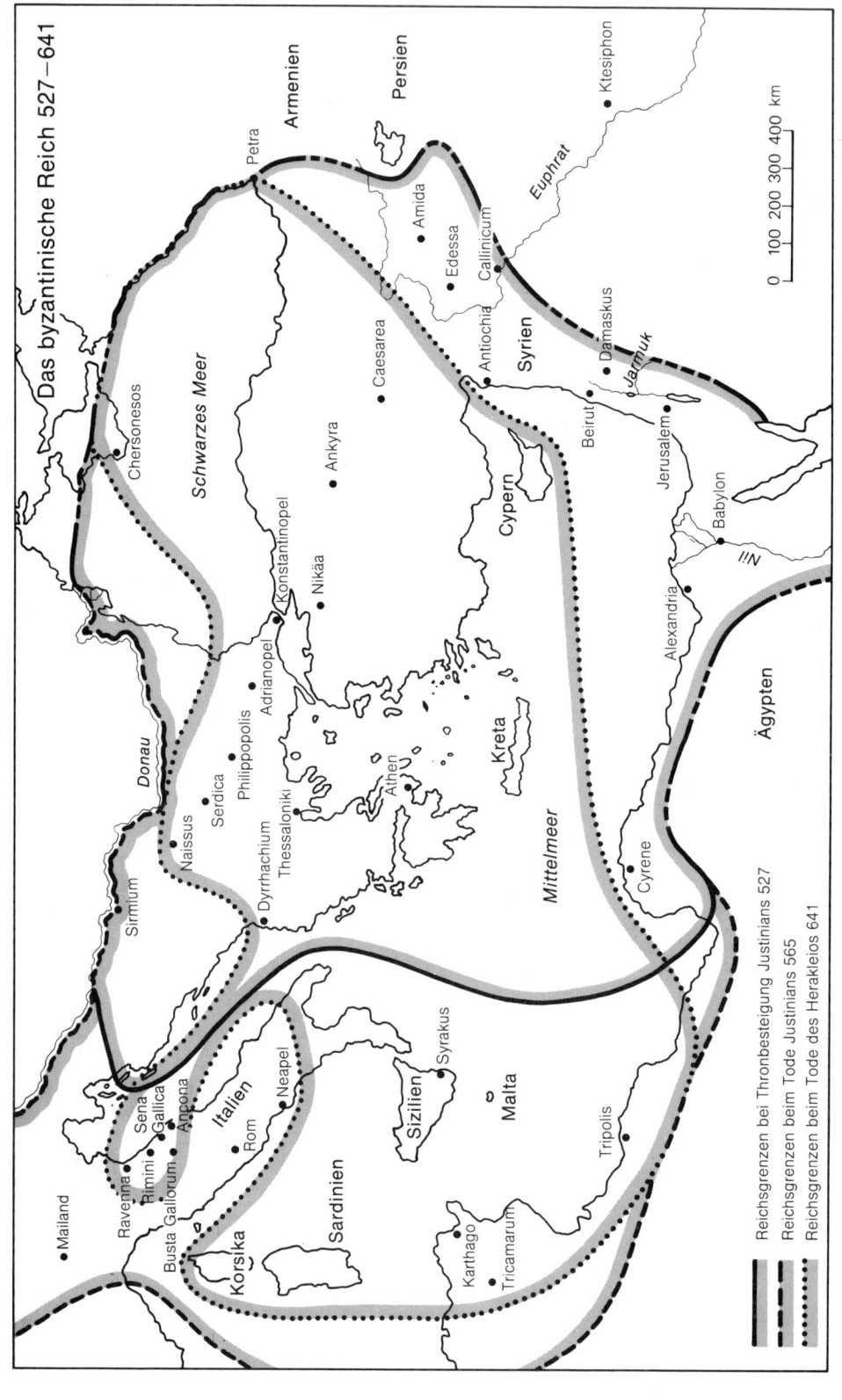

Das byzantinische Reich 527–641

0 100 200 300 400 km

Armenien
Persien
Ktesiphon
Petra
Euphrat
Amida
Edessa
Callinicum
Damaskus
Schwarzes Meer
Antiochia
Syrien
Jarmuk
Chersonesos
Caesarea
Beirut
Ankyra
Cypern
Jerusalem
Babylon
Konstantinopel
Nikäa
Nil
Adrianopel
Alexandria
Philippopolis
Serdica
Donau
Athen
Kreta
Naissus
Thessaloniki
Dyrrhachium
Mittelmeer
Cyrene
Sirmium
Ägypten
Neapel
Italien
Rom
Syrakus
Ravenna
Sena
Sizilien
Gallica
Malta
Rimini
Ancona
Busta Gallorum
Tripolis
Mailand
Korsika
Sardinien
Karthago
Tricamarum

Reichsgrenzen bei Thronbesteigung Justinians 527
Reichsgrenzen beim Tode Justinians 565
Reichsgrenzen beim Tode des Herakleios 641

Das Ende der Alten Welt

Die erste Periode, der wir uns zuwenden wollen, reicht von etwa 500 bis zum Jahr 641, dem Todesjahr des Kaisers Herakleios. Die politische Geschichte am Anfang und Ende dieser Zeitspanne wird durch zwei große Völkerbewegungen gekennzeichnet. Zu Beginn des 6. Jahrhunderts herrschte Kaiser Anastasios in Konstantinopel. Seit einem Vierteljahrhundert war der weströmische Kaiserthron verwaist. Italien mit Sizilien und einem Landstrich an der dalmatinischen Küste war Theoderich, dem König der Ostgoten, zugefallen, der in Ravenna Hof hielt. Ende des 5. Jahrhunderts war er auf Veranlassung des oströmischen Kaisers mit seinen Ostgoten in Italien einmarschiert und hatte dort im Kampf gegen andere germanische Stammesgruppen die Herrschaft errungen; ein Sieg, der dem Kaiser sehr gelegen kam, denn die zuvor auf seinem Gebiet siedelnden Ostgoten hätten ihm selbst gefährlich werden können. Weiter im Westen hatten die Franken, von Nordwestdeutschland und Holland herkommend, nahezu ganz Gallien unterworfen und die gerade dort siedelnden Burgunder und Westgoten entweder besiegt oder vertrieben. Die Westgoten zogen weiter nach Spanien und gründeten dort ein Königreich, wobei sie das Land mit den Sueben teilten, einem mit ihnen verwandten Stamm. Im römischen Afrika (auch Sardien, Korsika und die Balearen wurden erobert) hatten die Wandalen ein Königreich begründet, ein germanischer Stammesverband, dessen Heimat im Ostseeraum zu suchen ist. Bevölkerungsdruck und Beutelust waren die Ursachen für ihren weiten Zug, der sie über Nordrußland, entlang des Dnjepr zum Schwarzen Meer, dann quer durch Europa nach Gallien und Spanien geführt hatte. Eine Zeitlang verbündeten sie sich dort mit einer Gruppe von Alanen. Dann veranlaßte der römische Gouverneur der Provinz Afrika, Bonifatius, den Wandalenkönig Geiserich, in Afrika Fuß zu fassen, denn Bonifatius brauchte Unterstützung bei seinem Aufstand gegen die Regierung in Rom. Etwa 80 000 Wandalen kamen über die Meerenge von Gibraltar herüber, davon mögen 15 000 Mann kampffähig gewesen sein. Sehr bald hatten sie Mauretanien und Numidien erobert, Bonifatius und die ihn bekämpfenden römischen Generäle ausgeschaltet; im Jahr 435 schlossen sie einen Vertrag mit Rom. Einige Jahre später vertrieben sie die römischen Truppen vollständig aus der Provinz Afrika, und Geiserich wurde König eines wandalischen Königreiches mit der Hauptstadt Karthago. Zu Beginn des 6. Jahrhunderts beherrschten die Nachfolger Geiserichs Nordafrika unangefochten. Die germanischen Staaten auf dem Boden des weströmischen Reiches waren seltsam organisiert. Überall waren die bodenständigen römischen Provinzialen den Eroberern an Zahl weit überlegen. Da die Eindringlinge von den Erträgen der wirtschaftlich abhängigen Landbevölkerung lebten, konnte man sie nicht vertreiben. Die Germanen blieben eine von der übrigen Bevölkerung getrennte Kriegerkaste, sie allein durften Waffen tragen; die römische Zivilverwaltung wurde im wesentlichen fortgeführt und diente jetzt den neuen Herren. Über das Nebeneinander von Germanen und Römern gab es von Königreich zu Königreich sehr verschiedene Bestimmungen. Römische Christen in Ost und West betrachteten die arianischen Ostgoten, Westgoten und Wandalen unverhohlen als Ketzer. Allein diese Tatsache zog eine Trennungslinie, deren Wirkung sich durch die Sprachbarriere und den andersartigen Lebensstil noch verstärkte. Die Franken unter König Chlodwig waren zwar Katholiken, wahrscheinlich auch der volkreichste germanische Stamm. Doch auch bei ihnen ging der Ausgleich zwischen beiden Gruppen nur langsam vonstatten. Die römische Bevölkerung tat sich schwer, jenen neuen politischen Gebilden ein gewisses Maß an Loyalität entgegenzubringen, da sie ihrer Natur nach zum Schmarotzertum neigten. Die Wandalen verbargen ihre Verachtung der Untertanen nicht, sie verfolgten zeitweise auch offen die katholische Kirche. Die Ostgoten andererseits suchten unter ihrem großen König Theoderich die Unterstützung auch der italischen Bevölkerung zu gewinnen, soweit die ostgotische Herrschaft selbst unberührt blieb. Theoderichs Vision einer Verschmelzung von Römern und Ostgoten gehörte jedoch einer fernen Zukunft an.

Die östliche Reichshälfte konnte sich inzwischen, von Invasionen nahezu ungestört, frei entwickeln. Die Donaugrenze war zwar nicht mehr so gesichert wie zu Zeiten der Blüte des Reiches, auch wurden die Donauprovinzen bisweilen ausgeplündert und gebrandschatzt; in den dicht besiedelten Gebieten um das östliche Mittelmeer herrschte jedoch Frieden. Im Osten lag das persische Reich der Sassaniden, mit dem das römische Reich immer wieder seine Schwierigkeiten hatte, denn die gemeinsame Grenze vom Kaukasus bis zur arabischen Wüste war lang. Aber bei dem Stand der antiken Kriegstechnik konnte keine Großmacht die andere jemals völlig vernichten. So ging es bei Auseinandersetzungen meist nur um Prestigefragen, und man konnte hier zu einvernehmlichen Lösungen kommen.

Der Regierung in Konstantinopel bereiteten die Probleme an der persischen Grenze und an der Donau kein größeres Kopfzerbrechen, denn man mußte seit fünf Jahrhunderten mit ihnen leben. Anders stand es mit dem Verlust Italiens und der übrigen Westprovinzen. Dieser Vorgang war neu, und er berührte die Einheit eines Reiches, in dem jahrhundertelang das Mittelmeer als natürliches Bindeglied gegolten hatte. Die Füh-

Der Palast Theoderichs in Ravenna, mit der Stadt im Hintergrund. Langhaus von S. Apollinare Nuovo, Ravenna. Als die Stadt 540 oströmisch wurde, ließ Justinian die zwischen den Säulen angebrachten Portraits ostgotischer Adeliger entfernen und durch Vorhänge ersetzen.

rungsschicht und viele Reichsbewohner gingen damals davon aus, daß jenes Reich kein historisches Zufallsprodukt, sondern Teil des göttlichen Heilsplanes für die Menschheit sei; sein Gebiet durfte demnach keinesfalls auf Dauer verkleinert werden. Römischer Stolz und christlicher Missionseifer drängten den Kaiser in Konstantinopel, die verlorenen Gebiete wiederzugewinnen. Im Jahr 468 schlug der Versuch, Afrika aus der Hand der Wandalen zu befreien, kläglich fehl. Seitdem war die Lobby westlicher Exulanten in Konstantinopel, verstärkt durch italische und afrikanische Dissidenten, besonders rührig, auf den Rechtsanspruch des Kaisertums und die Notwendigkeit des christlichen Glaubenskampfes hinzuweisen.

Im Jahr 527 bestieg Kaiser Justinian den Thron in Konstantinopel. Schon während der neunjährigen Herrschaft seines Onkels Justin I., eines Bauernsohnes aus der Gegend von Niš, der beim Militär Karriere gemacht hatte, galt Justinian als eine Art ›Graue Eminenz‹. Der neue Kaiser vereinte Ehrgeiz mit Klugheit, überdies war er von seinen eigenen Fähigkeiten überzeugt. Er betrachtete sich als das Werkzeug Gottes; seine Aufgabe war es, die römische Macht und das Ansehen des Reiches überall wiederherzustellen. Seine großartige, für die Rechtsentwicklung in Europa grundlegende Kodifikation des römischen Rechts ist notwendigerweise eine Teamarbeit von Juristen gewesen — zu nennen ist hier vor allem der hervorragende Rechtsgelehrte Tribonian —, doch ohne Justinians nimmermüdes Engagement hätte das Werk niemals zu Ende geführt werden können. Er ließ die große Kirche der Heiligen Weisheit (Hagia Sophia), die während eines Aufstands 532 niederbrannte, wieder neu aufbauen, wobei er die Mitarbeit so berühmter Architekten wie Anthemius und Isidor gewann. Justinian war nicht nur die treibende Kraft bei solchen Unternehmungen, er kümmerte sich auch persönlich um die Bereitstellung der erforderlichen Mittel. Zu Beginn seiner Regierung beschloß er, die Reichseinheit durch die Wiedergewinnung der Westprovinzen zu erneuern. Nach kluger diplomatischer Vorarbeit zerschlug seine Armee unter der Führung des jungen Generals Belisar in kürzester Frist das Wandalenreich; Afrika war 534 wieder römisch. Belisar kämpfte wenig später auch gegen die Ostgoten in Italien, doch mit wechselndem Erfolg. Ravenna, die

Hauptstadt der Ostgoten, fiel 540, aber der neue König Totila gewann die Mithilfe der verarmten Landbevölkerung und konnte so die Römer wieder aus Italien vertreiben. Justinian konzentrierte nun alle Macht- und Geldmittel des Reiches auf Italien, und langsam stellte sich der Erfolg ein. Mühsam wurde Stadt um Stadt zurückerobert, trotzdem leisteten vereinzelte ostgotische Stützpunkte nördlich des Po bis weit in die 50er Jahre hinein Widerstand. Um 560 bot das römische Italien ein Bild der Verwüstung: Die Bevölkerung, dezimiert und vielfach aus den zerstörten Städten vertrieben, war entwurzelt, die reiche, kulturell führende Schicht der senatorischen Großgrundbesitzer existierte nicht mehr.

Auch Südspanien war um diese Zeit wieder römisch geworden, die Reichseinheit schien nahezu wiederhergestellt; doch der Preis war hoch. Die ungeheuren Militärausgaben hatten die Reichsfinanzen bis zum äußersten strapaziert, die Konzentration nahezu aller Kräfte im Westen hatte darüber hinaus zu einer gefährlichen Vernachlässigung der im Osten anstehenden Probleme geführt. Justinian wollte den Frieden mit Persien und mußte dafür enorme Summen aufbringen, nur um im Westen freie Hand zu haben. An der Donaugrenze verstärkte sich der Druck der Slawen und der Nomadenvölker des Ostens, die hier errichteten Grenzfestungen konnten nur ungenügend durch römische Truppen besetzt werden. Die militärische Lage verschlechterte sich durch die verheerende Wirkung der Beulenpest, die im Jahr 542 auftrat, doch auch in späteren Jahren immer wieder Opfer forderte. So hinterließ Justinians herausragende Leistung, die Wiedereroberung Italiens, Afrikas und eines Teils von Spanien, den Nachfolgern eine Menge ungelöster Probleme. Alle Machtentfaltung, alle kulturellen Glanztaten ließen seine

links: Maria mit dem Kind, flan-
kiert von Konstantin, der seine
Stadt der Muttergottes zum
Geschenk darbringt, und Justinian
in ähnlicher Haltung mit der Hagia
Sophia. Mosaik in der Hagia
Sophia, 10. Jh.

Marmorkopf einer Kaiserin, wahrscheinlich Theodora, die Gattin
Kaiser Justinians.

Regierung nicht, wie er erhofft hatte, zum Beginn einer neuen Zeit werden, sondern sie
wirken wie ein letzter, verzweifelter Versuch, ein schon zum Abbruch bestimmtes
altersschwaches Gebäude notdürftig abzustützen.
Im Jahr 565 starb Justinian; nur wenig später ging ein Großteil Italiens an die Langobarden verloren, einen germanischen Volksstamm, der von Ungarn her nach Westen
vorgestoßen war. Die Westgoten gewannen bald nach 600 Südspanien zurück, und in
Afrika gelang es einzelnen Berberstämmen, sich auf Dauer der römischen Autorität zu
entziehen. Nur in der alten römischen Provinz Afrika, dem heutigen Tunesien, und in
einigen Küstenstädten, gelang der Wiederaufbau einer effektiven Verwaltung. Justinians
unmittelbare Nachfolger Justin II. (565–578), Tiberius (578–582) und Maurikios
(582–602) mußten der höchst bedenklichen Entwicklung im Westen tatenlos zusehen, da
sie im Osten alle Hände voll zu tun hatten. An der 1600 km langen Ostgrenze wurden die
Perser sehr aktiv; im Balkangebiet gerieten die Dinge außer Kontrolle, als immer mehr
slawische Stämme durch das Nomadenvolk der Awaren auf das Reichsgebiet gedrückt
wurden. Zeitweise verbündeten sich die Awaren mit den Römern gegen die Slawen,
bisweilen machten sie mit den Slawen gemeinsame Sache. Die vielen verlustreichen
Abwehrkämpfe verwüsteten damals das ganze nördliche Balkangebiet und ruinierten viele
Städte für immer. Erst als sich die Awaren weiter nach Westen wandten und in Kämpfe
mit den Franken verwickelt wurden, gewann Kaiser Maurikios, wie zuvor an der
persischen Grenze, auch hier die Initiative langsam zurück. Es gelang ihm, Awaren und
Slawen über die Donau nach Norden abzudrängen. Doch der Erfolg kam zu spät. Seine
Günstlingswirtschaft, die hohe Steuerbelastung der Bevölkerung, zuletzt noch der Ver-

such, den Sold der Truppe zu kürzen, kosteten ihn den Thron. Nach einer Militärrevolte wurde ein Hauptmann namens Phokas zum Kaiser ausgerufen. Phokas hatte dem Volk nicht mehr zu bieten als ein Regime des Terrors; er entfesselte einen Bürgerkrieg, mit dem das Reich nun zusätzlich zu der Bedrohung an den Grenzen belastet wurde. Slawen und Awaren stießen wieder über die Donau nach Süden vor, während die noch verbliebene römische Bevölkerung entweder in den Bergen ihr Heil suchte, oder in Richtung der Küstenstädte floh. Auch im Osten verstanden die Perser die Gunst der Stunde zu nutzen. Die Regierung des einfallslosen Phokas ging zu Ende, als Herakleios, der Sohn des Exarchen von Afrika, mit einer Flotte nach Konstantinopel segelte und die Stadt ohne Kampf besetzen konnte. Der neue Kaiser war ein guter Soldat und von seiner Aufgabe als Retter des Reiches beseelt. Gleich zu Beginn seiner Regierung sah er sich dem Zweifrontenkrieg gegenüber. Im Norden setzten Slawen und Awaren ungestört ihre Raubzüge fort, sie begannen sogar, in der Nähe der zerstörten römischen Städte auf Dauer zu siedeln. Zeitweise wurden Thessaloniki und Konstantinopel belagert. Im Osten schien die Lage gänzlich hoffnungslos, denn persische Armeen überfluteten die Grenzen Armeniens und Mesopotamiens, im Jahr 613 fiel Antiochia, 614 Jerusalem. Ganz Syrien, Palästina, sogar Ägypten wurden besetzt, die Vorstöße nach Kleinasien mehrten sich. Herakleios mußte wohl oder übel mit den Awaren einen wenig vorteilhaften Vertrag schließen, um wenigstens im Osten freie Hand zu haben.

Im Jahr 622 gelang es ihm schließlich aufgrund seines strategischen und taktischen Geschicks, an der Spitze seiner Armee nach Armenien vorzustoßen, um von dort aus nach Ktesiphon zu marschieren. Während er sich noch in Armenien aufhielt, sah sich 626 Konstantinopel einer Belagerung durch die Perser zur See, die Awaren zu Lande ausgesetzt — es war der Höhepunkt der Krise. Die römische Flotte und der Mut der Belagerten entschieden den Kampf zugunsten der Byzantiner. Aufgrund guter diplomatischer Vorarbeit konnte Herakleios nun wagen, mit Hilfstruppen mehrerer Kaukasusvölker — auch mit dem wichtigen Chazarenstamm wurde ein Bündnis geschlossen — den Marsch südwärts zu beginnen. Bei Ninive vernichtete er im Dezember 627 die persische Armee, wenige Monate später stand er vor Ktesiphon. Es kam zu einem Aufstand in der Stadt, der Perserkönig wurde abgesetzt und ermordet, und sein Nachfolger schloß mit Herakleios Frieden. Die Römer erhielten alle verlorenen Gebiete zurück, Herakleios proklamierte man sogar zum Schutzherrn des persischen Königssohnes.

Der Kaiser kehrte unter dem Jubel der Bevölkerung in seine Hauptstadt zurück, und jedermann hielt das Fortbestehen des Reiches für gesichert. Aufgrund einer radikalen Verwaltungsreform — sie wird später behandelt werden — konnte sich Herakleios auf eine nationalisierte Armee stützen; jede Provinz mußte ihre eigenen Truppen stellen, wobei man auf fremdstämmige Söldner weitgehend verzichtete. Macht und Einfluß des Kaisers schienen wieder unbegrenzt. Mit römischer Hilfe revoltierten Slawen und Bulgaren gegen die Awarenherrschaft, so daß das geschwächte Nomadenreich für Konstantinopel nicht mehr bedrohlich war. Den Zeitgenossen muß die gerade überstandene Krise wie ein böser Alptraum vorgekommen sein, nach dessen Ende man seine alten Lebensgewohnheiten wieder aufnehmen zu können glaubte.

Im selben Jahr, in dem Herakleios bei Ninive über die Perser siegte, flohen Mohammed und seine Gefolgsleute von Mekka in das sichere Medina, wo der Prophet viele neue Anhänger hinzugewann und so, mehr aus dem Zwang der Verhältnisse heraus als nach vorbedachtem Plan, die Grundlagen für die Ausbreitung der neuen Weltreligion schuf. Ihr Erfolg dürfte vor allem auf die Schwäche der beiden großen Nachbarstaaten zurückzuführen sein. Seit langem schon hatten Persien und Rom arabische Stämme immer wieder dazu benutzt, Stellvertreterkriege zu führen, nun schickten die Araber sich an, Weltge-

Mohammed und der Erzengel Gabriel, aus der Handschrift der *Universalgeschichte* des Raschid-al-Din (1247–1318).

schichte zu machen. Bald nach Mohammeds Tod im Jahr 632 stießen sie in römisches und persisches Gebiet vor; es war der Beginn einer Expansion, die sie im Laufe der nächsten hundert Jahre bis zur Loire im Westen, zum Indus im Osten führen sollte. Damaskus ergab sich 635, im Jahr darauf markierte die Niederlage der römischen Armee am Jarmuk das Ende der Römerherrschaft in Syrien. 638 übergab der Patriarch Pophronios dem Kalifen 'Umar die Stadt Jerusalem. Zwei Jahre später fiel die armenische Festung Dwin, gleichzeitig begann die Eroberung Ägyptens, die 645 abgeschlossen wurde. Nahezu die gesamte syrische und koptische Kultursphäre ging damals dem Reich für immer verloren, und schon machten muslimische Stoßtrupps auch vor Kleinasien nicht mehr halt. Herakleios' Lebenswerk war vernichtet, wie betäubt registrierte man in Konstantinopel die immer neuen Schreckensmeldungen. In den letzten Regierungsjahren des Kaisers, er starb 641, raffte sich die Regierung nicht mehr auf, wirksame Gegenmaßnahmen zu ergreifen.

Seiner westlichen und südöstlichen Provinzen beraubt und wesentlich verkleinert, jedoch ethnisch homogener als früher, wird man jetzt von einem ›byzantinischen‹ Reich sprechen, um so mehr, als die Zukunft große Veränderungen brachte.

Zeitenwende

Justinian und Herakleios waren beide unablässig darum bemüht, die Reichseinheit wiederherzustellen, Macht und Prestige des Staates zu mehren. Wie aber das große Vorhaben zu verwirklichen sei, davon hatten sie selbst ebenso wie ihre Zeitgenossen ganz unterschiedliche Vorstellungen. Justinian sprach in seinen Kaisergesetzen zwar gelegentlich davon, daß der Gang der Ereignisse letztlich vom Willen Gottes abhinge, so etwa in der Konstitution, mit der die *Digesten* veröffentlicht wurden, eine systematische Sammlung von Auszügen der klassischen römischen Juristen. In demselben Gesetz aber verbreitete er sich ausführlich in traditioneller Weise über den Abschluß des Ewigen Friedens mit den Persern, über die Vernichtung des Wandalenreiches und die Rückeroberung Afrikas. In dem Kaisergesetz, mit dem er die *Institutionen*, ein Lehrbuch für die Rechtsstudenten, der Öffentlichkeit vorstellte, wurde Gott nur in einem kleinen Nebensatz erwähnt. Statt dessen nannte der Kaiser Armee und Recht die Grundlagen des römischen Staates, er sprach von unterworfenen Barbarenvölkern und neu erworbenen Provinzen. Am Anfang jener Konstitutionen erschien Justinian selbst mit der traditionellen hehren Titulatur des römischen Kaisers — *Imperator Caesar Flavius Iustinianus, Alamannicus, Gothicus, Francicus, Germanicus, Anticus, Alanicus, Vandalicus, Africanus, Pius Felix Inclitus, Victor ac Triumphator, semper Augustus*. Als sein General Belisar nach dem Sieg in Afrika nach Konstantinopel zurückkehrte, gewährte Justinian ihm einen Triumph. Dies ist besonders bemerkenswert, denn auch jener Vorgang weist auf Justinians klassizistische Ambitionen hin. In der zweihundertjährigen Geschichte der neuen Hauptstadt war niemals zuvor ein Triumph abgehalten worden, auch waren fünfeinhalb Jahrhunderte vergangen, seitdem einem römischen Bürger als Privatmann eine solche Ehre zuerkannt worden war. Der siegreiche General stattete den Dank für seinen Sieg natürlich nicht dem Iuppiter Capitolinus ab, im christlichen Konstantinopel gab es keine Tempel für heidnische Götter. Und doch waren in der gesamten Symbolik des Ereignisses typisch heidnische Elemente zu erkennen. Gelimer, dem besiegten Wandalenkönig, blieb es vorbehalten, als er im Hippodrom zu Füßen Justinians im Staub lag, den Prediger Salomo zu zitieren: »Eitelkeit der Eitelkeiten, alles ist eitel«.

Wie ganz anders waren die Zeiten während der Herrschaft des Herakleios! Der Hofpoet Georg von Pisidien erwähnt in seinen Panegyriken zum persischen Feldzug seines Kaisers die alten Formeln von den Tugenden des Römers kaum. Die Forderung, Unterworfenen gegenüber großmütig zu sein, die Stolzen zu demütigen, auch die bildhafte Darstellungskunst bei der Beschreibung von Krieg und Eroberung, dies alles war kein Thema mehr. Statt dessen wurde Herakleios in allen seinen Taten als Vollender des göttlichen Willens dargestellt, seine Feldzüge gehörten zum Heiligen Krieg gegen die Ungläubigen. In ›gottbeseelter‹ (theiōs) Schlachtordnung begann er den Kampf, und nach dem großen Sieg

rechts: Ausschnitt aus dem sog. Barberini-Elfenbein. Idealisiertes Portrait eines Kaisers zu Pferde, wohl Anastasius oder Justinian.

nächste Seite: Justinian mit Gefolge bringt in einer goldenen Patene seine Gaben dar. Mosaik im Chor von S. Vitale, Ravenna.

dankte die Armee mit hocherhobenen Händen dem Schöpfergott. Doch nicht nur die ›offizielle‹ Dichtkunst sah die Zeit in christlichem Gewande.

Vor dem Aufbruch zum Perserfeldzug betete der Kaiser in der Hagia Sophia während eines Gottesdienstes um den Sieg im Kampf gegen die Feinde Gottes. Als er an der Spitze seiner Armee zum Hafen marschierte, hielt er eine Christusikone in der Hand, von der man annahm, sie sei nicht von Menschenhand geschaffen. Die Feier anläßlich seiner triumphalen Heimkehr stellte die Festlichkeiten anläßlich des Sieges von Belisar wahrscheinlich bei weitem in den Schatten. Es ist bezeichnend, daß der Triumphzug nicht zur Feierstätte des Volkes, dem Hippodrom, führte, sondern in die Hagia Sophia. An der Schwelle zur Großen Kirche begrüßte der Patriarch Sergios den siegreichen Kaiser, darauf verharrten beide gemeinsam in Proskynese vor einer Ikone der Muttergottes. Dann erst bestieg Herakleios den Schimmel und zog, von einer Anzahl erbeuteter persischer Elefanten eskortiert, zum Hippodrom, um sich vom Volk feiern zu lassen.

Justinian und Herakleios, auch die Mehrheit ihrer Zeitgenossen, sahen im Reich ein einzigartiges politisches Gemeinwesen, eine Fortsetzung des vorchristlichen Römerstaates mit seinem universalen Anspruch. Ebenso interpretierten sie das Reich im theologischen Sinne als Teil des göttlichen Heilsplans für die Menschheit. In den neunzig Jahren seit Justinian hatten sich die Gewichte jedoch verschoben. Man befaßte sich jetzt mehr mit der Eschatologie als mit der Historie, wenn man den eigenen Standpunkt in der Welt zu definieren suchte. Stufen dieses Wandels sind deutlich erkennbar. In zeitgenössischen Berichten über die Kriege Justinians erscheint das persönliche Beispiel, die persönliche Autorität als vorherrschendes Stimulans der Truppe. Während der Feldzüge des Kaisers Maurikios erfüllten oft Ikonen, von Bischöfen vor der Armee zur Schau gestellt, diesen Zweck. Das Auftreten des Kaisers in der Öffentlichkeit nahm liturgische Züge an, er verbrachte immer mehr Zeit bei Prozessionen, auch außerhalb Konstantinopels.

Insgesamt also machte sich der Einfluß des Christentums im öffentlichen Leben viel stärker bemerkbar. Trotzdem müssen wir uns vor falschen Analogien hüten. Nicht der Einfluß der Kirche wuchs, sondern die Staatsmacht konnte sich weniger durchsetzen. Die ›Einheit von Kirche und Staat‹ war keine byzantinische Idee. Weder war der Klerus eine besonders selbstbewußte soziale Gruppe, noch hatte er hohe Staatsämter inne. Seit der Spätantike gab es im byzantinischen Reich praktisch keinen Kleriker in Staatsdiensten, die wenigen Ausnahmen sind für die Byzantiner selbst wie für uns sehr bemerkenswert. Der Klerus ist damals nicht einmal als Träger der Kultur anzusehen, eher das Gegenteil ist der Fall, wie wir zeigen werden. Literarische Bildung war bei Laien häufiger anzutreffen als bei Theologen, auch war die Kirche keineswegs wohlhabend. Wenn seit Ende des 6. Jahrhunderts das religiöse Element stärker hervortritt, so heißt das nicht, daß der kirchliche Einfluß stärker geworden wäre. Die liturgische Verbrämung des öffentlichen Lebens steigerte die Autorität des Kaisers und seiner hohen Beamten. Offizielle Reden und Schriftstücke sagten nur dem etwas, der sie zufällig hörte oder gebildet genug war, sie auch zu lesen. Jedermann in der Hauptstadt aber konnte dabeisein, wenn der Kaiser in bestimmten Zeitabständen in der Öffentlichkeit nach festgelegtem Ritus einen Staatsakt zelebrierte, die Kunde davon verbreitete sich rasch in den Provinzen des Reiches. So wurde das Band zwischen Herrscher und Untertanen enger; die staatliche Verwaltung allein hätte dies nicht erreicht.

Wenn aber die Religion ein wichtiges Bindeglied innerhalb eines Staates sein konnte, bestand andererseits die Gefahr, daß sie auch zur Bildung separater Gruppen führte. Hängt das Wohlergehen des Staates von der Gnade Gottes ab, diese aber wiederum vom

Innenansicht der Hagia Sophia erbaut 533–537 von Kaiser Justinian. Nach 1453 wurde die Kirche als Moschee genutzt.

rechten Glauben — kaum jemand im 6. Jahrhundert hätte das bestritten —, so folgt, daß Anhänger eines Irrglaubens keine guten Staatsbürger sein können. Solange man Häretiker als Einzelgänger oder Anhänger irgendeines bedeutungslosen Kultus ansah, konnte der Staat darüber hinwegsehen. Wenn es jedoch zur Gründung einer konkurrierenden Kirchenorganisation kam, mußte das zu einer gefährlichen und auch dauerhaften Entfremdung großer Teile der Bevölkerung führen; im 6. und 7. Jahrhundert kam es dann auch zu einer solchen Entwicklung. Der Streit um die Natur Christi war schon alt, Einzelheiten würden hier zu weit führen. Unterstützt vom Klerus in der Hauptstadt, wandten sich Justinian und sein Nachfolger Justin II. entschieden gegen die Lehre der Monophysiten, nach deren Meinung Christus mehr Gott als Mensch war. Die monophysitischen Geistlichen gingen in den Untergrund und bauten eine eigene Kirchenorganisation auf. Zuvor nur eine lose organisierte Gruppe innerhalb der Kirche, betrachteten sich die Monophysiten immer offener als Alternativkirche. Stärkste Unterstützung fanden sie in Syrien, Mesopotamien und Ägypten, in Gebieten also, wo man nicht Griechisch sprach. Damals entstand ein ganzes Corpus von Homilien, Hymnen, theologischen Abhandlungen und Streitschriften in syrischer und koptischer Sprache, das nicht allein gegen die Orthodoxie gerichtet war, sondern auch implizit den Staat treffen sollte. Der Religionsstreit ließ ethnische und kulturelle Unterschiede stärker hervortreten, die Idee der Reichseinheit litt darunter sehr. Zur Zeit des Kaisers Herakleios gingen gerade jene Gebiete an die Perser verloren und mußten zurückerobert werden, so daß die dortige Bevölkerung die Hauptlast des Krieges zu tragen hatte; ein Grund mehr für sie, sich als Stiefkinder des Reiches zu fühlen. Als nun die Araber gegen Ende der Regierung des Herakleios vorstießen, gab es hier kaum jemanden, der zugunsten von Byzanz hätte Widerstand leisten wollen. Wo man die Invasoren nicht freundlich willkommen hieß, begnügte man sich damit, gelangweilte Neutralität zur Schau zu stellen. Gerade diese Geisteshaltung erklärt zu einem Großteil die Leichtigkeit, mit der die Moslems einige der wohlhabendsten und volkreichsten Provinzen des römischen Reiches erobern konnten.

Höchst unterschiedliche, konfliktbeladene Auseinandersetzungen gab es nicht nur im staatlichen Bereich, sondern auch bei Philosophen und Theologen. Die wechselseitige Durchdringung von christlicher Theologie und griechischer Philosophie war nahezu abgeschlossen. Kirchenväter des 4. Jahrhunderts wie Gregor von Nyssa hatten begonnen, die christliche Lehre im Lichte des Neuplatonismus zu interpretieren. Ein unbekannter Autor des 5. Jahrhunderts, dessen Schriften teilweise unter dem Namen des Dionysius Areopagita (eines in der Apostelgeschichte erwähnten Atheners) veröffentlicht wurden, brachte die Arbeiten Gregors zum Abschluß; er erklärt systematisch in seiner umfangreichen Emanationslehre das Hervorgehen aller Einzeldinge aus einem einheitlichen Urgrund, den der Christengott darstellt. Leontios von Byzanz, der als Mönch im Heiligen Land lebte, versuchte in der ersten Hälfte des 6. Jahrhunderts die christliche Lehre durch eine mehr formal-logische, auf Aristoteles zurückgreifende Christologie transparent zu machen.

Doch die Philosophie war keineswegs völlig in der Theologie aufgegangen, die theologische Terminologie war nicht durchweg philosophisch orientiert. Athen war weiterhin Sitz der von Plato tausend Jahre zuvor begründeten altehrwürdigen Akademie; die dort tätigen Gelehrten zählten, wenn auch nicht zu den hervorragendsten Geistern der Zeit, so doch zu geachteten Hütern der philosophischen Tradition. Der berühmteste Neuplatoniker der Akademie, Proklos, war 485 gestorben. Simplikios, ein gelehrter und fleißiger Kommentator des Aristoteles, bewahrte in seinen Schriften das Gedankengut vieler älterer Philosophen. Damaskios vertrat die Philosophie Platos, wobei philosophische Analyse und heidnische Dämonenlehre eine seltsame Verbindung eingingen. Insgesamt aber hatte die Hohe Schule in Athen ihre beste Zeit hinter sich. Viel Kraft wurde mit pedantischen Haarspaltereien vertan; überdies galt die Akademie als heidnisches Überbleibsel in einer christlichen Welt. Wie andere Universitätsstädte späterer Zeiten, war Athen zu einem Refugium vergeblicher Hoffnungen geworden. Im Jahr 529 konfiszierte Justinian die umfangreichen Besitzungen der Akademie im Zuge seiner Maßnahmen gegen Häretiker, Heiden und andere Dissidentengruppen und erteilte den Professoren Lehrverbot. Einige von ihnen emigrierten daraufhin nach Persien, um dort eine Philosophenschule zu gründen, kehrten aber bald zurück. Die neuere Forschung weist darauf hin, daß die Schließung der Akademie von Athen nicht von Dauer gewesen und der philosophische Lehrbetrieb in kleinerem Umfang fortgeführt worden sei, vielleicht noch bis in das 7. Jahrhundert hinein. Athen jedenfalls war damals keine Weltstadt mehr. Das Kulturzentrum der Spätantike ist ohne Zweifel Alexandria gewesen, wo das von Ptolemaios I. 280 v. Chr. gegründete Museion noch immer als Mittelpunkt von Forschung und Lehre in höchstem Ansehen stand. Die alexandrinischen Philosophen hatten mit der christlichen Lehre ihren Frieden gemacht, sie vermieden auch, im Gegensatz zu ihren Kollegen in Athen, heidnisches Gedankengut allzu penetrant zur Schau zu stellen. Johannes Philoponos, der berühmteste von ihnen, kritisierte Proklos von Athen wegen dessen Ansicht in der Frage, ob das Universum seit jeher vorhanden oder in der Zeit geschaffen sei; ein wichtiges philosophisches Problem, das auch heute noch unter Naturwissenschaftlern bei der Diskussion um den ›Urknall‹ erörtert wird. Beide Philosophen behandelten die Frage eingehend, Philoponos bemühte sich zugleich darum, das Schicksal der Akademie von Athen durch eine Verteidigung der Schule von Alexandria abzuwenden. In seinen zahlreichen anderen Arbeiten war er bemüht, Dogma und dialektische Methode in Übereinstimmung zu bringen, auch bearbeitete er viele physikalisch-naturwissenschaftliche Schriften des Aristoteles. Da er Monophysit war, begegneten ihm viele orthodoxe Gelehrte mit Mißtrauen, so daß sein Werk teilweise verloren ist. Die erhaltenen Schriften weisen ihn jedoch als einen hochkarätigen Denker und integren Gelehrten aus. Er starb während der Regierungszeit Justinians, die alexandrinische Philosophenschule aber bestand fort. Die Aristoteles-Kenner David und Elias waren wahrscheinlich jüngere Zeitgenossen des Philoponos. Im Jahr 612 wurde Stephan von Alexandria von Herakleios nach Konstantinopel gerufen, um dort Philosophie zu lehren. Er war ein vielseitiger Gelehrter, der sich mit Aristoteles, aber auch mit den medizinischen Schriften des Hippokrates und des Galen befaßte. Wenn ein Mann wie Stephan aufgrund kaiserlichen Wohlwollens Leiter der neugegründeten ›Universität‹ von Konstantinopel werden konnte, so zeigt dies, daß die philosophische Tradition, die bis auf Plato und Aristoteles zurückging, weiterhin in hohem Ansehen stand, solange nur ihre Vertreter keine christlichen Positionen angriffen. Die Gedankenwelt Stephans hat wahrscheinlich auch die theologischen Schriften des Zeitgenossen Maximus Confessor (580–662) beeinflußt, der in seinen Abhandlungen zu dogmatischen Fragen die Methoden der antiken Philosophen anwandte.

Ein Zeitgenosse des Philoponos, Cosmas Indicopleustes (der Indienfahrer), war als Kapitän eines Handelsschiffes viel herumgekommen und hatte sich dann in Alexandria niedergelassen, wo er eine Darstellung seiner Weltsicht verfaßte. Ob er selbst Taprobane (Sri Lanka) besucht hat, ist nicht eindeutig zu klären, immerhin kannte er Leute, die dort waren. Bisweilen weitschweifig, aber nie langweilend, erklärt er in seinem Werk das Universum als rechteckiges Gebilde, das sich oben konisch zuspitzte; darüber habe man sich das Paradies vorzustellen, geformt etwa wie die Arche Noah, die nur als das kleinere Modell anzusehen sei. Engel führten dort die Geister der Seligen. Cosmas stand im Gegensatz zur gesamten philosophischen Tradition; er wandte sich auch gegen die griechische Vorstellung von der Kugelgestalt des Universums, und wird öfters sehr polemisch. Seine Weltsicht basiert unverrückbar auf dem Alten Testament, so wie es die Kirchenväter interpretierten. Dabei kann man die Methode, Textstellen des Alten Testaments bisweilen völlig aus dem historischen Kontext zu reißen und jeweils für die eigenen Gedankengänge nutzbar zu machen, oft nur noch als abstrus bezeichnen. Trotzdem war Cosmas kein isolierter Eigenbrötler. Es gibt viele handschriftliche Kopien seines Werkes, auch begleitende Illustrationen, die schon sehr bald erschienen; vielleicht stammen sie vom Verfasser selbst.

Im sechsten Jahrhundert können wir demnach drei philosophische Richtungen erkennen. Die Akademie in Athen stand etwas starr in der Tradition des späteren heidnischen Neuplatonismus, während die Philosophen in Alexandria die christlichen Grundwahrheiten anerkannten und mittels der aristotelischen Logik ein philosophisches System aufbauten, das die offene Konfrontation mit dem Christentum vermied. Der Indienfahrer Cosmas steht für Kreise, welche die hellenistische Tradition insgesamt ablehnten und die Welt von der Bibel her ganz neu interpretierten. Daß man traditionelle Denkweisen dabei nicht völlig übergehen konnte, versteht sich von selbst, wie denn auch die drei ›Schulen‹ noch lange in gegenseitigem Geben und Nehmen weiterexistierten.

Auch in der Medizin kam es zum Konflikt zwischen ›Tradition‹ und ›Fortschritt‹. Viele Arbeiten hatten kompilatorischen Charakter und schöpften aus der umfangreichen medizinischen Enzyklopädie des Oreibasios, der im 4. Jahrhundert Leibarzt des Kaisers Julian gewesen war. Alexander von Tralles, ein Bruder des Anthemius, des Architekten der Hagia Sophia, verfaßte ein voluminöses Handbuch der Heilkunde, daneben kleinere Schriften über Parasiten und über das Auge. Alexander erweist sich als gründlicher, besonnener Forscher; mit den Standardwerken der griechischen Medizin und ihren wissenschaftlichen Methoden ist er wohl vertraut, doch ab und zu fließen auch abergläubische Vorstellungen mit ein. Das Lehrbuch des Zeitgenossen Aetios von Amida, sehr wahrscheinlich der Leibarzt Justinians, besteht vorwiegend aus einer Kompilation früherer Schriften; Ideen seiner Zeit scheinen gelegentlich durch, wenn er zum Beispiel ein Gebet verordnet und die Anwendung von Weihrauch aus einer bestimmten Kirche. Gessius von Petra, ein Professor der Medizin um 500, vermischt bereits gründlich wissenschaftliche Medizin mit Superstition, wie auch später im 7. Jahrhundert Paul von Ägina, wenn er Krankheiten als das Werk böser Geister darzustellen versucht. Eine Kostprobe der Heilkunde jener Zeit ist im *Leben des Hl. Theodor von Sykeon* zu finden, der Vita eines Kleinstadtbürgers in Bithynien Ende des 6. Jahrhunderts. Die Welt dieses Mannes und auch seiner Freunde schien von Dämonenfurcht bestimmt zu sein, denn jedes zufällige Ereignis, Krankheiten eingeschlossen, war bei ihm das Werk von Dämonen, die auch noch genauestens bestimmt wurden. Eine der wichtigen Tätigkeiten Theodors war die Teufelsaustreibung; hier bediente er sich der Methoden, die modernen Psychotherapeuten wohlbekannt sind. Immerhin trat er nicht mit den Ärzten am Ort in Wettstreit, ganz im Gegenteil, denn man überwies sich gegenseitig Patienen je nachdem, welche Heilmethode besseren Erfolg versprach. Altes und Neues, Wissenschaft und Aberglaube, Heidnisches und Christliches bestimmten auch in seiner kleinen Provinzstadt das Leben der Menschen.

Werfen wir nun einen Blick auf die allgemeinen literarischen Strömungen der Zeit. Auch hier finden wir ein Nebeneinander von Altem und Neuem, das sich teils ergänzte, teils befehdete. Manche literarische Ausdrucksform der griechischen Klassik war schon seit langem untergegangen. Tragödie, Komödie oder auch Lyrik im eigentlichen Wortsinn — gesungene Dichtung — war nicht mehr gefragt, die Kunst der politischen Rede verschwand mit der Auflösung der souveränen Ratsversammlungen der Städte, und auch die

große Gerichtsrede gab es nicht mehr. Rhetoren begnügten sich mit schmeichelnder Panegyrik oder gehässigen Schmähreden, wie überhaupt die Literatur von Rhetorik durchtränkt war. Die *Dionysiaca*, ein um 450 entstandenes Epos des Nonnos von Panopolis, erzählen eigentlich keine Geschichte; das Werk ist ein aufgeblähtes, weitschweifiges Preislied auf Dionysos, Sprache und Stil sind eine traditionelle Kopie klassischer Vorlagen. Zwischen Prosa und Versdichtung gab es, auch was die Thematik betraf, keine klare Unterscheidung mehr. Dioscorus, ein mittelmäßiger Dichter in der Kleinstadt Aphrodito am Nil, schrieb um 650 Gelegenheitsverse in der Sprache Homers, um die glückliche Ankunft eines Portraits des Kaisers Justin II. zu feiern, oder um den Besuch einer Provinzgröße, die Hochzeit eines angesehenen Mitbürgers oder die Beförderung eines Beamten zu würdigen. Voller rhetorischer Floskeln war auch die für Laien bestimmte christliche Literatur; zum Gebrauch der Theologen bestimmte Schriften entbehrten allerdings solcher Stilmittel. Die Literatur der Zeit war im allgemeinen anspruchsvoll. Ihre Sprache, ursprünglich bewußt eine Nachahmung der großen klassischen Werke Athens, mußte nun sogar nach neueren Regeln erst gründlich erlernt werden, mit all ihren Zitaten und Anspielungen auf die hehre Vergangenheit oder − bei der christlichen Schriftstellerei − auf biblische Motive. Man vermied auch, Themen und Probleme der eigenen Zeit aufzugreifen, wenn sie nicht klassische oder biblische Entsprechungen aufwiesen und kultivierte so einen seltsam anmutenden Freiraum, in dem der normale Alltag als störend empfunden wurde − gewiß ein Statussymbol einer bildungsbeflissenen Schicht, die von Jugend auf mit Grammatik und Rhetorik vertraut war.

Neben der klassizistisch ausgerichteten Literatur gab es eine andere Strömung, die mehr den zeitgenössischen Stil pflegte und die Klassik als Vorbild ablehnte. Zwei Beispiele mögen genügen. Die klassische Geschichtsschreibung mit ihrer Wiedergabe von Reden inmitten großartiger deskriptiver Passagen, mit ihrer wissenschaftlichen Untersuchung von Ursache und Wirkung wurde von Historikern gepflegt, die sich ganz als Erben eines Herodot, Thukydides oder Polybius fühlten. Der größte dieser Epigonen war Prokop aus Caesarea, dessen Bücher über die Kriege Justinians zu den Meisterwerken der griechischen Historiographie zählen. In der Sprache klassizistisch, vermeidet er zeitgemäßes Vokabular; alles Triviale und Anekdotenhafte hat in seiner von hohem Ethos getragenen Darstellung keinen Platz. Bewußt stellt er sich durch die Anordnung des Stoffes, die fiktiven Reden, durch seine gelehrte Sprache und durch sein entschiedenes persönliches Urteil in die Reihe der berühmten Vorgänger. Während der Regierung Justins II. fand Prokop in Agathias einen Fortsetzer. Dieser Historiker, obwohl nicht mit Prokop zu vergleichen, verkörperte in seinem Werk dieselben hohen Ideale, außerdem war er ein Freund mancher amüsanten Anekdote. Dessen Fortsetzer wiederum, Menander Protektor, war ein würdiger Vertreter jener Schule; leider ist sein Werk nur in Auszügen erhalten. Zur Zeit des Kaisers Herakleios verfaßte Theophylakt von Simokatta eine Geschichte der Regierung des Kaiser Maurikios (582—602). Ernsthaft daran interessiert, die Zusammenhänge aufzudecken und durchaus Fachhistoriker im besten Sinne, verliert seine Darstellung doch sehr durch blumigen Stil und viele Lyrizismen. Seine Freude an Viten und Wundern von Heiligen markiert schon den Bruch mit einer ehrwürdigen Tradition.

Neben diesen Historikern, die sich, wenn auch mit dem gehörigen Respekt, als Nachfolger des Thukydides fühlten, gab es andere, die geschichtliches Werden in Form einer Chronik wiedergaben. Eine Chronik berichtet über den Zeitraum vom Beginn der Schöpfung (oder von einem anderen sehr frühen Ereignis an) bis zur Zeit des Verfassers. Die Chronisten hatten kein Interesse an der Erforschung kausaler Zusammenhänge oder etwa an der Frage, wie und ob z. B. der Charakter eines Politikers seine Handlungen beeinflußt, auch ging ihnen das Gespür für die Feinheiten der Rhetorik völlig ab — fiktive Reden sucht man in Chroniken vergebens. Die Verfasser fühlten sich in ihrer Sprache keinem besonderen Stil verpflichtet, sondern verwandten durchaus auch Ausdrücke der Alltagssprache ihrer Zeit, was dem klassizistischen Stilempfinden sehr zuwider lief. Soweit man bei ihnen überhaupt von einem Geschichtsverständnis sprechen kann, ist es als naivreligiös zu kennzeichnen; Unglück erschien als Strafe für ein Vergehen, die handelnden Menschen waren entweder gut oder böse, Schwarzweißmalerei herrschte vor, Sensationslust und Freude am Trivialen bestimmten nur zu oft die Auswahl der Themen. Chroniken werden öfters als typische Mönchsschriften angesehen, da man annimmt, sie seien in Klostergemeinschaften geschrieben und vorwiegend für Mönche bestimmt gewesen, doch ist diese These so nicht haltbar. Sie wurden zur Unterhaltung, aber auch zur Erbauung einer Leserschaft verfaßt, die literarisch gebildet, aber dem Einfluß der klassischen Kultur entzogen war. Sie sind Ausdruck einer christlichen, der klassischen Bildung abholden Populärwissenschaft, die eifrig, doch völlig unkritisch, Informationen sammelte und so die naiven Fragen des Mannes auf der Straße nach seinem Woher und Wohin zu beantworten suchte.

Zwei Chroniken aus jener Zeit sind auf uns gekommen. Johannes Malalas verfaßte zu Beginn der Regierung Justinians in Antiochia eine solche Darstellung mit vielen Details aus der Geschichte dieser Stadt. Oft ungenau und verworren, doch durchweg sehr lebendig, breitet er aus christlicher Sicht ein Panorama von Schlachten, brisanten politischen Entscheidungen, kirchlichen Intrigen, Erdbeben und Sensationen vor uns aus und läßt uns ahnen, was das einfache Volk im 6. Jahrhundert vorrangig interessierte. Die andere Chronik, *Chronicon paschale* oder auch Osterchronik genannt — das Osterdatum wird in ihr besonders hervorgehoben —, stammt von einem unbekannten Autor aus der Zeit des Herakleios. Da das Interesse an kirchlichen Ereignissen noch stärker als bei

Malalas durchscheint, ist sie vielleicht das Werk eines Theologen. Ansonsten ist der Aufbau derselbe; Aufzählung der Ereignisse nach dem Jahresschema, Schwarzweißmalerei, unkritische Auswahl der Themen, die oft ins Triviale abgleiten, neben streng religiöser Interpretation historischer Vorgänge. Während man der Malalas-Chronik eine gewisse journalistische Fabulierfreude nicht absprechen kann, ist die Osterchronik für den Leser eine recht trockene Kost. Gemeinsam ist beiden, daß sie mit einer tausendjährigen Tradition der Geschichtsschreibung brechen, ein ganz neues Genre darstellen. Chroniken sollten eine Leserschaft ansprechen, deren geistige Interessen anders gelagert waren als die der Bewunderer eines Prokop oder Agathias.

Die Dichtkunst nach klassischem Vorbild wurde damals zwar weiter betrieben, doch sie erreichte längst nicht die Prägnanz und Reife früherer Epochen, vieles blieb im Deklamatorischen stecken. Die Nachahmung der homerischen Verskunst mit ihrer typischen Unterscheidung der langen und kurzen Silben — in der Aussprache war dies längst bedeutungslos geworden — blieb auf einen kleinen Kreis von Liebhabern beschränkt, waren doch nur sie in der Lage, die geistvollen Anspielungen und Imitationen zu würdigen. Christodoros von Koptos trat als Dichter von historischen Epen während des 6. Jahrhunderts hervor, Verse über die Eroberung Trojas oder den Raub der Helena sind von Tryphiodoros bzw. Colluthus auf uns gekommen, auch das Gedicht des Musaeus über Hero und Leander stammt wohl aus dem 6. Jahrhundert. Offensichtlich fand das klassische Versepos nur noch geringen Anklang, denn zur Zeit des Kaisers Anastasius machte sich ein gewisser Marianos die Mühe, Werke eines Theokrit, Callimachus, Apollonius Rhodius, Aratus und Nikander in einfache Jamben umzuformen; bald ersetzte auch der jambische Trimeter den bis dahin in längeren Versdichtungen üblichen daktylischen Hexameter. Der Vorgang war mehr als nur ein Wechsel des Versmaßes, denn man verwandte nun auch nicht mehr das homerische Vokabular mit seinen spezifischen Formen und Flexionen. Wir wissen, daß im 6. Jahrhundert eine Reihe von Epen historischen oder mythischen Inhalts im jambischen Versmaß entstanden, sie sind jedoch nicht erhalten. Immerhin existiert eine umfangreiche Sammlung des dichterischen Werks des Georg von Pisidien aus dem 7. Jahrhundert. Darunter finden sich ein langes Gedicht über die Schöpfung und viele Preislieder auf die Feldzüge des Herakleios gegen die Perser. Georgs offene und leidenschaftliche Parteinahme für christliche Glaubensinhalte markiert auch auf diesem Gebiet den Bruch mit der klassischen Dichtkunst; Homer und Callimachus wurden von biblischen Themen verdrängt. Trotz seines Pathos ist Georgs Dichtung reich an Bildern und durchaus schwungvoll zu nennen, doch sie unterscheidet sich grundlegend von der klassischen Versdichtung; am nächsten kommt sie noch den Botenberichten der griechischen Tragödie.

Neben der großen Versdichtung nach Art der Klassiker und der ›modernen‹ Epik eines Georg von Pisidien gab es weiterhin eine sehr lebendige Gelegenheitsdichtung, die klassizistisch orientiert war: unter vielen anderen versuchte sich hierin auch der weiter oben erwähnte Historiker Agathias. Diese Dichtung beschrieb zeitgenössische Ereignisse und Personen, bisweilen hatte sie auch Übungscharakter, wie Themenvariationen z. B. der Epigrammatiker zeigen. Agathias sammelte seine Gedichte und die seiner Freunde, sie sind uns in einer späteren Anthologie erhalten geblieben. Zwei längere Gedichte mehr beschreibender Art existieren von einem Mitglied dieses Dichterkreises, dem Hofbeamten Paulus Silentiarius. 562 anläßlich der zweiten Einweihung der Hagia Sophia verfaßt — die eingestürzte Kuppel war neu erbaut worden —, trug man sie während der Feier in Anwesenheit des achtzigjährigen Justinian vor; ein Zeichen für das fortdauernde Interesse an klassizistischer Dichtkunst zumindest bei der staatstragenden Schicht des Reiches.

Eine ganz andere Entwicklung nahm die kirchliche Dichtkunst. Nach altjüdischem

Der Diener Abraham beschenkt Rebekka, Miniatur aus der Wiener Genesis, 6. Jh.

Vorbild hatten schon die frühen Christen in der Liturgie gesungene Dichtung verwandt. Neben Psalmen und Lobgesängen wurden zunächst auch kurze Lieder in klassischer Metrik vorgetragen, die man später, als sich der Zeitgeschmack änderte, durch einfachere Gesänge ersetzte. Dort, wo die Bevölkerung Syrisch sprach, gab es Sonderentwicklungen aufgrund der traditionsbewußten semitischen Poesie, wie sie im alttestamentlichen Lied der Deborah zum Ausdruck kommt; die kurze Verspredigt an die Gemeinde ist hier als Beispiel zu nennen. Aus solch einfachen Anfängen heraus entstand dann urplötzlich im 6. Jahrhundert eine neue, liturgische Bewegung unter dem Namen *Kontakion*. Die Predigt mit der Lesung aus dem Alten und Neuen Testament wurde nun in Form einer Strophendichtung in einem schwierigen, stark akzentuierten Versmaß vorgetragen, wobei jede Strophe in derselben Melodie erklang und mit einem Refrain abschloß. Die metrischen und musikalischen Variationsmöglichkeiten waren schier unerschöpflich, so daß ein Vergleich mit der klassischen griechischen Lyrik nicht abwegig erscheint. Die Musik zu diesen frühen liturgischen Hymnen ist verloren, das Metrum der Gedichte gibt jedoch einigen Aufschluß über den Rhythmus. Seine Wirkung erzielte die neue Dichtkunst auch durch den dramatischen Dialog der vorgestellten Personen. Die Bewegung wird mit Romanos in Verbindung gebracht, der das *Kontakion* vielleicht initiierte, ganz sicher aber weiter ausgestaltete. Zu Emesa (Homs) in Syrien geboren und wahrscheinlich Sohn jüdischer Eltern, kam er zur Zeit des Anastasius nach Konstantinopel, wo er als Diakon an der Hagia Sophia wirkte. An einem Weihnachtsabend, so erzählt sein Biograph, sei ihm im Traum die Gottesmutter erschienen und habe ihm eine Papyrusrolle übergeben mit der Aufforderung, diese zu essen. Am nächsten Morgen sei er zur Kanzel der Großen Kirche geeilt und habe ein Weihnachts-Kontakion gesungen, das noch heute in der Liturgie der orthodoxen Kirchen seinen Platz hat. Offenbar war Romanos noch im Jahr 555 dichterisch tätig; er komponierte übrigens auch die dazugehörige Musik. Romanos' Dichtkunst bediente sich einer fast übertriebenen formalen Prosa, wie sie auch in Predigten, Gesetzen und anderen offiziellen Verlautbarungen der Zeit zu finden ist. Ein Meister des psychologisch motivierten Dialogs, gestaltet er seine Texte mit anschaulichen Bildern aus Natur und Landleben, greift aber kaum auf traditionelle Motive zurück. Auf die klassische Literatur legte er keinen Wert, wichtiger waren ihm biblische Bilder. Der hellenistische Dichter Aratos galt ihm ›dreimal verflucht‹ (triskataratos), der Redner Demosthenes war für ihn ›unbedeutend‹ (asthenes) usw.

Die neue Lyrik mit ihrem anderen Stilempfinden und ihren neuen Themen ist funktional zu nennen wie etwa die Oden Pindars oder die Tragödien des Aischylos — sie war Teil einer Zeremonie, eines Ritus, und ohne Musik konnte man sie sich nicht vorstellen. Sie war also ganz anders geartet als die klassizistische Dichtung dieser Periode. Auch das einfache Volk konnte sich mit dem Kontakion anfreunden, wenn auch die theologischen Kenntnisse oft nicht ausreichten, um den vollen Gehalt der Dichtkunst zu würdigen. Ein neuer überraschender Aufschwung also, der möglich wurde, als man ausgetretene Pfade verließ, ein Aufschwung, der für die Zukunft einiges versprach. Ein Dichtertalent wie Romanos freilich sollte es kein zweites Mal geben.

Der Lebensrhythmus der spätantiken Gesellschaft veränderte sich nur langsam, was am besten an der Bautätigkeit in den Städten abzulesen ist. Seit dem Ende des. 4 Jahrhunderts erlebte das von der hohen Kaiserzeit geprägte Stadtbild mit seinem von öffentlichen Gebäuden umgebenen Marktplatz, seinen Kolonnaden und Tempeln die erste große Veränderung, als die heidnischen Tempel nach und nach geschlossen und neue Kirchen erbaut wurden, die man dann häufig als modernes Zentrum der Stadt ansah. Die breiten kolonnadengeschmückten Alleen mußten allmählich engen, kurvigen Gassen weichen, welche von zwei- bis dreistöckigen Wohnhäusern mit vorgebauten oberen Stockwerken und Balkonen gesäumt wurden. Doch ist das Stadtbild zur Zeit Justinians keineswegs mittelalterlich zu nennen. Justinian steckte viel Geld in öffentliche Bauten überall im Reich, teils aus Gründen militärischer Sicherheit, fast immer aber um des Prestiges willen. Der Historiker Prokop verfaßte, nach Provinzen gegliedert, ein spezielles Werk über die während seiner Regierung erstellten Bauten. Nur wenige der zahllosen Festungen sind erhalten, das herausragendste Zeugnis der Macht des Reiches und der Ingenieurleistung des Architekten Anthemius ist heute die einst unbezwingbare Anlage bei Dara am Euphrat. Die Reste der großen Festungswerke an der Donau bei Belgrad, Smederevo und Vidin, von nachfolgenden Generationen mehrfach überbaut, sind ebenfalls das Werk Justinians. Auch im heutigen Tunesien findet man noch Verteidigungsanlagen des Kaisers; arabische und türkische Baumeister veränderten sie später zweckentsprechend, so etwa in Kelebia.

Von den noch erhaltenen nichtkirchlichen Bauten sind besonders beeindruckend auch die großen unterirdischen Zisternen in Konstantinopel, die, durch Hunderte von Säulen abgestützt, ebenfalls Zeugnis ablegen für einen hervorragenden technischen Leistungsstandard. Die Zeitgenossen freilich lobten am meisten die von Justinian erbauten Kirchen. Seit Anfang des 4. Jahrhunderts hatten sich zwei Formen des Kirchenbaus entwickelt, Basilika und Zentralbau. Ursprünglich war die Basilika eine für Geschäfte des öffentlichen Lebens bestimmte Halle, deren Baustil man im römischen Reich von hellenistischen Vorbildern übernahm. Als Kirche war sie ein rechteckiges Gebäude mit einem Hauptschiff und zwei oder vier Seitenschiffen, deren Schrägdächer, in der Höhe gestaffelt und niedriger als das Dach des Hauptschiffes, von einer Reihe von Säulen und Bögen getragen wurden. Fenster waren oberhalb der Säulenreihe im Mauerwerk des Hauptschiffes eingelassen. Meist baute man an der Ostseite der Kirche eine runde Apsis, an der Westseite eine Eingangshalle (Portikus) an; wir haben also ein platzsparendes, den Raum gut ausnutzendes Bauwerk vor uns. Es ermöglichte vielen Gläubigen, den Altarraum an der Ostseite einzusehen, besonders auch, wenn dieser etwas höher lag. Den Architrav auf den Kapitellen ersetzte man bald durch Bogenkonstruktionen, um die Helligkeit zu verbessern und das vertikale Raumgefühl zu steigern.

Im Unterschied zum Langhausbau der Basilika sind beim Zentralbau alle Teile auf einen

Mittelpunkt bezogen. Dieser wird von einer Kuppel überwölbt, welche entweder direkt auf den Außenmauern oder auf Säulen bzw. Pfeilern im Innenraum ruht. Meist wurden Grabbauten oder kleinere Tempel in Form eines Zentralbaus errichtet, doch das Pantheon in Rom beweist, daß die Römer auch große Gebäude auf kreisförmigem Grundriß bauen konnten. Die frühesten christlichen Zentralbauten errichtete man über Märtyrergräbern. Im 4. und 5. Jahrhundert führte man schon größere Zentralkirchenbauten aus, teilweise benützte man auch andere derartige Gebäude, um Gottesdienste darin abzuhalten. Als Beispiele seien das Mausoleum der Constantia und die Stephanuskirche in Rom oder die Georgskirche in Thessaloniki genannt, letztere zuvor wahrscheinlich ein Mausoleum für Kaiser Galerius. Der Zentralbau mit seiner hohen Kuppelkonstruktion erwies sich zwar für die Aufnahme einer großen Menschenmenge als weniger geeignet. Doch im Gegensatz zur Basilika fühlten sich hier die Gläubigen viel eher als Gemeinschaft von der Außenwelt ›abgeschlossen‹, auf das zentrale Gottesdienstgeschehen hin fixiert. Die Symbolkraft des Bauwerks erschien zudem ohne weiteres erkennbar: die Einheit des in sich ruhenden Universums, Himmel und Erde im Raumerlebnis verdichtet.

An Bemühungen, Merkmale beider Bautypen zu kombinieren, hat es nicht gefehlt. In Kleinasien und Syrien zum Beispiel baute man Basiliken mit Tonnendächern, auch wurden Säulenreihen oft durch Bogenkonstruktionen ersetzt. Technisch schwierig zu lösen aber blieb das Problem der Konstruktion einer Kuppel über rechteckigem Grundriß. Justinian und seine Architekten dachten offensichtlich viel darüber nach. S. Vitale in Ravenna, in ostgotischer Zeit wahrscheinlich mit Hilfe oströmischer Gelder und Pläne begonnen und nach der Eroberung der Stadt durch Ostrom von Justinian vollendet, ist ein Zentralbau über oktogonalem Grundriß mit angebauter halbrunder Apsis. Die große Johanneskirche in Ephesus (wovon heute nur noch Reste zu sehen sind) war eine Kreuzbasilika, deren Querschiff mehrere kleine Kuppeln aufwies. Zu Beginn seiner Regierung ließ Justinian die kleine Kirche der Heiligen Sergius und Bacchus in Konstantinopel umbauen, eine Weihinschrift an der Kuppelbasis ist noch heute zu sehen. Dem Architekten gelang hier sogar über unregelmäßigem Grundriß die Errichtung einer Kuppel mit Hilfe von Pendentifs (sphärische Dreiecke, die von den Ecken eines quadratischen Grundrisses zum Kreisrund der Kuppel überleiten). Doch erst die Hagia Sophia erregt durch die hervorragend gelungene Kombination von Elementen der Langhausbasilika mit denen des Zentralraums größte Bewunderung bei Fachleuten und Laien bis auf den heutigen Tag.

Hauptschiff und zwei Seitenschiffe der in den Jahren 532 bis 537 errichteten Großen Kirche sind von einem rechteckigen Mauerwerk umschlossen, die Schiffe untereinander durch Marmorsäulen abgetrennt. Vier riesige Pfeiler ragen an den Enden eines Quadrats empor, und über vier großen, durch Pendentifs verbundenen Bögen ist die riesige Zentralkuppel errichtet. Östlich und westlich der Hauptkuppel ruhen etwas tiefer zwei Halbkuppeln auf den Hauptpfeilern und je zwei zusätzlichen kleineren Pfeilern, daran schließt sich im Osten eine Apsis, im Westen ein zweigeteilter großer Narthex (Vorhalle) an. Vor dem Narthex befand sich ursprünglich noch ein großer kolonnadengeschmückter Vorhof.

Die reine Baubeschreibung sagt wenig aus über den Eindruck, den das Bauwerk, damals wie heute, auf jeden Besucher macht. Die Kirche mißt 77 Meter in der Länge, 72 Meter in der Breite und 31,5 Meter in der Höhe. An der Basis der Riesenkuppel sind viele Fenster eingelassen, wodurch Licht in den Innenraum eindringt, ohne daß die Herkunft der einzelnen Strahlenbündel sogleich erkennbar wäre. Nachts erleuchtete man die Kirche mit an Ketten herabhängenden Kandelabern. Nach modernen Maßstäben blieb der Kirchenraum damals wohl in geheimnisvolles Halbdunkel getaucht, doch dem Betrachter

Innenraum der Kirche SS. Sergius und Bacchus in Konstantinopel, erbaut 525.

des 6. Jahrhunderts, an Beleuchtung durch Öllämpchen gewöhnt, muß die Lichtfülle in Erstaunen versetzt haben. Innenwände und Fußboden erstrahlten in glänzendem vielfarbigen Marmor, bei den Mosaiken verwendete man auch bunte, reflektierende Glasstückchen. (Die Originalausstattung ist fast vollständig verloren, die heute vom Besucher bewunderten Mosaiken sind ausnahmslos jüngeren Datums.) Alle Einzelheiten zusammen wie auch der Grundriß der Kirche selbst haben den Effekt, daß sich Form und Ineinanderwirken der räumlichen Verhältnisse für den umherwandelnden Besucher zwar aufbauen, doch sofort wieder in Frage gestellt werden, wobei den einzigen Fixpunkt der von der großen Kuppel überwölbte Zentralraum darstellt. Man fühlt sich sozusagen in eine riesige Unterwasserwelt versetzt, die, von einer geheimnisvollen Lichtquelle erhellt, tausendfach funkelt.

Die technische Meisterleistung beim Bau der Hagia Sophia wird durch die Tatsache unterstrichen, daß sie noch heute praktisch unversehrt steht, obwohl seit ihrer Einweihung mehr als hundert Erdbeben registriert wurden. Die Kirche war Justinians Paradestück. Es heißt, daß er beim ersten Besuch der vollendeten Kirche nach einer Weile sprachlosen Staunens murmelte: »Salomo, ich habe dich übertroffen!« Das Bauwerk ist nach Größe und Anlage einzigartig, doch die entscheidenden künstlerischen und technischen Fortschritte des justinianischen Zeitalters ebneten fortan der klassischen ›byzantinischen‹ Kirchenbaukunst den Weg, die das Kreuz im Quadrat und den Zentralraum mit Kuppel als Hauptaufgabe der Architektur ansah.

Die ursprünglichen Mosaikarbeiten in der Hagia Sophia stellten wohl keine Figuren dar; das Kuppelmosaik zeigte ein Kreuz. Portraitartige Darstellungen waren damals jedoch durchaus üblich, nicht allein bei Mosaiken, sondern z. B. auch in der Freskenmalerei, bei der Elfenbein- und Steatitschnitzerei, bei Ziselierarbeiten oder der Gravur von Edelmetall. Freistehende Steinskulpturen fertigte man weniger häufig, doch lesen wir, daß ein großes Reiterstandbild Justinians auf dem großen Platz zwischen der Hagia Sophia und dem Kaiserpalast aufgestellt war. Die erhaltenen Reste der damaligen Repräsentativkunst weisen auf vielfache Stilvarianten hin. Der Realismus der Klassik schien als Leitmotiv ungebrochen. Die Bodenmosaiken im Großen Palast, wohl Arbeiten um 550 n. Chr., die berühmten Mosaikfriese in S. Vitale zu Ravenna (Justinian und Theodora mit Gefolge), das schöne Fresko in S. Maria Antiqua zu Rom (die Makkabäer und ihre Mutter,

620–640), der bekannte Silberteller mit der Darstellung von Meleager und Atalante (613–629, jetzt in der Eremitage in Leningrad), der bei Klimowa (nahe Perm) in der UdSSR gefundene Silberteller mit dem Ziegenhirtenmotiv und die hervorragend gearbeiteten Silberschalen aus Zypern mit Motiven aus dem Leben Davids, sie alle sind Beispiele für den klassizistischen Realismus der Epoche.

Daneben finden wir aber auch eine Kunstrichtung, die sich der Zwänge der klassischen Dreidimensionalität entledigte. Die Figuren sind hier flach und frontal, die Füße berühren keinen realen Boden; der Betrachter stellt eine Beziehung zu diesen Personen eigentlich nur aufgrund der Ausstrahlungskraft ihrer auffallend großen Augen her, wie sie überhaupt mehr innerliche Emotionalität als ein äußeres Erscheinungsbild zu vermitteln suchen. Diese ›abstrakte‹ Kunstrichtung hat zwei Wurzeln. Die eine liegt in der jahrhundertealten religiösen Tradition des syrisch-jüdischen Kulturraums, der Heimat uralter religiöser Kunst. Eine andere Wurzel ist in der Philosophie des Neuplatonismus zu suchen, die vom Künstler forderte, er solle nicht nur die reine Physis des Objektes abbilden, den menschlichen Körper eingeschlossen, sondern er müsse auch eine ›höhere‹ Realität sichtbar machen, sozusagen die Urform beschreiben, von der die Dinge in der Welt lediglich ein Abglanz seien. Jene zwei Bestimmungsgründe, der eine aus dem nicht-hellenistischen Kulturbereich erwachsen, der andere völlig griechisch dem Wesen nach, vereinten sich zu einer künstlerischen Ausdrucksform, die z. B. ›das Heilige‹ nicht an den eher zufälligen äußeren Formen sichtbar machen will. Typisch auch, daß im Gegensatz

links: Die Hagia Sophia in Konstantinopel. Sie ist das vielleicht prächtigste, gewiß das bekannteste Beispiel für die byzantinische Kirchenarchitektur. Die Minarette stammen aus türkischer Zeit.

rechts: Zwei Silberteller, Beispiele für den hervorragenden Stand des byzantinischen Kunstgewerbes im frühen 7. Jh. Oben: Hirte und Ziegen, Fundort Klimowa, UdSSR. Unten: Davids Kampf mit Goliath, Fundort Kyrenia, Zypern.

41

links: Muttergottes mit dem Kind, umgeben von Engeln und Heiligen, Ikone vom Katharinenkloster auf dem Berg Sinai, 6. Jh.

unten: Der sog. Kelch von Antiochia, Silber, mit Resten von Vergoldung, um 500.

zur realistischen Kunst die abstrakte eine umgekehrte Perspektive anwandte; Figuren im Hintergrund erscheinen also oft viel größer als jene im Vordergrund. Der Künstler und sein Publikum sahen Zusammenhänge anders als sie der Euklidsche Raum vermitteln konnte. Als Beispiele zu nennen sind die noch vor der Feuersbrunst des frühen 7. Jahrhunderts vollendeten Mosaiken in der Demetriuskirche zu Thessaloniki, das Triumphbogenmosaik von S. Lorenzo fuori le Mura in Rom (578—590), die Apsismosaiken von S. Agnese in Rom (ca. 630) und Kition auf Zypern (bei Lanarka) und die Muttergottesikone vom Katharinenkloster auf dem Berg Sinai (6. Jahrhundert). Beide Stilrichtungen konnte man nebeneinander bewundern, manchmal auch innerhalb einer einzigen Bildkomposition, denn die verschiedenen Ausdrucksmöglichkeiten konkurrierten nicht miteinander, sie stellten lediglich verschiedene Geisteshaltungen dar.

Es gab natürlich auch vielfältige andere künstlerische Ausdrucksformen, vor allem in der Provinzialkunst. In vielen Kunstwerken sind Figuren seltsam flach und gedrungen abgebildet, mit einer Kleidung auch, die im Blick auf dreidimensionale Realitäten keinesfalls angemessen erscheint. Gute Beispiele sind der thronende Christus mit dem Apostel aus dem Johanneskloster in Konstantinopel (7. Jahrhundert) oder die Szenen aus dem Neuen Testament, dargestellt auf dem Deckel eines Reliquiars in den Vatikanischen Museen (6. Jahrhundert). Andere verleugnen ihre ägyptische Herkunft nicht, so etwa die Fresken von Bawît und Saqqara im Museum für koptische Kunst in Kairo oder die betenden Figuren auf Grabsteinen, welche in demselben Museum zu sehen sind. Ein Jerusalemer Mosaik, jetzt im Archäologischen Museum in Istanbul, stellt Christus als Orpheus inmitten von Tieren dar, auch ein Zentaur und der Gott Pan sind zu sehen, eine beachtenswerte Komposition nicht nur der sorglosen Vermischung heidnischer und christlicher Motive wegen, sondern auch aufgrund der geradezu kindlichen Naivität des

Christus als Orpheus mit Tieren. Fundort Jerusalem, jetzt im Archäologischen Museum Istanbul.

Ausdrucks. Ähnlich naiv sind auch verschiedene Elfenbeinarbeiten dieser Zeit, etwa das Diptychon des Hl. Lupicinus in der Pariser Bibliothèque Nationale oder das Diptychon der Maria mit dem Kind in der Matenadaran-Bibliothek zu Eriwan.

Die byzantinische Kunst der justinianischen Periode bedarf noch gründlicher Untersuchung, doch darf man als gesichert annehmen, daß hier ein Aufbruch stattfand, der neben den eingefahrenen Geleisen der römisch-mediterranen Weltkultur neue Wege suchte. Was früher in der Subkultur oder in der Provinzialität Ausdruck fand, wird nunmehr auch offiziell anerkannt, und besonders seit dem Verlust der westlichen Reichshälfte kommt der mehr spiritualistische Grundzug orientalischer Vorbilder immer deutlicher zum Tragen. So ergeben sich mannigfaltige Berührungen mit der naturalistischen Tradition der klassischen Antike: Vermischung, Modifikation, aber auch scharfe Abgrenzung. Der sich verstärkende Einfluß des Neuplatonismus auf die Ideenwelt der gebildeten Elite des Reiches wirkt entsprechend in der Kunst, und diese steht, durch die geographische Lage bedingt, in betontem Ausgleich mit dem Morgenland. Eine neuartige, dem

43

Realismus zumindest sehr kritisch gegenüberstehende ›abstrakte‹ religiöse Kunst entsteht, welche gemäß Plotin versucht, »die Augen der Seele zu öffnen, indem man die des Körpers schließt«. Die Wirklichkeit wechselt sozusagen das Feld, und die zunehmende liturgische Verbrämung des öffentlichen Lebens, die Betonung des Christlichen inmitten des römischen Kulturerbes, betont diese Entwicklung zusätzlich.

Die Kultur der Zeit Justinians und seiner Nachfolger bis auf Herakleios hatte mehrere Kristallisationspunkte. Rom, Karthago, Alexandria, Jerusalem oder Antiochia – um nur die wichtigsten zu nennen – standen Konstantinopel kaum nach. Ein Austausch der Menschen und Ideen fand ganz natürlich und kontinuierlich zwischen diesen Kulturzentren statt, wobei jeweils das heimische Kulturerbe eine große Rolle spielte. Jene kulturelle Vielfalt blieb auch im religionspolitischen Bereich, wie wir sahen, nicht ohne Folgen; sie stand in scharfem Kontrast zur Idee der politischen Einheit des Reiches. Nur Konstantinopel aber konnte die Einheit garantieren, wenn auch äußerlich besehen die Schaltzentrale der Macht während jener Periode einen ganz anderen Anstrich bekam. Obwohl das Griechische die Muttersprache fast aller Bürger von Konstantinopel war, hatte die kaiserliche Regierung bisher am Lateinischen als offizieller Staatssprache festgehalten, auch um die Verbundenheit mit dem Ursprung des Reiches zu dokumentieren. Hohe Staatsbeamte verfaßten ihre Schriftsätze in Latein, Befehle für die Armee wurden lateinisch ausgegeben, Kaisergesetze erschienen in lateinischer Sprache, und gerade Justinian, der die Kodifikation des römischen Rechts veranlaßte, war mehr als andere daran interessiert, alte römische Traditionen wiederaufleben zu lassen. Und doch veröffentlichte Justinian als erster Kaiser nahezu alle seine Gesetze in griechischer Sprache, der Sprache der Mehrheit seiner Untertanen. Die Nachfolger taten es ihm gleich, so daß die ›lateinische‹ Fassade der Staatsmacht allmählich abbröckelte. Schließlich verzichtete Herakleios etwa um die Zeit seines Sieges über Persien auf die wohltönende lateinische Kaisertitulatur. Er nannte sich in der Folgezeit einfach *Basileus* (König), ein Titel, der dann bis Ende des byzantinischen Reiches allgemein üblich war. Das Lateinische erschien noch etwa zwei Jahrhunderte lang in Münzlegenden, auch in Zeremonien bei Hofe lebten lateinische Formeln weiter. Seit dem Tod des Herakleios ist das ›römische‹ Reich jedoch auf allen Gebieten als durchaus griechisch zu kennzeichnen und dies nur zwei Generationen, nachdem Corippus nach Konstantinopel gekommen war, um hier berühmt zu werden, der letzte lateinische Klassiker der Schule Vergils.

Hinzuweisen ist noch auf ein – möglicherweise triviales – Symbol für den kulturellen Wandel während jener Periode. Seit dem chaotischen 3. Jahrhundert n. Chr. präsentierten sich die führenden Männer der Gesellschaft glatt rasiert, nur Philosophen machten da eine Ausnahme. Der Kaiser Julian Apostata wurde wegen seines Bartes verlacht. Was bei Philosophen Mode war, wurde bald bei Mönchen, zum Teil auch bei Bischöfen allgemein üblich, doch das Gefolge Justinians, sowie es in Ravenna erscheint, ist glatt rasiert, auch die drei Nachfolger des Kaisers Justin II., Tiberius und Maurikios sind auf Münzen bartlos abgebildet. Mit Herakleios befinden wir uns ganz plötzlich in einer bärtigen Männerwelt, der Kaiser geht hierbei allen voran. Ob diese Tatsache als Anzeichen für eine andere Geisteshaltung zu werten ist, wagen wir nicht zu entscheiden; immerhin ist zu bemerken, daß sich zu jener Zeit auch der Stil der Kleidung sehr veränderte. Anstatt, wie zu jener Zeit üblich, Kleidungsstücke zu schneidern – sogar orientalische Hosen wurden in der Folgezeit modern – hatte man früher schmucklose Gewänder um den Körper drapiert. Um 600 aber waren Stoffe oft bunt gestreift; sie zeigten eingewobene Muster oder Applikationen von einfacher Stickerei bis zu raffinierter Edelsteinornamentik. Das Erscheinungsbild jener bärtigen Männer in ihrer bunten maßgeschneiderten Kleidung unterschied sich stark von dem ihrer schlichten, glatt rasierten Groß- und Urgroßväter.

44

2
Der Kampf ums Überleben
(641-867)

Die Theodosianischen Mauern in Konstantinopel, im 5. Jh. von Theodosius II. erbaut, stehen noch heute, majestätisch und furchteinflößend.

Rückzug und Verteidigung

Der Verlust Syriens, Ägyptens und kurz darauf ganz Nordafrikas traf Byzanz hart, denn diese Gebiete zählten zu den am dichtesten besiedelten des ganzen Reiches und besaßen in jeder Hinsicht den fortschrittlichsten wirtschaftlichen und technischen Entwicklungsstand. Auf der Verlustliste standen die größten und bedeutendsten Städte des byzantinischen Reiches: Alexandria, das Zentrum der christlich-hellenistischen Kultur und der Umschlaghafen, von dem aus ägyptische Agrarüberschüsse zur Ernährung der Massen in Konstantinopel exportiert wurden; Antiochia, ein weiteres antikes Zentrum von Kunst und Kultur mit jahrhundertealter christlicher Tradition, der Ausgangspunkt der Handelsstraßen nach Persien, nach Indien und China; Jerusalem, die heilige Stadt aller Christen, orthodox und häretisch zugleich; Gaza, Sitz einer bedeutenden Philosophenschule und außerdem Endpunkt der Karawanenstraßen aus dem Jemen und dem persischen Golf; Edessa, Festung, Handelszentrum und Mittelpunkt der syrischen Kultur — um nur einige zu nennen.

Der wirtschaftliche Verlust war beträchtlich, obwohl wir hier natürlich keine modernen Maßstäbe anlegen dürfen. Wenige Luxusgüter einmal ausgenommen, gab es keinen reichsumspannenden Handel, geschweige denn einen weltweiten Markt. Warenverkehr fand fast nur auf lokaler Ebene statt, oft nur zwischen einer Stadt und ihrem Hinterland. Trotzdem traf der Verlust der ägyptischen Kornlieferungen das Reich außerordentlich hart. Die kostenlosen Getreidelieferungen an die Bürger Konstantinopels wurden sofort eingestellt, es gab Probleme bei der Versorgung der Armee. Die plötzlichen Engpässe in politisch so empfindlichen Gebieten verursachten größte Unsicherheit, die Hauptstadt mußte jetzt wie jede andere Stadt auch vom eigenen Hinterland leben. Die Landwirtschaft

Feldarbeiten, aus einer Handschrift des 10. Jhs. Links wird die Olivenernte dargestellt, rechts die Käseherstellung und Honiggewinnung.

in Thrakien und Bithynien erhielt neuen Aufschwung, die Grund- und Bodenpreise stiegen natürlich, es wurden Vermögen damit gemacht. Eine neue einflußreiche Schicht begüterter Magnaten trat in den Vordergrund. Ein anderes Problem finanzieller Art ergab sich aus dem Verlust der reichen Südprovinzen an den Islam: Die Steuereinnahmen gingen beträchtlich zurück. Plötzlich war kein Geld mehr da für Söldner, für die Errichtung prachtvoller öffentlicher Gebäude, für alle Unternehmungen, die für das gesellschaftliche Prestige so wichtig sind. Natürlich heißt das nicht, daß jetzt alle Menschen gleich waren, doch die soziale Nivellierung machte rascher Fortschritte als in den Jahrhunderten zuvor.

Die Auswirkungen der neuen Situation auf die Armee waren noch alarmierender. Die islamischen Eroberer, eine kleine Minderheit verglichen mit der Anzahl der Unterworfenen, machten für eine Weile halt an natürlichen Grenzen, dem Taurusgebirge und dem armenischen Hochland. Das gebirgige Kleinasien barg für die islamischen Krieger große Probleme, denn sie waren in den Wüsten Arabiens ausgebildet und blieben abhängig von Kamelen. Außerdem war der junge Moslemstaat zunächst einmal voll damit beschäftigt, die großen byzantinischen und persischen Gebiete von der Verwaltung her in den Griff zu bekommen. Das persische Reich, aufgrund der Siege des Herakleios sowieso schon geschwächt und von Uneinigkeit geplagt, war von den Arabern völlig zerstört worden. Jene riesigen Gebiete mit ihrer stolzen und fremdartigen Bevölkerung zu integrieren, war wohl die größte Aufgabe der neuen Kalifen.

Trotzdem konnten die Byzantiner sich keines dauerhaften Friedens erfreuen. 647 stieß eine arabische Einheit unter Mu'awija, dem moslemischen Gouverneur Syriens, tief in das Innere Kleinasiens vor und eroberte Caesarea in Kappadokien. Die Bedrohung nahm kein Ende. 649 landete eine von den Arabern erbaute Flotte mit ägyptischen und syrischen Matrosen in Zypern und zerstörte die Hauptstadt Konstantia. Als die byzantinische Flotte daraufhin in zypriotischen Gewässern erschien, zogen sich die Eindringlinge diskret zurück. Die Byzantiner waren jedoch nicht länger unbestrittene Herren über ihre Gewässer. Einige Jahre später, 654, griff die arabische Flotte erneut an und konnte diesmal Zypern, Rhodos und Kos einnehmen. Es war nur zu klar, worauf sie es am Ende abgesehen hatte, auf Konstantinopel selbst. Im folgenden Jahr vernichteten die Araber eine byzantinische Flotte vor der Südküste Kleinasiens. Die byzantinische Regierung konnte sich jetzt keine Illusionen mehr machen, ein langer, verzweifelter Existenzkampf stand unmittelbar bevor. Das persische Königreich existierte nicht mehr; sollte auch das byzantinische Reich dieses Schicksal teilen?

Einzelne Vorgänge in Europa ließen die Situation des Reiches noch gefährlicher erscheinen. Die erfolgreichen Feldzüge des Kaisers Maurikios Ende des 6. Jahrhunderts hatten die Autorität der Byzantiner im nördlichen Balkan wiederhergestellt. Die Einwohnerzahlen der Städte im Innern des Landes waren stark zurückgegangen. Einige waren ganz aufgegeben worden, viele andere zu kleineren Landstädten herabgesunken. Die seit kurzem in das Gebiet strömenden slawischen Siedler nahmen nun die Stellen der Bauern ein, welche während der Invasionszeit geflohen oder umgekommen waren. Doch die Grenze schien jetzt sicher zu sein, da die Awaren sie offensichtlich anerkannten. Mit der Integration der slawischen Siedler und der Wiederherstellung des römischen Lebensstils in diesen ausgedehnten Gebieten wäre ein neuer Anfang möglich gewesen. Maurikios' Sturz und Tod im Jahr 602 bereiteten der Politik des Ausgleichs und allen damit verbundenen Hoffnungen jedoch ein Ende. Phokas unternahm keinen ernstzunehmenden Versuch, die Donaugrenze zu verteidigen, Herakleios war während seiner gesamten Regierungszeit zu sehr mit Persien und später mit den Arabern beschäftigt, um Truppen oder Mittel für die Balkangebiete übrig zu haben. Folglich konnten Slawen und Awaren in den Gebieten südlich der Donau wieder nach eigenem Belieben schalten und walten. Die Küstenstädte am Schwarzen Meer blieben fest in byzantinischer Hand, ebenso Thessaloniki. Das unmittelbare Hinterland Konstantinopels war durch einen Ring von starken thrakischen Festungen geschützt — Develtos, Adrianopel und Philippopolis sind als die bedeutendsten zu nennen — Serdica (Sofia) galt als starker Außenposten auf der großen Straße von Mitteleuropa zum Bosporus. Das übrige Balkangebiet ging größtenteils verloren. Slawische Siedler konnten sich nicht nur im Norden, sondern auf der ganzen griechischen Halbinsel bis hinunter zum äußersten Zipfel der Peloponnes unbehindert niederlassen. Nur wenige Küstenstädte wie Athen, Patras und Korinth blieben byzantinisch.

Johann Jakob Fallmerayer entwickelte Mitte des vorigen Jahrhunderts die Theorie, daß die Slawen zu jener Zeit ganz Griechenland beherrschten und die Urbevölkerung entweder geflohen sei oder ausgerottet wurde, woraus er dann den Schluß zog, daß die heutigen Griechen keineswegs die Nachkommen der alten griechischen Stämme seien. Seine Theorie rief leidenschaftliche Reaktionen bei griechischen und slawischen Gelehrten hervor, und ihre Argumente wurden mehr heftig als überzeugend vorgebracht. Heute können wir die Sache mit größerem Abstand betrachten. Die Häufigkeit slawischer Ortsnamen in vielen Teilen Griechenlands bezeugt die Ausdehnung und Dichte slawischer Siedlungen, obwohl wir nicht folgern dürfen, daß ein slawischer Ortsname auch immer gleich für eine dauerhafte slawische Siedlung steht. Einige griechische Bauern zogen sich in das unzugängliche Gebirge im Osten der Peloponnes zurück, andere flohen wahrscheinlich in weniger attraktive Gebiete Griechenlands oder führten ein nomadenhaftes Hirtenleben. Wieder andere lebten Seite an Seite mit den neuen Siedlern, ohne von konstantinopolitanischen Steuereinnehmern behelligt zu werden. Der slawische Stammesadel übernahm gerne den Lebensstil der Griechen. Es begann eine lange Zeit der Koexistenz, im Süden des Balkans endete sie mit der völligen Integration der Slawen. Schon Isokrates hatte tausend Jahre zuvor gesagt, daß die Kultur, nicht das Blut einen Griechen auszeichne.

Die militärische Bedrohung des Imperiums von Europa her unterschied sich wesentlich von der Lage in Asien. Hier sah Byzanz sich nicht einem expansiven und aggressiven Staatswesen gegenüber, sondern dem unnachgiebigen Druck von Bauernvölkern auf der Suche nach Siedlungsland. Nur gelegentlich erhielt deren Stoßkraft durch einheitliche Organisation eine bestimmte Richtung wie z. B. bei den Awaren und später den Bulgaren. Es waren nicht die ertrag- und bevölkerungsreichsten Regionen des Reiches, in denen die Slawen siedelten, auch ließ ihre militärische Schlagkraft spürbar nach. Lediglich

Byzantiner greifen ein arabisches Kastell an, aus einer Handschrift des 10. Jhs.

die Nähe zu Konstantinopel machte die slawischen Eroberungen so bedrohlich. Seit Justinian war sich die Hauptstadt stets der Gefahr einer vor ihren Mauern erscheinenden feindlichen Armee bewußt, allerdings galten die unter Theodosius II. erbauten Stadtmauern als praktisch unüberwindbar. Und solange die Byzantiner das Meer beherrschten, konnten sie hoffen, auch eine lange Belagerung durchzustehen. Sollte es aber einem Kaiser nicht gelingen, den Feind von der Hauptstadt fernzuhalten, so konnte das verheerende politische Folgen für ihn haben. Seit dem Verlust Ägyptens waren die thrakischen Ebenen die Kornkammer Konstantinopels. Wiederholte Verwüstungen Thrakiens stellten die Lebensmittelversorgung der Stadt ernstlich in Frage und unterminierten die Stellung der Großgrundbesitzer und hohen Beamten. Und diese Schicht spielte eine immer bedeutendere Rolle im gesellschaftlichen Leben von Byzanz.

Die byzantinische Welt reagierte auf die vielen negativen Erfahrungen vielschichtig. Zuerst wollen wir einen Blick auf die politischen, militärischen und verwaltungstechnischen Maßnahmen der Reichsregierung werfen. Der zivile und der militärische Zweig der Verwaltung waren seit Diokletian und Konstantin an der Wende des 3. zum 4. Jahrhundert stets streng getrennt geblieben. Provinzgouverneure hatten keinerlei Gewalt über die in ihrem Territorium stationierten Truppen, Armeegeneräle hatten keine Befugnis über die zivile Bevölkerung; so die Theorie und im wesentlichen auch die Praxis. Das System sollte die Generale daran hindern, in die Politik einzugreifen, es sollte Militärrevolten unmöglich machen, was auch funktionierte. Doch weil es auf der Zusammenarbeit der städtischen Verwaltungen aufbaute, die einen großen Teil der Regierungspolitik in die Praxis umzusetzen hatten, funktionierte das System recht schwerfällig, die Koordination war eine langwierige und schwierige Angelegenheit.

In einer Zeit, als kein Reichsteil vor Angriffen sicher war, mußte man sich etwas Neues einfallen lassen. In zwei vom Reichskern entfernten Gebieten, in Italien (zumindest in dem nach dem Einfall der Langobarden verbliebenen Rest) und Afrika hatte man zivile und militärische Verwaltung schon in einer Hand vereinigt. In beiden Provinzen kommandierte ein Exarch die Truppen und führte gleichzeitig die Regierungsgeschäfte als Bevollmächtigter des Kaisers. Während der langen Perserkriege entwickelte Herakleios ein ähnliches System in Teilen Kleinasiens. Die noch von Byzanz kontrollierten Territorien formte man zu Militärbezirken unter dem Kommando eines *Strategos*, der für beide Bereiche der Verwaltung verantwortlich war. Die ersten *Strategoi* wurden normalerweise diejenigen Truppenkommandeure, welche mit ihren Einheiten in das entsprechende Gebiet abgedrängt worden waren. Immerhin verschwand die alte Zivilverwaltung zunächst nicht völlig, Spuren davon hielten sich noch jahrhundertelang. Der Zivilgouverneur war jedoch jetzt dem *Strategos* unter- statt beigeordnet. Die neuen Militärbezirke nannte man *Themen*, ein Begriff, der ursprünglich Truppenabteilungen bezeichnete.

Die Soldaten in jedem Thema erhielten Land und wurden von fast allen Steuerabgaben befreit. Als Gegenleistung hatten sie im Ernstfall einen Mann, ein Pferd und Waffen zu stellen. Diese Bürgersoldaten traten weithin an die Stelle der Söldner der Spätantike, die den Staat nun zu viel Geld kosteten. Der Eigentümer solcher Ländereien mußte Militärdienst leisten, wenn er in entsprechendem Alter war und nicht ein Sohn oder anderer Verwandter für ihn einspringen konnte. Nach seinem Tod erbte der älteste Sohn das Land und die damit verbundenen Verpflichtungen. Alle übrigen Söhne durften Land in Besitz nehmen, das während der Invasionen herrenlos geworden war, so erhöhte man die Zahl der steuerzahlenden freien Bauern. In den Themen wurden oft auch Gefangene angesiedelt, denen man so einerseits den erwünschten Landbesitz verschaffte, andererseits machte man sie zu Landesverteidigern. Die Themenordnung war also nicht nur eine administrative Neuerung. Sie wurde durch die Veränderung der sozialen Struktur des

Landes möglich, der die Verwaltungsreformen lediglich Rechnung trugen. Bauernsoldaten und steuerzahlende Landwirte traten an die Stelle von Großgrundbesitzern und Kolonen, denn viele der Latifundien hatten sich während der Invasionen aufgelöst, als ihre Eigentümer geflohen oder umgebracht worden waren. Neben den aus Soldatenbauern bestehenden Bezirksarmeen existierte noch eine zentrale, bei Konstantinopel stehende mobile Armee mit Berufssoldaten.

In Kleinasien wurden die ersten Themen während der Herrschaft des Herakleios errichtet. Bis zum Ende des 7. Jahrhunderts war die neue Organisationsform auf Thrakien, schließlich bis nach Mittelgriechenland ausgedehnt worden. Im Laufe der Zeit war fast das ganze Reich in Themen organisiert, wobei jedes Thema ein eigenes Korps unterhielt, dessen *Strategos* gleichzeitig das Thema verwaltete.

Zur selben Zeit wurde das noch von Diokletian ins Leben gerufene Besteuerungssystem abgeschafft. Nach dessen System hatte man ein bestimmtes Stück Land und denjenigen besteuert, der es bewirtschaftete, der Wert wurde nach komplizierten Regeln errechnet. Leute, die weder Grundbesitzer noch Pächter waren, also z. B. Stadtbewohner und die besitzlosen Armen entgingen so einer Besteuerung. Das neue Steuersystem basierte auf der Trennung von Grund- und Kopfsteuer. Die Landsteuer mußte sogar für nicht bewirtschaftetes Land bezahlt werden: in einem solchen Fall waren die Nachbarn zahlungspflichtig, sie hatten aber auch das Recht, Grund und Boden in Besitz zu nehmen und zu bewirtschaften. Das komplizierte römische Vermögensrecht wurde durch die einfache Regel ersetzt, daß der Eigentümer des Landes war, wer dafür Steuern zahlte. Die Kopfsteuer wurde unterschiedslos von allen Bürgern erhoben, in der Stadt wie auf dem Land. Im 8. Jahrhundert scheint sie abgeschafft bzw. ersetzt worden zu sein durch eine Steuer, die pro Haushalt erhoben wurde, das *Kapnikon* (Herdsteuer).

Als Folge dieser Veränderungen zeichnete sich die frühe byzantinische Gesellschaft durch stärkere Homogenität und mehr Zusammenhalt aus als in den Perioden davor. Es gab weiterhin Sklaven — vor allem im häuslichen Bereich — und großen Reichtum. Der Einfluß der Großgrundbesitzer jedoch war in den Jahren der Invasion und Zerstörung zurückgegangen. An ein Landgut gebundene *Coloni* hatte man allgemein durch Bauernsoldaten und freie Bauern ersetzt, welche allein dem Staat verpflichtet waren. Eine neue Schicht von Beamten der Zentralregierung, gewöhnlich Eigentümer von Anwesen mittlerer Größe in der Umgebung der Hauptstadt, hatte es zu Ansehen gebracht und übte durch ihre Mitgliedschaft im Senat Einfluß aus. Viele Gebiete, deren Bewohner sich aufgrund von Sprache, Kultur und Religion nicht der griechischen Mehrheit zugehörig fühlten, waren vom Imperium abgetrennt worden. So konnte Byzanz der lebensbedrohenden Herausforderung des Ostens und des Nordens geschlossener entgegentreten, doch die Probleme im Innern verlagerten sich nur. Eine neue, machthungrige Gruppe gewann zu jener Zeit zunehmend an Einfluß: die *Strategoi* der Themen und ihre Beamten mauserten sich in ihren Provinzen allmählich durch Ankauf von Landbesitz zu kleinen Feudalherren. Seit dem Ende des 8. Jahrhunderts stoßen wir immer häufiger auf Familien mit Grundbesitz, deren Familienname viele Generationen lang nachweisbar ist, ein Zeichen für die sich neu entwickelnde Aristokratie.

Als Herakleios am 11. Februar 641 starb, wurde zunächst sein ältester Sohn Nachfolger; er überlebte den alten Kaiser aber nur um wenige Monate. Sein Enkel Constans II. versuchte glücklos, dem ständigen Druck der Araber zu Land und zur See zu widerstehen. Interne Streitigkeiten der Araber untereinander gaben den Byzantinern eine Verschnaufpause. Man unternahm einige Vorstöße in die sog. Sclaviniae, die slawischen Siedlungsgebiete im Balkan. Constans hoffte offensichtlich, durch Mobilisierung der Reserven im byzantinischen Westen die Situation im Osten zu verbessern; 663 zog er jedenfalls nach

Die Geheimwaffe der Byzantiner, das ›griechische Feuer‹, in Aktion während einer Seeschlacht, aus einer Handschrift des 13. Jahrhunderts.

Italien, wo er im Kampf gegen die Lombarden scheiterte. Bei einer Unternehmung gegen Afrika hatte er eine glücklichere Hand, wurde aber bald in seinem Bad zu Syrakus erstochen (668). Sein Sohn Konstantin IV. kehrte sofort nach Konstantinopel zurück.

Konstantin sah sich erneut der vollen Wucht arabischer Angriffe ausgesetzt. 670 eroberten die Araber die Halbinsel Kyzikos im Marmara-Meer, ein guter Ausgangspunkt für einen Angriff auf Konstantinopel. 674 begann die Belagerung der Hauptstadt zu Lande und zu Wasser. Zur gleichen Zeit spornten die Awaren ihre slawischen Gefolgsleute zu gezielten Attacken auf byzantinische Festungen an. Der Fall der Hauptstadt hätte den totalen Zusammenbruch bedeutet, als politisches Gebilde wäre Byzanz vom Erdboden verschwunden. Doch das taktische Geschick der Bauernsoldaten und Seeleute, sowie die technologische Überlegenheit der Byzantiner waren letztlich ausschlaggebend. Der Architekt und Mathematiker Kallinikos erfand eine Art Flammenwerfer, womit feindliche Schiffe in Brand gesetzt wurden: das berühmte ›griechische Feuer‹, die immer noch rätselhafte Geheimwaffe der Byzantiner. Nach starken Verlusten zogen die Araber 678 von Konstantinopel ab und schlossen einen dreißigjährigen Frieden. Auch die Awaren stellten daraufhin die Kämpfe ein und erkannten formal sogar die byzantinische Oberherrschaft an.

Doch schon in den folgenden Jahren tauchten erneut Invasoren aus dem Steppengebiet auf. Die Bulgaren schweiften schon seit langer Zeit im Gebiet zwischen Wolga und der ungarischen Ebene, in Rom kannte man sie schon zur Zeit Justinians als Eindringlinge, aber auch als Söldner. 681 zog eine Gruppe aus dem Gebiet nördlich des Donaudeltas hinüber zur römischen Seite und unterwarf einige der dortigen slawischen Stämme. Es ist durchaus möglich, daß sie ursprünglich von den Byzantinern dazu animiert worden waren. Konstantin IV. versuchte vergeblich, sie zu vertreiben, mußte sogar formell mit dem bulgarischen Anführer Asparuch einen Vertrag unterschreiben, der die Existenz eines bulgarischen Königreiches anerkannte. Das strittige Gebiet war zwar längst der byzantinischen Kontrolle entglitten, doch seit den arabischen Eroberungen mußte Byzanz das erste Mal formell Reichsgebiet an eine fremde Macht abtreten. Außerdem begann damit eine durchaus negative Entwicklung, denn das neue Königreich stärkte seine Position und weitete sein Gebiet weiter aus. Konstantin IV. starb, bevor das Problem erkannt wurde; 685 folgte ihm sein Sohn Justinian II. auf dem Thron.

Justinian profitierte von den schwerwiegenden Meinungsverschiedenheiten innerhalb des
Moslemstaates und konnte den Arabern einen neuen Friedensvertrag abringen mit dem
Ziel, beide Mächte durch eine entmilitarisierte Zone vom Kaukasus bis Zypern zu
trennen. Auf dem Festland blieb das Projekt erfolglos, weil beide Seiten nur ihren eigenen
Vorteil im Auge hatten. Auf Zypern jedoch einigte man sich auf eine ungewöhnliche
Form der gemeinsamen Kontrolle, die trotz Unterbrechungen und Grenzzwischenfällen
nahezu drei Jahrhunderte lang funktionierte: die zypriotischen Steuern teilte man
zwischen den beiden Mächten auf, Soldaten durften die Insel nicht betreten, die Einwohner verwalteten sich selbst. Auch gegenüber den Slawen des Balkans bewies Justinian
Durchsetzungsvermögen, als er viele nach Kleinasien bringen ließ, wo er sie wie
Bauernsoldaten auf verlassenem Land ansiedelte. Durch solche Deportationen versuchte
er, die Widerstandskraft des Reichs zu stärken. Nach der verheerenden Niederlage des
Jahres 691 jedoch verlor er ganz Armenien an die Araber. Als Folge dieser Niederlage
sowie aufgrund starker Popularitätseinbußen wegen seiner Zwangsdeportationen wurde
Justinian 695 durch einen Aufstand in Konstantinopel gestürzt, verstümmelt (man schnitt
ihm die Nase ab) und auf eine entlegene Festung auf der Krim verbannt. Die nächsten
Jahre waren angefüllt mit weiteren Rebellionen, ein farbloser Kaiser folgte dem anderen,
und außenpolitisch wurde die Lage immer unerträglicher.
Im Jahr 697 eroberten die Araber Karthago und vertrieben die Römer so fast ganz aus
Afrika, als einziger Außenposten hielt sich Septem (Ceuta) bis 711. Um diese Zeit konnte
Justinian aus dem Gefängnis entkommen. Er floh zuerst zu den Chazaren im Norden des
Kaukasus, dann zu den Bulgaren. Unterstützt von einer bulgarischen Armee zog er 705
wieder in Konstantinopel ein. Als Gegenleistung zahlte er Tribut an die Bulgaren und
verlieh ihrem Khan Tervel den Cäsartitel. Von nun an setzte er alles daran, sich an denen
zu rächen, die ihn abgesetzt und verstümmelt hatten; Gefahren von außen registrierte er

kaum. 709 eroberten die Araber Tyana und setzten ihre Raubzüge durch Kleinasien fort. Unterstützt von den Chazaren, erhoben 711 Aufständische auf der Krim den Armenier Philippikos zum Kaiser, und dieser machte sich sofort auf den Weg nach Konstantinopel. Justinian fand keine Helfer mehr, er wurde abgesetzt und kurz darauf umgebracht. Philippikos überlebte ihn nicht lange. Die Angriffe der Araber nahmen kein Ende, Tervels bulgarische Truppen erschienen erneut vor den Mauern Konstantinopels. Nach jahrelangem Bürgerkrieg trat dann 717 der Strategos des Themas Anatolikon als Leon III. ins Zentrum der byzantinischen Geschichte, und er beendete jene Epoche dauernder Thronwechsel, gerade rechtzeitig, um einen weiteren arabischen Angriff auf Konstantinopel abzuwehren. Denn im August 717 erschien eine arabische Armee an der asiatischen Küste des Bosporus, die arabische Flotte segelte das Marmara-Meer hinauf. Das ›griechische Feuer‹, die klimatischen Verhältnisse des Winters und die hervorragende Lage der Land- und Seefestung Konstantinopels machten diesen – letzten – Arabersturm zunichte. Nach Ablauf eines Jahres brach der Feind die Belagerung ab und zog sich zurück – ein großer Erfolg des neuen Kaisers, der sich bald als einer der energischsten und weitsichtigsten Herrscher erweisen sollte.

Für Byzanz war es jetzt vor allem nötig, sich Araber und Bulgaren vom Leibe zu halten. 726 begannen die Araber wieder mit ihren jährlichen Invasionen Kleinasiens, auch die Bulgaren suchten ständig nach neuen Möglichkeiten, ihr Territorium auszuweiten. Leon führte eine ganze Reihe von Feldzügen gegen beide, bis er schließlich den entscheidenden Sieg über die Araber bei Akroinon (nahe Amorium) errang.

Militärische Stärke allein garantierte jedoch noch keine Sicherheit. Der Kaiser suchte einen Verbündeten und fand ihn in dem Türkenstamm der Chazaren, der nördlich des Kaukasus und des Kaspischen Meeres einen mächtigen Staat errichtet und seinerzeit Justinian II. Zuflucht gewährt hatte. 733 wurde das Bündnis durch die Hochzeit von Leons Sohn und Mitherrscher und der Tochter des Chazarenkhans bekräftigt. Die Allianz hielt bis zum Ende des Jahrhunderts.

726 veröffentlichte Leon eine Auswahl in griechischer Übersetzung aus dem *Corpus* Justinians, die *Ekloge*. Die knappe Sammlung war als Handbuch für die Provinzrichter gedacht, enthielt sie doch lediglich die gängigsten Fälle; Justinians Gesetzgebungswerk wurde also keineswegs ersetzt. Freilich läßt sich eine Abkehr insoweit feststellen, als in der nachfolgenden Rechtsprechung der Einfluß der Kirche und des Gewohnheitsrechts der asiatischen Provinzen festgeschrieben wurde. So stärkte Leon auch die Zentralverwaltung des Reiches, denn man darf nicht vergessen, daß die Einführung der Themenordnung nicht zur Militarisierung der byzantinischen Gesellschaft führte. Die Regierung war Sache des Kaisers und der Beamten in der Hauptstadt; Militärdiktatur oder Kriegsrecht blieben unbekannte Größen.

Es war Leon und seinen Untertanen klar, daß es um das Reich nicht zum Besten stand. Zweimal zu Lebzeiten einer Generation hatte es kurz vor dem Zusammenbruch gestanden, immer noch war es gezwungen, sich beständig seiner Haut zu wehren. Der Lebensstandard sank rapide, alte Städte verkamen zu Schlupflöchern, worin arme Siedler ihr dürftiges Leben fristeten. Alle mußten mit Schmerz feststellen, wie sich die Welt seit den Tagen Justinians oder auch Herakleios' verändert hatte. Wenn die Byzantiner das ausgewählte Volk waren, das dazu ausersehen war, die Welt zum Heil zu führen, dann konnte der gegenwärtige Zustand nur Ausdruck der eigenen Sündhaftigkeit sein, irgend etwas mußte Gott an seinem Volk mißfallen. Der Gott verantwortliche Kaiser war also gehalten, dem Irrtum ein Ende zu setzen und die Untertanen zurück auf den Pfad ihrer Bestimmung zu führen. Leon und seine Berater müssen oft über solche Fragen nachgedacht haben. Man konnte kaum damit argumentierten, daß Meineid, Unzucht und

Ehebruch im Vergleich zu vergangenen Epochen stärker zugenommen hätten, der Grund mußte vielmehr im theologischen Bereich liegen. Leon verstärkte folglich seine Anstrengungen, die Einheit im Glauben endlich zu verwirklichen. Juden wurden mit der Zwangstaufe bedroht, obwohl ihre Religion im römischen Zivilrecht schon immer als legitim gegolten hatte. Was aber, wenn mit dem orthodoxen Glauben etwas nicht in Ordnung war, welcher auch Andersgläubigen aufgezwungen wurde? Eine religiöse Übung der Zeit Leons, die viele als Neuerung empfanden, war die Anbetung heiliger Bilder in der Liturgie des Gottesdienstes, aber auch im Privatleben. Der Ikonenkult hatte wohl schon im 6. Jahrhundert begonnen und durchdrang nun das religiöse Leben der Byzantiner. Doch war er nicht eine Art Götzendienst, ein törichter Versuch, etwas, das man nicht fassen kann, dennoch zu beschreiben, mit Holz und Farbe darzustellen, was weder Form noch Farbe besaß und nur durch Verstand und Glauben begriffen werden konnte? Leon und seinen Beratern kam immer deutlicher zu Bewußtsein, daß das der Irrtum war, weshalb Gott sich von ihnen abwandte. Er hielt es deshalb für seine Pflicht, Abweichungen vom wahren Glauben zu unterbinden. So begann die große Ikonoklastenbewegung, welche die byzantinische Geschichte des folgenden Jahrhunderts bestimmte. Man hat sich seitdem immer wieder Gedanken über die Hintergründe gemacht. War sie eine soziale Protestbewegung oder der Ausdruck allgemeiner Frömmigkeit? War sie ein Protest der Bauernsoldaten, eine Auflehnung gegen die Bürokraten der Hauptstadt? Gab es Verbindungen zum Islam, der ja auch die Darstellung des Menschen verbot? Eine Bewegung, die so viele Menschen so lange Zeit in ihren Bann schlägt, ist nicht monokausal zu erklären. Der Bilderstreit hatte verschiedene Ursachen, einige sollen im folgenden Kapitel untersucht werden; doch zunächst wollen wir eine knappe Darstellung der wichtigsten Ereignisse während des Zeitalters der Bilderverfolgung anfügen.

Im Jahr 726 unterstützte der Kaiser offiziell die Ikonoklasten-Theologie vieler kleinasiatischer Bischöfe durch eine Reihe von Predigten in der Hagia Sophia, in denen er die Verehrung von Ikonen als Götzendienst deklarierte. Wenig später beseitigte eine Abteilung der Palastwachen das große Christusbild über dem Bronzetor des Großen Palastes gegenüber der Hagia Sophia, was bei der Bevölkerung große Empörung hervorrief; der verantwortliche Offizier wurde von der aufgebrachten Menge gelyncht. Als die Nachricht auch in Gebiete Griechenlands vordrang, die sich unter byzantinischer Herrschaft befanden, brach ein Aufstand los, welcher von der Armee niedergeschlagen werden mußte. Von dieser Entwicklung völlig überrascht — derartiges hatte man also von einem durch falsche Doktrinen irregeleiteten Volk zu erwarten! — hielt sich Leon in der Folgezeit etwas zurück. 730 jedoch erließ er im Beisein hoher Beamter und des Klerus ein Edikt, das die sofortige Vernichtung aller Heiligenbilder forderte, seine Durchführung stieß aber ebenfalls auf Opposition. Wer als Laie weiterhin Ikonen verehrte, gefährdete als Staatsbeamter zwar seine Beförderung, wurde aber in der Regel nicht aktiv verfolgt. Geistliche jedoch riskierten Entlassung, Kerker, öffentliche Demütigung und sogar Verstümmelung. Viele flohen in Gebiete, wo sie vor dem langen Arm des Kaisers und des Patriarchen sicher sein konnten — Gebiete wie Cherson auf der Krim, das neutrale Zypern, die dalmatinischen Städte oder byzantinischen Provinzen Süditaliens, wo viele Städte praktisch autonom waren. Der Bruch mit dem Papst war unausweichlich, dieser suchte nun mehr und mehr die Unterstützung der Lombarden.

741 starb Leon III., sein ältester Sohn und Mitkaiser Konstantin V., ein noch radikalerer Ikonoklast als sein Vater, bestieg den Thron. Der Regierungswechsel vollzog sich nicht ohne Schwierigkeiten, denn der Provinzgouverneur Artavasdes inszenierte einen Aufstand, wobei es ihm gelang, auch in Konstantinopel Fuß zu fassen, während einander feindliche Abteilungen verschiedener Themen sich heftig befehdeten.

743 besiegte Konstantin den Usurpator und kehrte triumphierend in die Hauptstadt zurück. Der Krieg war nicht nur von den Auseinandersetzungen über die Bilderverehrung bestimmt gewesen – er war zum Teil zu verstehen als der traditionelle Versuch eines Armeeoffiziers, die Macht an sich zu reißen. Die kämpfenden Truppen nahmen jedoch feste Positionen für oder gegen den Ikonoklasmus ein, ein Thema, das die Menschen damals am meisten beschäftigte.

Konstantin erkannte, daß nur ein entscheidender Sieg über den gemeinsamen Feind die Armee wieder einen konnte. Nach langer und sorgfältiger Vorbereitung fiel er 746 in Syrien ein und eroberte Germanikeia (Marash) zurück. Zum ersten Mal seit einem Jahrhundert war Byzanz wieder erfolgreich in moslemischem Gebiet. Die Wirkung war enorm. Für die Zweifler mußte der Sieg Symbol dafür sein, daß die Theologie des Kaisers Gott gefiel. Die Soldaten hatten endlich wieder einen brillanten und einfallsreichen Kommandeur, ein leuchtendes Vorbild. Im folgenden Jahr besiegte die byzantinische Flotte die Araber vor der Küste Kleinasiens und sicherte so wenigstens für einige Zeit die Seeherrschaft über die Ägäis.

Diese Erfolge überzeugten Konstantin und seine Berater – wenn sie überhaupt der Bestätigung bedurften –, daß ihre theologischen Ansichten richtig waren und daß das byzantinische Reich des göttlichen Wohlwollens wieder sicher sein konnte. Nun war die Zeit gekommen, der Bilderverehrung ein für allemal ein Ende zu setzen und alle Kleriker zu suspendieren, die solchen Götzendienst ausübten. 754 berief der Kaiser ein ökumenisches Konzil ein, das die Bilderverehrung als mit der Lehre der Kirche unvereinbar erklärte. Wer davon nicht ablassen wollte, über den sollte der Kirchenbann verhängt werden. Das Konzil stand am Anfang einer konfliktreichen Zeit, während der Geistliche

Das Ökumenische Konzil zu Nikäa (787), das den Ikonenkult wieder zuließ, um im Angesicht der arabischen Gefahr die byzantinische Kirche zu einen.

und Laien schon wegen des Besitzes von heiligen Bildern verfolgt wurden. Aber man konnte den Ikonenkult nicht ausrotten, so daß sich innerhalb der byzantinischen Welt eine gefährliche Kluft auftat, die sich in geographischer, ethnischer und soziologischer Hinsicht keineswegs klar eingrenzen ließ.

Bisher hatten sich Konstantins V. militärische Anstrengungen hauptsächlich gegen die Moslems gerichtet. Nun wandte er sich gegen die Bulgaren und begann mit dem Bau ausgedehnter Befestigungen entlang der Balkangrenze. Als Antwort erfolgte ein Einfall der Bulgaren in byzantinisches Gebiet, und es begann eine Epoche voller Feindseligkeiten. Konstantin entschloß sich zum Gegenangriff, auf den 762 eine weitere Offensive unter dem neuen bulgarischen Herrscher Teletz folgte, die 763 jedoch durch den Sieg kaiserlicher Truppen bei Anchialos in der Nähe der heutigen Stadt Burgaz zum Stehen gebracht werden konnte. Der Kaiser hielt diesen Sieg für so entscheidend, daß er bei seiner Rückkehr einen feierlichen Einzug nach Art des römischen Triumphzuges abhielt. Aber die Bulgaren erneuerten 770 die Angriffe unter ihrem Herrscher Telerig, der tief in byzantinisches Gebiet hinein vorstieß. 773 konnte Konstantin sie noch einmal entscheidend schlagen.

Während seiner langen Regierungszeit konzentrierte Konstantin V. die militärischen Aktivitäten auf die moslemischen und bulgarischen Grenzgebiete, ohne Italien besonders zu beachten. 751 fiel Ravenna mit dem ausgedehnten byzantinischen Besitz in Norditalien an die Lombarden. Das Ende des Exarchats war gekommen. Die Päpste konnten sich nun nicht mehr auf die byzantinische Unterstützung verlassen; sie wandten sich der christlichen Vormacht des Westens zu, dem fränkischen Königreich. 754 fand ein Treffen zwischen Papst Stephan II. und dem fränkischen König Pippin in Ponthion statt, bei dem die Franken zusagten, Rom und den Vatikan gegen lombardische Angriffe zu schützen. Inzwischen sorgten die Städte Süditaliens, die sich theoretisch noch unter byzantinischer Herrschaft befanden – z. B. Neapel, Gaeta und Amalfi – mehr und mehr für die eigene Verteidigung. Mit der Aufstellung eigener Truppen wurden sie praktisch autonom. Im Norden sahen die Gemeinden der venezianischen Lagunen sich nicht mehr vom Exarchat unterstützt; sie wurden später langsam integraler Bestandteil der Serenissima Repubblica. Der Bruch zwischen Byzanz und den Päpsten führte bald dazu, daß sich Sizilien, Süditalien, die westlichen und zentralen Balkangebiete von der Jurisdiktion des Papstes lossagten und den Patriarchen von Konstantinopel als kirchliche Autorität anerkannten. Die Teilung der westlichen und der östlichen Welt war nicht mehr aufzuhalten. Byzanz konzentrierte sein Interesse von nun an ganz auf den östlichen Mittelmeerbereich.

755 starb Konstantin V. auf einem Feldzug in Bulgarien, ihm folgte sein Sohn und langjähriger Mitkaiser Leon IV. Leon besaß nicht die entschlossene Willensstärke seines Vaters, spürte aber vielleicht mehr als dieser die Gefahr einer Spaltung der byzantinischen Gesellschaft. Er hob die Repressalien gegen die Bilderverehrer teilweise auf, natürlich ohne die Entscheidungen des Konzils von 754 zu ändern. Er lebte nicht lange genug, um eine unabhängige Politik machen zu können. Bei seinem Tode 780 hinterließ er einen 10 Jahre alten Sohn, seinen Nachfolger Konstantin VI. Leons Witwe Irene, Tochter einer reichen Familie aus Athen, übernahm die Regentschaft. Oft genug ist die Stellung der Frau in einer von Männern bestimmten Welt schwierig, für Byzanz galt das ganz besonders. Kaum hatte Irene die Regierungsgeschäfte übernommen, als sie schon mit Aufruhr konfrontiert wurde. Unter der Leitung ihres Schwagers Nikephoros probten einige Armeeeinheiten den Aufstand. Da sie wußte, daß für sie und den Sohn das Leben auf dem Spiel stand, schlug sie den Aufstand rücksichtslos nieder, die Anführer ließ sie töten oder blenden.

Die Araber, stets auf Zeichen der Schwäche lauernd, nahmen 781 ihre Angriffe wieder auf und stießen tief nach Kleinasien hinein vor. Byzantinische Gegenangriffe stabilisierten die Machtverhältnisse bald wieder. Irene kannte jedoch die Gefahren interner Fehden genau, stammte sie doch selbst aus einem Gebiet, in dem man offenbar dem Ikonenkult sehr zuneigte. Auch ihre eigene religiöse Überzeugung begünstigte wahrscheinlich die Bilderverehrung. Auf jeden Fall versuchte sie, die innenpolitische Lage zu entspannen und plante, das Verbot der Bilderverehrung aufzuheben, was rechtmäßig nur durch den Vollzug eines ökumenischen Konzils der Kirche geschehen konnte. So ernannte sie 784, als der Stuhl des Patriarchen neu zu besetzen war, Tarasios, einen hohen Beamten und Gegner der Ikonoklastenbewegung, zum Nachfolger des Zyprioten Paulus. Tarasios fuhr mit den Vorbereitungen für ein Konzil fort, die sein Vorgänger wahrscheinlich schon begonnen hatte. Das Jahr 787 brachte dann die volle Rehabilitierung des Ikonenkults.

Wie oft in solchen Situationen blieben die Sieger uneins. Eine Gruppe (sie fand vor allem in den Klöstern Unterstützung) war vor allem darauf bedacht, sich für die Verfolgung ihrer Anhänger zu rächen und alle Befürworter des Ikonoklasmus aus dem kirchlichen und öffentlichen Leben zu verbannen. Die andere Gruppe, voran der von Irene unterstützte Patriarch Tarasios, wollte durch versöhnliche Gesten den Bruch in der byzantinischen Gesellschaft beseitigen. Diese Uneinigkeit gab den Ikonoklasten eine Chance. Um 790 war Kaiser Konstantin VI. bereits volljährig, ohne daß seine Mutter bereit gewesen wäre, ihm die Macht in die Hand zu geben. Der junge Kaiser, den seine untergeordnete Rolle ärgerte, nahm Kontakt mit Ikonoklastenkreisen im Heer auf. Angesichts drohender Verschwörung und Rebellion ernannte sich Irene selbst zur Kaiserin neben ihrem Sohn. Gerade diese Umbenennung löste den gefürchteten Aufstand aus. Man zwang sie, in ein Kloster zu gehen und die gesamte Macht ihrem Sohn zu überlassen. Die Klügeren der zivilen und militärischen Führer merkten jedoch bald, daß der Streit gefährliche Ausmaße annahm, zumal die Bulgaren ihre Offensive wieder aufgenommen hatten und nur durch Tributzahlungen auf Distanz gehalten werden konnten. Folglich begannen die Parteien, miteinander zu verhandeln. 792 versöhnte sich Irene mit ihrem Sohn, noch einmal wurde sie Mitregentin. Ein Jahr später mußte man eine weitere militärische Revolte — diesmal wurde Nikephoros als Favorit für den Thron ausersehen — mit großer Brutalität niederschlagen.

Konstantins VI. schwache Führungsqualitäten traten immer deutlicher zutage — vielleicht fehlte es ihm an Gelegenheit, sich anders zu verhalten. 793 ließ er sich von seiner Frau scheiden und heiratete mit nur widerwillig erteilter Zustimmung der Kirchenfürsten seine Mätresse. Dieser vorschnelle Entschluß kostete ihn viel von seiner Popularität und verschärfte den Konflikt zwischen dem gemäßigten und radikalen Flügeln der Kirche. Bis 797 war Konstantin daher immer mehr zum Ärgernis geworden, als plötzlich Irene ein hartes Urteil sprach. Sie ließ ihn verhaften, seiner Würde entkleiden, zuletzt sogar blenden. Fortan regierte sie Byzanz allein. Auf Münzen nennt sie sich stets Basileus (Kaiser), niemals Basilissa (Kaiserin, d. h. Frau eines Kaisers). Ihr Verhalten dem Sohn gegenüber sowie das Fehlen von militärischen Unternehmungen während ihrer Herrschaft boten der noch immer einflußreichen ikonoklastischen Opposition erneut Angriffsflächen. Um neue hochverräterische Aktivitäten zu unterlaufen, entschloß sich Irene daher zu einer populären Maßnahme, der Steuersenkung. Die Reserven der Regierung an Gold- und Silberbarren — in Ermangelung eines Kreditsystems das einzige Mittel, nötige Ausgaben zu bestreiten — wurden dadurch gefährlich reduziert.

Inzwischen überschlugen sich die Ereignisse im Westen. Karl der Große hatte das fränkische Königreich zu neuer Größe geführt. Ein machtvoller, zentralistisch organisierter Staat, der sich als Reinkarnation des römischen Reiches unter Augustus sah, war an die Stelle des altersschwachen Merowingerreiches getreten. Die Päpste suchten bei den

Siegesmahl des Königs Krum nach
der Vernichtung der byzantinischen Armee: rechts wird ihm ein
Pokal gereicht, der aus dem Schädel
des Kaisers Nikephoros hergestellt
wurde. Aus der slawischen Version
der Chronik des Manasses, 14. Jh.

Franken Schutz und Unterstützung. Seit dem Sturz Konstantins VI. war für sie der Thron in Konstantinopel unbesetzt, sie weigerten sich, die Abscheulichkeit einer Kaiserin zu registrieren. Als Karl der Große Ende des Jahres 800 Rom besuchte, behandelte ihn Papst Hadrian I. nicht wie einen der vielen Landesfürsten, sondern als den einzigen rechtmäßigen Herrscher in Europa. Am Weihnachtstag während der Messe in St. Peter krönte der Papst ihn zum Kaiser. Obwohl Karl nicht selbst die Initiative dazu ergriffen hatte, kam ihm die Krönung nicht ungelegen. In den Augen seiner Untertanen und der Westkirche hatte Gott ihn über alle anderen Herrscher einschließlich der Pseudokaiserin Irene gestellt. Irene sah darin eine neue Bedrohung. Beide Herrscher begannen Geheimver-handlungen, die sich infolge der äußerst langsamen Nachrichtenverbindungen lange hinzogen. Wahrscheinlich schlug Karl der Große 802 tatsächlich eine Heirat mit Irene vor, um das Problem der beiden Kaiser zu lösen. Wie Irenes Antwort gelautet hätte, ist eine interessante Frage, aber als der Bote eintraf, war sie durch eine Palastrevolution gestürzt und auf eine Insel verbannt worden. 22 Jahre lang hatte sie sich angesichts unendlicher Schwierigkeiten behaupten können.

Die Verschwörer wählten Nikephoros, den byzantinischen Finanzminister, zum Nachfol-ger, wie Irene ein Ikonenverehrer. Er versuchte, den Schaden zu beseitigen, den Irene durch ihre Finanzpolitik angerichtet hatte, hob die Steuersenkungen auf und organisierte das ganze Steuersystem neu. Auch baute er die von der Kaiserin vernachlässigten Streitkräfte wieder auf und versuchte, den byzantinischen Einfluß in Griechenland zu sichern.

Vernünftiges Wirtschaften und gute Maßnahmen zur inneren Sicherheit reichten jedoch nicht aus, um die Feinde jenseits der Grenzen in Schach zu halten. Der Kaliphat im Osten war wieder einig. 806 eroberte Harun-al-Raschid die Festung Tyana und stieß tief nach Kleinasien vor. Nikephoros mußte einen demütigenden Friedensvertrag unterzeichnen und Tributzahlungen leisten. Da Karl der Große das Awarenreich zerstört hatte, konnten die Bulgaren ihre Streitkräfte im Süden konzentrieren. 809 eroberten sie Serdica, seit nahezu zwei Jahrhunderten ein wichtiger Stützpunkt im slawischen Grenzland. Zwei Jahre später unternahm Nikephoros einen Gegenangriff, um die Bulgaren einzuschüchtern. Er eroberte und zerstörte ihre Hauptstadt Pliska im Nordwesten Bulgariens, auf dem Rückmarsch jedoch wurde seine mit Kriegsbeute beladene Armee in einem Engpaß des Balkangebirges aus dem Hinterhalt überfallen und fast vollständig aufgerieben. Nikephoros fiel, sein Sohn Staurakios kam mit einer schweren Verwundung davon. Der bulgarische Herrscher Krum ließ sich, altem Brauch folgend, einen Becher aus dem Schädel des byzantinischen Kaisers anfertigen.

Nach der kurzen Herrschaft Staurakios' − er erholte sich nicht mehr von seiner Verwundung − erhob der Senat im Oktober 811 Michael Rhangabes, einen hohen Zivilbeamten, zum Kaiser. Michael bemühte sich sehr, Verbündete gegen die Bulgaren zu finden. So schickte er Boten nach Aachen, um kundzutun, daß er Karl den Großen als Mitkaiser anerkenne. Freilich ließen sich die Franken nicht überreden, mit Feindseligkeiten gegen die Bulgaren zu beginnen. Krum eroberte der Reihe nach die byzantinischen Städte an der Westküste des Schwarzen Meeres, was frühere bulgarische Herrscher nicht gewagt hatten. Byzantinische Truppen versuchten Widerstand zu leisten, wurden aber vernichtend geschlagen, so daß Michaels Ansehen litt. Der Senat setzte ihn ab und nominierte Leon zum Nachfolger, einen Mann mit militärischer Erfahrung und damals Befehlshaber in einem Thema Kleinasiens.

Leon sah sich einer äußerst schwierigen Aufgabe gegenüber. Als er sein Amt antrat, lagerte die bulgarische Armee unter ihrem gefürchteten Führer Krum vor den Mauern Konstantinopels. Im Herbst 813 zog er sich zurück, kam aber im folgenden Frühjahr wieder. Die demoralisierten Byzantiner verfügten über keinerlei Mittel, die Bulgaren aufzuhalten. Ein Treffen zwischen Leon und Krum hatte nicht zustandekommen können; vielleicht war byzantinische Doppelzüngigkeit oder der Übereifer eines untergeordneten Offiziers der Grund dafür. Die Hauptstadt mußte sich auf eine lange Belagerung einstellen, umsomehr, als byzantinische Ingenieure und Techniker auf seiten des Feindes − Gefangene oder Deserteure − den Belagerern Hilfestellung gaben. Die Krise war vergleichbar mit der Not der Jahre 674−678 oder 717/718. Da starb am 13. April 814 plötzlich der Bulgarenkönig. Führerlos und entmutigt zogen die Bulgaren ab, Konstantinopel und mit der Hauptstadt das Reich waren gerettet. Der neue bulgarische Herrscher Omurtag schien an aufwendigen und gefährlichen Unternehmungen gegen Konstantinopel nicht mehr interessiert. Er konzentrierte sich darauf, seine Macht zu festigen sowie die bulgarische Einflußsphäre nach Nordwesten hin auszuweiten, wo durch die Zerstörung des Awarenkönigreiches ein Machtvakuum entstand. Daher erklärte er sich auch bereit, mit Byzanz einen Friedensvertrag auf 30 Jahre abzuschließen.

Leon V. sympathisierte mit den Bilderstürmern, er war auch auf die Unterstützung der vorwiegend ikonoklastischen Bauernsoldaten Kleinasiens angewiesen. Die unerwartete Rettung Konstantinopels hat er sicher als Akt der göttlichen Vorsehung verstanden. 815 berief er eine Kirchensynode, die wieder einmal die Bilderverehrung verbot, doch erreichte der neu ausbrechende Bildersturm nicht mehr die Intensität und Brutalität der Auseinandersetzungen des vorigen Jahrhunderts.

Im Jahr 820 fiel Leon in der Hagia Sophia einem Mordanschlag zum Opfer; der Täter war ein fanatisierter Ikonenverehrer. Der Nachfolger Michael II. war zwar Ikonoklast, verhielt sich aber zurückhaltend, um die Wogen zu glätten, auch hatte er gute Gründe, in jedem Lager Freunde zu suchen. Denn ein Offizier namens Thomas, offensichtlich ein hellenisierter Slawe niederer Herkunft, schwang sich in Kleinasien zum Führer einer gefährlichen Bauernrevolte auf, die zudem von islamischer Seite unterstützt wurde. Die

Rebellion unterschied sich grundsätzlich von früheren der Art, da sich hier die Unzufriedenheit der einfachen Landbevölkerung offensichtlich in einem rudimentären Sozialprogramm niederschlug, Manifestation der schlimmen Lage der durch Invasionen und Zerstörung gebeutelten Kleinbauern, aber auch Symptom für das fehlende Verständnis der Hauptstadt für die Provinz.

Gegen Ende des Jahres 821 ging Thomas' Streitmacht, die viel Zulauf von einzelnen Themen-Abteilungen erhalten hatte, vor den Mauern Konstantinopels in Stellung. Solange die Flotte den Seeweg sichern konnte und die Hauptstadt nicht durch Verrat bedroht wurde, blieb Konstantinopel uneinnehmbar. Michael II. fehlten die Mittel, seinerseits eine geeignete Armee zu rekrutieren, um Thomas zu schlagen, so zog sich die Belagerung hin. Der Kaiser verhandelte inzwischen mit den Bulgaren. Einzelheiten der Abmachungen zwischen beiden Seiten sind nicht bekannt, doch im Jahr 823 attackierte eine bulgarische Armee Thomas' Streitkräfte im Rücken und schlug sie in die Flucht. Thomas selbst sowie einige seiner Untergebenen gerieten in Gefangenschaft und wurden hingerichtet, viele Gefolgsleute kehrten entmutigt in die Provinz zurück. Es dauert noch einige Jahre, bis die byzantinische Armee ihre alte Kampfkraft wiedergewonnen hatte.

Der Druck des Islams dauerte während dieser Zeit an, er kam jedoch aus einer anderen Richtung. Um 827 landete ein Moslemtrupp, der zuvor von Spanien nach Ägypten gezogen war, in Kreta. Eine andere arabische Gruppe aus Nordafrika setzte nach Sizilien über und eroberte nach und nach die ganze Insel, 831 fiel Palermo. Danach ließ die Stoßkraft des Islam etwas nach.

Michael II. starb 829, noch vor der Eroberung Palermos. Nachfolger wurde sein Sohn Theophilos. Der neue Herrscher profitierte eindeutig von der Steuerreform des Nikephoros; in der Hauptstadt wurden wie überall im Reich großartige Bauten errichtet, nicht selten orientierten sich die Architekten an moslemischen Vorbildern in Bagdad. Er ließ auch die Mauern Konstantinopels reparieren und verstärken. Theophilos' Inschriften sind noch heute auf vielen Türmen entlang der Seemauern zu lesen. Außer Geld stand ihm auch wieder eine Armee zur Verfügung, die jetzt an der Ostfront aktiv wurde. Das Ausland nahm erstaunt zur Kenntnis, daß Byzanz plötzlich mehr als nur Defensivtaktiken verfolgte; trotzdem gab es immer wieder Überraschungen. 838 eroberten die Araber Ankyra und besetzten Amorium, die Heimat der kaiserlichen Familie. Noch hatte sich das Blatt nicht gewendet.

Theophilos galt offiziell als Ikonoklastenkaiser, doch er kümmerte sich praktisch nicht um theologische Fragen. Die Auseinandersetzungen zwischen Ikonoklasten und Bilderverehrern, die einmal die byzantinische Welt in ihren Grundfesten erschüttert hatte, sank herab zum Streitobjekt der Theologen. 837 wurde Johannes der Grammatiker zum Patriarchen ernannt. Was wir über ihn wissen, verdanken wir ausschließlich seinen Gegnern, so bleibt er eine rätselhafte Figur. An der überlieferten Tradition sehr interessiert, war er gleichzeitig ein leidenschaftlicher Ikonoklast. Die neue Verfolgung von Ikonenverehrern konzentrierte sich diesmal fast ausschließlich auf Geistliche. 842 starb Theophilos, die Regentschaft für seinen minderjährigen Sohn Michael III. übernahm die Mutter, Kaiserin Theodora. Sie war keine zweite Irene; Theodora stützte sich auf den Rat von Verwandten bzw. hohen Beamten, stand dem Ikonoklasmus aber sehr kritisch gegenüber. Auf Veranlassung des Staatsrats, dem auch ihre Brüder Bardas und Petronas angehörten, sowie Theoktistos, ein erfahrener Minister, ließ Theodora Johannes absetzen und verbannen. 843 schließlich berief sie eine Synode ein, welche die Bilderverehrung wieder legalisierte. Das war das Ende des Ikonoklasmus, was seine sozialpolitische Wirkung anging. Theologen hatten die Streitfrage der heiligen Bilder noch lange nicht ausdiskutiert, und auch auf seiten der Sieger war man seiner Sache nie so ganz sicher.

60

Symbolische Darstellung der Bekehrung Bulgariens zum Christentum (865), aus der Chronik des Manasses. Links Kaiser Michael III. und seine Gemahlin, die Taufe ihres Paten Boris beobachtend.

Obwohl die Kirche nicht zu einem Staatsministerium abgesunken war, gewann sie auch die Selbständigkeit nie, die den fanatischen Eiferern vorschwebte. Auseinandersetzungen zwischen einer eher gemäßigten Kirchenführung und den Zeloten gehörten weiterhin zum byzantinischen Kirchenalltag.

Dank einer umsichtigen Finanzpolitik und einer einfallsreichen Strategie konnte Byzanz dem Kaliphat wieder offensiv gegenübertreten. Die byzantinische Flotte griff die Stadt Damietta in Ägypten an und brannte sie nieder, auch Kreta wurde für kurze Zeit zurückerobert. Byzanz hatte aber auch einige Niederlagen einzustecken. Was die militärische Gesamtlage betraf, konnte von einer Überlegenheit Konstantinopels keine Rede sein, teils wegen des unerwartet harten Widerstandes einiger slawischer Volksgruppen in Griechenland, vor allem aber wegen der innenpolitischen Schwierigkeiten mit den Paulicianern. Diese durch eine dualistische Lehre geprägte, den Manichäern verwandte Sekte glaubte, die Welt sei nicht von Gott, sondern vom Teufel erschaffen worden und erfreute sich großer Beliebtheit vor allem in den östlichen Provinzen. Von den Ikonoklastenkaisern des 8. Jahrhunderts wurde sie begünstigt und hatte sich stark ausgebreitet. Die Paulicianer bemühten nicht wie viele andere häretische Sekten den Deckmantel der Rechtgläubigkeit, sondern sie stellten sich Auseinandersetzungen auch mit der Waffe in der Hand. Die feindliche Haltung der byzantinischen Regierung seit dem Tod Nikephoros' I. hatte viele von ihnen in arabisches Territorium getrieben, wo sich eine große Gruppe z. B. in der Nähe von Melitene (Malatya) niederließ; fortan kämpften sie mit den Moslems gegen die Byzantiner. So erwuchs aus einer theologischen Auseinandersetzung zunächst ein akutes Sicherheitsproblem, dann eine außenpolitische Gefahr. Theodoras Regierung ging gegen die Paulicianer mit äußerster Grausamkeit und Brutalität vor. Dem jungen Kaiser Michael III. wurde die Bevormundung durch seine Mutter und die

Konzentration der Macht in Theoktistos' Hand sehr lästig. 856 konspirierte er mit anderen Mitgliedern seiner Familie gegen beide; nach einem Staatsstreich wurde Theoktistos ermordet und Theodora in ein Kloster gesperrt. Michael war als Kaiser schwach und unentschlossen, doch nicht der niederträchtige Schakal, den seine Feinde aus ihm machten. In seiner Regierung profilierte sich sein Onkel Bardas, ein weitsichtiger und entschlußfreudiger Mann mit großem Verständnis des vielschichtigen klassisch-christlich-byzantinischen Erbes. Der Krieg gegen die Araber ging mit einer Reihe kleiner Erfolge weiter, ohne daß es entscheidende Veränderungen gegeben hätte. Erst 863 feierte Byzanz einen großen Sieg im Norden Kleinasiens. Wenn überhaupt, so zeigte dieses Ereignis die graduelle Verschiebung des Kräftegleichgewichts zugunsten der Byzantiner. Im Krieg mit den Arabern auf Sizilien gab es ernste Nachschubprobleme. Der Einfluß der Byzantiner dort wurde immer geringer, bis sich gegen Ende der Herrschaft Michaels III. nur noch wenige Städte im Osten der Insel halten konnten. Mit den waragischen Rhos trat ein neuer Gegner auf den Plan — Slawen aus dem Osten, die von slawisierten Skandinaviern geführt wurden, das östliche Gegenstück zu den Wikingern. Sie segelten in ihren langen Schiffen vom Schwarzen Meer in den Bosporus und wagten 860 den ersten Angriff auf Konstantinopel. Da sie die Mauern der Stadt nicht stürmen konnten, plünderten sie gründlich die Umgebung, bevor sie in ihre Heimat am mittleren Dnjepr zurückkehrten. Der Überfall machte die byzantinische Regierung auf die neue Gefahr aus dem Norden aufmerksam, ein Grund auch dafür, daß jetzt die Bulgaren für Byzanz als Verbündete gewonnen werden mußten. Der bulgarische König Boris verhandelte damals gerade mit dem Westkaiser Ludwig und dem Papst, zugleich führte er einen Krieg an der Westgrenze. 864, kurz nach dem Sieg über die Araber, marschierte Michael an der Spitze seiner Armee nach Bulgarien. Boris hatte keine Wahl, er nahm Michaels Bedingungen an. So mußte er sich taufen lassen und die junge bulgarische Kirche organisatorisch dem Patriarchen von Konstantinopel unterstellen. Die Byzantiner hatten ohne einen Schwertstreich einen potentiellen Feind zum Verbündeten gemacht und Bulgarien, so schien es jedenfalls damals, ein für allemal unter byzantinische Kontrolle gebracht.
Dieser geniale Schachzug war vorwiegend dem Patriarchen Photios zu verdanken, dessen Ernennung 858 als Sieg der Gemäßigten galt. Enttäuschte Eiferer wandten sich, wie gewohnt, hilfesuchend an den Papst, der die Ernennung Photios' für ungültig erklärte, da sein Vorgänger Ignatios unter Mißachtung des kanonischen Rechts abgesetzt worden sei. So begann das lange Schisma zwischen Ost- und Westkirche, das man immer wieder zu überbrücken versuchte, bis heute aber nicht beseitigen konnte. Deshalb war es bedeutsam, daß als Verbündeter des byzantinischen Reiches Bulgarien von Konstantinopel statt von Rom aus zum christlichen Glauben bekehrt wurde.

Landleben, aus einer Handschrift des 10. Jahrhunderts.

Photios und Bardas waren führend am kulturellen Aufschwung in der Mitte des 9. Jahrhunderts beteiligt, der sich z. B. im Studium der alten Literatur, der Naturwissenschaften sowie im Klassizismus der darstellenden Kunst manifestierte. Das Geistesleben in Byzanz schien von einem zwei Jahrhunderte langen Schlaf erwacht. Bardas gründete ein Zentrum für höhere Bildung, in dem alle damals bekannten nichtkirchlichen Wissensgebiete erforscht wurden, unter Anleitung der hervorragendsten Gelehrten der Zeit.

Alle diese Vorgänge führten zu großen Spannungen in der byzantinischen Gesellschaft und schufen Michael III. viele Feinde. Das Ende wurde jedoch nicht von unzufriedenen Bürgern eingeläutet, sondern es ging von einer schmutzigen Palastintrige aus. Basileios der Makedonier, Sohn eines Bauern, begann seine Karriere als Stallknecht. Allmählich machte er sich Michael derart unentbehrlich, daß der schwache Kaiser sozusagen von ihm abhängig wurde. Der ehrgeizige Günstling hatte hochgesteckte Ziele, verfolgte beharrlich seine Absichten und beseitigte skrupellos zunächst im Jahr 865 Bardas, den Onkel des Kaisers, 867 ließ er Michael im Palast ermorden, als dieser einen Rausch ausschlief. Am folgenden Tag bestieg er als Basileios I. den Thron und wurde so zum Begründer der makedonischen Dynastie, die das Imperium für fast zwei Jahrhunderte regierte und Byzanz zum Gipfel seiner Macht führte.

Die neue Ordnung

Nach den umfangreichen Eroberungen der Araber Mitte des 7. Jahrhunderts war das byzantinische Reich nicht nur sehr verkleinert, viel ärmer und in seinem Bestand äußerst gefährdet, auch seine staatliche Ordnung wurde völlig umgestaltet. Da sich die Zeitgenossen nolens volens mit der neuen Lage abfinden mußten, gab man viele Wertvorstellungen des 6. Jahrhunderts auf und arrangierte sich mit den aktuellen Gegebenheiten; doch wie es bei alten, traditionsbewußten Kulturen üblich ist, nahm man neue Ideen nur zögernd und mit halbem Herzen an. Oft wurde an alten Bräuchen festgehalten, die nun keinen Sinn mehr hergaben, manchmal unterschob man ihnen neuartige Bedeutungen; so erkennen wir ein ständiges Ineinanderwirken von Altem und Neuem, was für den oberflächlichen Betrachter des byzantinischen Lebens leicht den Eindruck einer gewissen Starrheit vermittelt.

Die verlorengegangenen Gebiete — Syrien, Mesopotamien, Palästina, Ägypten, bald gehörte ganz Nordafrika dazu — waren die volkreichsten und wirtschaftlich aktivsten Provinzen in der Spätantike gewesen. Der Steuerverlust wog schwer und hatte eine Neuorientierung der staatlichen Finanzpolitik zur Folge, der Wegfall der ägyptischen Agrarüberschüsse bedeutete unter anderem das Ende der kostenlosen Zuteilung von Grundnahrungsmitteln in Konstantinopel. Zweifellos wurde man dadurch angeregt, im ganzen Reich den Wert des Ackerbodens neu zu taxieren und bisher brachliegende Ländereien zu nutzen. Wir haben hier eine der Ursachen vor uns, welche die großen Bevölkerungsverschiebungen und die umfangreiche Kultivation zuvor ungenutzten Bodens erklären, Entwicklungen, die besonders Justinian II. förderte. Das alles erforderte, auch wenn man die einfachen Agrartechniken des Mittelalters berücksichtigt, enorme Geldmittel, und Kapital war immer knapp. Der sich daraus ergebende Zwiespalt zwischen Erfordernissen der Agrarentwicklung und den realen Möglichkeiten blieb praktisch ungelöst, um so mehr, als immer wieder Feldzüge in Kleinasien oder im Balkangebiet an der Substanz zehrten.

Eine zwingende Folge jener Situation war die Reduzierung der nichtarbeitenden Bevölkerung, deutlich erkennbar am Einwohnerschwund der Städte. Wenn auch natürlich nicht alle Städter als unproduktive Mitglieder der Gesellschaft anzusehen waren — viele Handwerker und Gewerbetreibende verrichteten auch für die Landbevölkerung nützliche Arbeit —, so ist doch nicht zu verkennen, daß ein beträchtlicher Teil der städtischen Bevölkerung einer Großgrundbesitzerschicht angehörte, die ihrerseits wieder vielen Anwälten, Ärzten, Rhetorikprofessoren, Händlern in Luxusgütern, Hausbediensteten usw. zu Arbeit und Brot verhalfen. Jene Schicht wurde in der Folgezeit, durch die ökonomischen Zwänge bedingt, zu einem ganz unbedeutenden Faktor im städtischen Leben.

Viele Grundeigentümer verloren ihr Land schon beim ersten arabischen Ansturm, andere während der langen Kämpfe mit Slawen, Awaren und Bulgaren oder bei Vorstößen der Araber nach Kleinasien; Höhepunkte dieser Angriffe waren zwei große Belagerungen Konstantinopels 674—678 und 717—718. Manche Städte des Reiches sahen immer wieder feindliche Truppen in ihren Mauern, viele wurden belagert und geplündert, worauf die Bewohner sich häufig anderswo ansiedelten; bisweilen gab man die stadt-typische Arbeitsteilung auf und verzichtete sogar auf die städtische Selbstverwaltung, so daß sie dann eher als große Dörfer anzusehen waren. Ein Teil wurde zu Militärfestungen erklärt, in denen ein Standortoffizier für die gesamte Verwaltung zuständig wurde, wieder andere baute die Bevölkerung an einem besser geschützten Ort neu auf, abseits einer Militärstraße zum Beispiel, wo das ummauerte Stadtareal gewöhnlich sehr viel kleiner ausfiel als es zuvor gewesen war. Wahrscheinlich wurden solche Neugründungen eher aufgrund von Anordnungen der Militärbehörden vorgenommen als durch die Eigeninitiative der zahlenmäßig immer mehr zurückgehenden Stadtbevölkerung.

Seit etwa 20 Jahren wird unter Historikern das Schicksal der byzantinischen Städte im 7. und 8. Jahrhundert kontrovers diskutiert. Einige Historiker stehen auf dem Standpunkt, daß der Lebensstil der Städte einen radikalen Einschnitt erfuhr. Praktisch seien alle urbanen Zentren der Zerstörung anheimgefallen, aufgegeben, in Festungen umgewandelt oder zu Dörfern deklassiert worden; demzufolge müsse man die byzantinischen Städte des späten Mittelalters als traditionslose Neugründungen ansehen, auch wenn sie innerhalb eines antiken Stadtgebietes errichtet wurden. Andere Gelehrte halten dagegen: wohl seien einige Städte untergegangen, aber in anderen habe man die städtische Zivilisation mit echter Selbstverwaltung und arbeitsteiliger Wirtschaft während einer gewissen ›geschichtslosen Epoche‹ aufrechterhalten können. Das Problem ist vielschichtig, und wenn es gültige Antworten darauf gibt, kann sie der Archäologe wohl weit besser formulieren als der Historiker, der sein Urteil aufgrund von schriftlichen Aufzeichnungen, Bischofslisten oder Konzilsakten fällen muß, so nützlich diese im einzelnen auch sein mögen. Der Archäologe aber wird ganze Siedlungen systematisch ausgraben müssen; es genügt nicht, wenn er sich allein auf Kirchen und Festungswerke konzentriert, wie es häufig in der Vergangenheit der Fall war.

Nach dem heutigen Kenntnisstand gingen die byzantinischen Städte wohl nicht vollständig unter, auch die Umwandlung in eine Garnisonstadt setzte der städtischen Entwicklung nicht notwendigerweise ein Ende. Es ist durchaus möglich, daß gerade durch diesen Vorgang das Stadtleben hier und da aktiviert wurde.

Ohne Zweifel aber führte die allgemeine wirtschaftliche Umstrukturierung zu einem drastischen Einwohnerschwund und zu einer durchgreifenden Änderung der Lebensgewohnheiten. Ein schlagendes Beispiel bieten die öffentlichen Bäder. Zur Zeit der Spätantike hatte jede Kleinstadt solche Anstalten, oft schlugen sich ihre Betriebskosten als wichtigster Posten im kommunalen Haushalt nieder. Man hatte sie häufig sehr großzügig angelegt und mit allem Luxus ausgestattet; die Bäder waren neben dem Theater das Zentrum des sozialen Lebens. Während des 7. und 8. Jahrhunderts wurde ihr Betrieb offensichtlich in den antiken Städten allmählich eingestellt. In neuerbauten oder wiederaufgebauten Städten finden wir normalerweise keine Bäder mehr vor. Dort, wo sie erhalten geblieben waren, erlosch ihre soziale Funktion. Michael Choniates, ein Metropolitanbischof in Athen Ende des 12. Jahrhunderts, beschreibt voller Ekel das schmuddelige Stadtbad; Mönchsregeln sehen oft vor, daß man sich zweimal pro Monat waschen solle, oder zumindest dreimal im Jahr — das ›schmutzige‹ Mittelalter hatte begonnen.

In Konstantinopel aber sah man die Bäder voll in Betrieb. Früher ein kulturelles und wirtschaftliches Zentrum des Reiches unter anderem, blieb sie nach den arabischen Eroberungen die einzige Großstadt von Bedeutung. Auch in Fragen der Theologie gab es nach dem Verlust von Alexandria, Antiochia und Jerusalem an die Moslems lediglich zwei Städte, die hier wegweisend sein konnten — Konstantinopel und Rom. Die überwiegende Mehrheit der Christen unter arabischer Herrschaft bekannte sich übrigens zum monophysitischen Glauben, so daß die Stimme des Ostens im Bereich der orthodoxen Kirche praktisch ungehört verhallte.

Zweite Stadt des Reiches war nun Thessaloniki, eine aufstrebende Stadt mit Zukunft. Im 7. und 8. Jahrhundert widerstand sie häufig Belagerungen durch Slawen und Awaren, weite Gebiete in Thrakien und Makedonien, die eine Verbindung zu Konstantinopel herstellten, gingen jedoch immer wieder für lange Zeit an die Eindringlinge verloren. Der Marsch Kaiser Justinians II. von Konstantinopel nach Thessaloniki ist daher als schwierige militärische Operation zu kennzeichnen. Zu dem Zeitpunkt war Thessaloniki allerdings noch weit entfernt davon, politisch-kulturelles Zentrum zu sein; das reduzierte byzantinische Reich des frühen Mittelalters ist seiner politischen Struktur nach im Gegensatz zu früheren Zeiten durchaus auf Konstantinopel fixiert gewesen.

Wirtschaftliche Gründe waren nicht allein maßgebend dafür, daß das Byzanz des 7. und 8. Jahrhunderts sich immer mehr von der städtisch geprägten Kultur der Spätantike entfernte. Als gewichtiger Faktor schlugen auch die Verteidigungsanstrengungen zu Buche. Da man keine barbarischen Söldner mehr bezahlen konnte, die Stadtbevölkerung aber im wesentlichen zum Militärdienst nicht taugte, mußte notwendigerweise auf die Bauern zurückgegriffen werden. Wenn auch die Einführung der Themenordnung und das System der steuerlich begünstigten Soldatengüter wohl kaum etwas miteinander zu tun hatten, so haben wir doch ein für die Zeit optimales Organisationsschema vor uns, das die Verteidigung jeder Provinz durch die rasche Mobilisierung von gut ausgestatteten, geübten Soldaten gegen Araber, Slawen oder Bulgaren sicherstellen half. Dieselbe Regionalarmee konnte, je nach Kriegsglück, natürlich auch zu Vorstößen in feindliches Gebiet eingesetzt werden, wobei dann Einheiten des im Landesinneren, nahe Konstantinopel, stationierten Hauptheeres, das aus Berufssoldaten bestand, Hilfe leisteten. Für das Hauptheer wurden, wie für die Regionaltruppen der einzelnen Themen, Bauern rekrutiert. Manch unversorgter Bauernsohn, der nicht mit dem väterlichen Erbe rechnen konnte, schrieb sich bei den *Tagmata*, den Abteilungen des Hauptheeres, ein.

Von den Balkanprovinzen des Reiches gingen um 650 große Teile an slawische Eindringlinge verloren. Die griechische Bevölkerung wurde im Gegensatz zur Meinung einiger Historiker des frühen 19. Jahrhunderts allerdings nicht vollständig ausgerottet, sondern lebte als Minderheit hier und da sogar in engem Kontakt mit den Neuankömmlingen. Die alte staatliche Organisation brach jedoch zusammen, und Griechen wie Slawen der Balkanprovinzen fielen für die Heeresrekrutierung aus. Einwohner der westlichen Provinzen in Italien und Sizilien waren kaum imstande, sich selbst zu verteidigen. Auch wenn man sie gezogen hätte, wären unlösbare Probleme logistischer Art auf den verarmten Staat zugekommen; die Hauptlast der Verteidigung ruhte also auf den Bauern Kleinasiens. Und sie allein waren es denn auch, die zwei langen Belagerungen der Hauptstadt erfolgreich widerstanden, die den Arabern in den Bergen Armeniens, in Kappadokien, in den Schluchten des Taurusgebirges Paroli boten, Awaren und Bulgaren

Ikonenmaler bei der Arbeit,
aus einer Handschrift des 10. Jhs.

Ikonoklasten übermalen ein Christusbild, aus dem Barberini-Psalter, 12. Jh. Häufiger jedoch wurden Bilder völlig zerstört, so daß nur wenige Beispiele der Kunst vor der Ikonoklastenzeit erhalten sind, außer in Italien oder auf Zypern, die dem byzantinischen Einfluß entzogen waren.

im Balkan und auf den thrakischen Ebenen in Schach hielten. Erlahmte der Verteidigungswille, waren sie verloren; das warnende Beispiel mangelnder Widerstandskraft auf seiten der syrischen und ägyptischen Bevölkerung während des islamischen Ansturms stand den folgenden Generationen immer lebhaft vor Augen. Eine durchgreifende politische Bestandsaufnahme, ein neuer nationaler Wille waren das Gebot der Stunde. So integrierte man die bisher dem politischen Leben eher fernstehenden ländlichen Schichten, indem man ihre lebensnotwendige Stellung im Staat auch gesetzlich fixierte sowie ihre religiösen Ansichten ernst nahm. In die Themenverfassung fest eingebunden, gelang es ihnen auch öfters, den favorisierten Kandidaten für den Kaiserthron durchzusetzen. Jene kleinasiatischen Bauernkrieger kämpften nicht mehr für die hehre Idee römischer Weltherrschaft, die Wiederherstellung römischer Macht im Westen kam ihnen niemals in den Sinn. Sie setzten sich ein für das Nächstliegende: für das Leben im griechisch geprägten Kulturkreis, doch ohne die Ambitionen der klassischen Zeit; für die Werte des Christentums, das Häretikertum eingeschlossen. Die große Stadt am Bosporus blieb ihnen immer suspekt, sie waren auch kaum in der Lage, der raffinierten Rhetorik der dortigen Gelehrten zu folgen, geschweige denn dem eleganten Weltbürgertum etwas abzugewinnen. Und doch waren sie sich vollauf bewußt, daß mit Konstantinopel auch das, was sie liebten, untergehen würde. Patriotismus und Religiosität waren die Fermente, die nicht alleine Einigkeit und Solidarität schufen, sondern auch gefahrvolles Leben wie todbringenden Kampf ertragen halfen, Generation um Generation. Sie gingen singend in die Schlacht, in der festen Überzeugung, daß der Sieg über die Ungläubigen letztlich ihnen gehöre; so verglich man sich z. B. gerne mit den Israeliten im Kampf mit den Amalekitern oder den Scharen des Midian. Vorsänger *(cantatores)* in jeder Truppeneinheit studierten die Texte ein, sie mußten auch durch feierliche, flammende Ansprachen den Kampfgeist beschwören. In einem Militärhandbuch aus dem 9. Jahrhundert sammelte man viel derartiges Material aus früherer Zeit; es gibt Aufschluß über die psychologische Aufbereitung der Kriegspropaganda, welche eigensinnige Bauernköpfe zu einer schlagkräftigen Armee formen sollte, zu Männern, »die wußten, wofür sie kämpften und das liebten, was sie kannten« (Cromwell).

»Die cantatores sollen für die Armee hilfreiche Argumente finden. Sie sollen die Soldaten an die Belohnung erinnern, die Gott und Kaiser für den rechten Glauben verheißen haben, aber auch an ihre eigenen früheren Erfolge. Und sie sollen betonen, daß sie den Kampf aufnehmen stellvertretend für das ganze Land im Namen Gottes, aufgrund seiner Liebe zu den Menschen. Sie sollen auch hinzufügen, daß sie für alle Glaubensbrüder, für Frauen und Kinder, für die Heimat kämpfen; daß die Erinnerung an ausgezeichnete Kriegstaten im Befreiungskampf nie ausgelöscht werden wird; daß es ein Kampf gegen die Feinde Gottes ist, der auf unserer Seite steht; ferner, daß Gott der Herr über das Schlachtenglück ist, die Feinde aber nicht mit seiner Hilfe rechnen können, da sie nicht an ihn glauben.« [1]

Das neue politische und soziale Gewicht der kleinasiatischen Bauernschichten ist einer der wichtigsten Ursachen des Bilderstreits. Die ganze Wucht der islamischen Angriffe traf jene einfachen Leute, so daß sie, tief religiös wie sie waren, nach theologischen Erklärungen für ihre miserable Lage suchten. Irgendetwas mußte nach ihrer Meinung Gott mißfallen, und man erinnerte sich, daß es den Israeliten, sozusagen ihren Vorvätern, nach göttlichem Gebot verboten war, sich ein Bild von ihm zu machen. Vor allem die Grenzbauern standen in engem Kontakt zu Gemeinschaften, welche eine Bilderverehrung ablehnten, in erster Linie zu Moslemgemeinden jenseits der Grenze. In Friedenszeiten war der gegenseitige kulturelle Austausch lebhaft, die Proselytenmacherei hüben und drüben z. B. gehörte zum Alltag, Christen und Moslems fühlten sich gelegentlich wie im gleichen Boot sitzend. Eine (später verfaßte) epische Dichtung über Digenis Akritas läßt uns diese seltsame Verflechtung von Feindschaft und gut nachbarlichen Beziehungen staunend miterleben.

Eine andere Religionsgemeinschaft war die bei den kleinasiatischen Bauern des Ostens einflußreiche Sekte der Paulicianer, welche im 9. Jahrhundert eine entschieden dualistische Lehre verkündeten (die Welt sei nicht Gottes Schöpfung, sondern des Teufels). Eine der Wurzeln der Sekte war offenbar der Nestorianismus in Persien, der davon ausging, daß Jesus nur ein wegen seiner Tugenden von Gott begnadeter Mensch gewesen sei. Andere Theologen sehen in der Paulicianischen Theologie auch Spuren des sog. Aphtartodoketismus, der die Vergottung des Fleisches Christi mit der Menschwerdung beginnen ließ: den unverweslichen Leib Christi habe man nicht kreuzigen können, die Kreuzigung sei daher nur scheinbar erfolgt. Wo auch immer ihre Wurzeln liegen, die Paulicianer wandten sich fanatisch gegen jede Bilderverehrung. Daß sie ihre Bibel genau kannten, zeigt die Geschichte von dem berühmten Paulicianer Sergios, der, von der Orthodoxie herkommend, zum Anhänger der Sekte wurde, als ihn eine Frau fragte, warum er denn nicht die Evangelien lese. Die Antwort war, daß dies den Laien verboten sei. Die Frau wies ihn darauf hin, daß alle die Bibel lesen müßten, die orthodoxen Kleriker es aber darauf anlegten, die Schrift nach Krämerart dem Volk nur scheibchenweise zu vermitteln. Obgleich sich in den Vorschriften der orthodoxen Kirche nichts derartiges findet, kannte die Mehrheit der orthodoxen Laien tatsächlich wenig mehr als das, was in der Liturgie vorkam. Wie andere häretische Gruppen studierten die Paulicianer ihre Bibel sehr gründlich und legten sie wörtlich aus — alle Feinheiten der allegorischen Interpretation ganzer Generationen von Theologen beeindruckten sie nicht.

Leon III. stammte aus eben diesem Grenzgebiet; als bewährter General war er jahrelang Kommandeur der dortigen Truppen gewesen und wurde so zum überzeugenden Sprecher seiner Soldaten, welche die Bilderverehrung ablehnten. Die ikonoklastische Bewegung hatte in den Grenzarmeen Kleinasiens mit ihrem fundamentalistischen Glauben die stärkste Stütze. Als im 9. Jahrhundert der arabische Druck nachließ, das Reich folglich nicht mehr unbedingt dieser Soldaten bedurfte, um weiterleben zu können, verlor der

Streit um die Bilderverehrung viel von seiner politischen Brisanz; die Theologen konnten sich nun des Problems annehmen und weiterdiskutieren. Die Sache so kurz auf eine Formel zu bringen, heißt notwendigerweise, sie zu vereinfachen. Eine so durchschlagende, dauerhafte Volksbewegung hat viele Väter, wovon einer sicherlich das weitverbreitete Unbehagen am Mönchtum war. Nicht, daß sich Klöster etwa, wie auch geschrieben wird, Bauernland aneigneten; es gibt keine Beweise dafür, daß Klöster zu jener Zeit besonders wohlhabend gewesen wären. Eher läßt sich das den Mönchen entgegengebrachte Mißtrauen aus deren zurückgezogenem, durch die gemeinsamen Nöte der Zeit kaum betroffenen Lebensstil erklären. Als damals die allgemeine Konzentration der Kräfte lebensnotwendig war, machte sich wahrscheinlich jeder, der sich außerhalb der Volkssolidarität stellte, verhaßt. Andererseits suchten gerade die Byzantiner geistliche Führung eher bei Mönchen als bei Priestern, so daß die ikonoklastische Bewegung sich niemals frontal gegen das Mönchtum wandte. Trotzdem müssen wir sehen, daß innerhalb der Kirche der Widerstand gegen die Bilderstürmer praktisch nur von Mönchen ausging, auch waren sie allein die Opfer von Verfolgungen. Von einer Verfolgung der Weltpriester hören wir nichts. Ein anderer Erklärungsversuch für das Phänomen des Bildersturms geht von einer sich ändernden Haltung gegenüber dem ›Heiligen‹ aus, gegenüber Dingen oder Personen also, die offenbar mehr als andere direkten Zugang zu einer transzendenten Welt besitzen. So interessant dieser Vorschlag klingt, ist er doch schwerlich zu beweisen; vielleicht deutet auch unsere Beschreibung des bäuerlich-standfesten Fundamentalismus in jene Richtung.

Ausbreitung und Stoßkraft der Bilderstürmer waren nach Ort und Zeit ganz unterschiedlich, sie hingen auch stark vom Eifer der lokalen Beamten ab, oder vom Druck, den die Bevölkerung auf sie ausübte. Die zweite Bilderverfolgung zu Beginn des 9. Jahrhunderts war eine unmittelbare Folge der politischen Schwierigkeiten, mit denen sich Kaiserin Irene sowie die Kaiser Nikephoros und Michael I. konfrontiert sahen; sie war eine Art nostalgische Bewegung, welche die Zeiten der siegreichen Kaiser Leon III. und Konstantin V. zurücksehnte.

Offenbar haben sich die frühen Ikonoklasten mit den Paulicianern der Ostregion gut verstanden; ähnliche religiöse Vorstellungen, aber auch das gemeinsame Mißtrauen gegenüber den intellektuellen Kreisen Konstantinopels bildeten hier das Fundament. Nach der Rehabilitierung der Bilderverehrung auf dem Konzil von 787 aber gerieten die Paulicianer mit ihrem radikalen Dualismus deutlich ins Abseits, sie wurden offiziell von Staats wegen verfolgt und gründeten daraufhin am oberen Euphrat einen unabhängigen Staat, der de facto später oft als Verbündeter des Kalifen auftrat.

Das Reich von Byzanz um 700 n. Chr. ist faktisch als Militärdiktatur zu kennzeichnen. Die Zivilverwaltung wurde nach und nach durch die Themenverfassung ersetzt, der Truppenkommandeur entschied also alles Wesentliche. In Heer und Flotte tat ein größerer Prozentsatz der Bevölkerung Dienst als jemals zuvor oder auch später, Generäle hatten ähnlich wie im chaotischen 3. Jahrhundert n. Chr. große Ambitionen auf den Kaiserthron, und zwar öfters mit Erfolg. Leon III. war nur der erfolgreichste jener Heerführer, die an der Spitze ihrer Truppen nach Konstantinopel marschierten. Mit modernen Diktaturen ist ihr Regime allerdings nicht zu vergleichen, etwas derartiges wäre den Byzantinern schlechterdings unverständlich vorgekommen. Die Generäle waren sich bewußt – hier ganz in Übereinstimmung mit der öffentlichen Meinung –, daß Konstantinopel nicht nur eine Festung war, die man zu erobern hatte, sondern daß die Stadt eine enorme Symbolkraft ausstrahlte; wer sie einnahm, vorausgesetzt es geschah nicht mit roher Gewalt, konnte des göttlichen Wohlwollens sicher sein, das auf legitimer Herrschaft ruhte. Daher lag jedem General nach einem Militärputsch sehr daran, auch die formale Zustimmung von Senat und Volk zu erhalten. Mehrfach ergriff sogar der Senat die Initiative und schlug einen Kandidaten selbst vor. Auch wenn der formale Akt der Bestätigung glatt über die Bühne gegangen war, beriefen einige Kaiser zu jener Zeit öfters noch einmal Volksversammlungen ein, um ihre Politik darzulegen. Die legitime Staatsmacht mußte sich zumindest von Zeit zu Zeit der öffentlichen Zustimmung von seiten der Regierten versichern.

Die wichtige Rolle des Senats, vor allem in den turbulenten Jahren um 700 n. Chr. wurde schon erwähnt. Seine Zusammensetzung ähnelte dem Senat zu Rom, auch dem Senat zu Konstantinopel in der Zeit Justinians längst nicht mehr. Es waren keine begüterten Magnaten wie ehedem, als praktisch nur sie allein Zugang zu den höchsten Ämtern hatten: jene Schicht war seit der Zeit der großen Invasionen nahezu ohne Einfluß. Im Senat saßen nun Mitglieder der ›neuen‹ Aristokratie, welche sich vornehmlich aus hohen Staatsbeamten rekrutierte. Ihre gesellschaftliche Stellung verdankten sie vorwiegend ihren Ämtern, nicht etwa umgekehrt.

Möglichkeiten des sozialen Aufstiegs gab es in jener Epoche reichlich, kennen wir doch mehrere Kaiser, die aus einfachsten Verhältnissen stammten, etwa Leon V. und Michael II., wahrscheinlich auch Leon III. Vorfahren des Patriarchen Niketas (766—780) waren Slawen, desgleichen die des Generals Thomas, welcher zu Beginn des 9. Jahrhunderts einen gefährlichen Putschversuch unternahm. Chroniken und Heiligenviten interessierten sich weniger für Herkunft oder Reichtum der Leute, sondern für Titel und Ämter, die natürlich nicht erblich waren. Eine der karriereträchtigen Laufbahnen bot der Staatsdienst in Konstantinopel, an sich keine Besonderheit gerade jener Periode. Zur Zeit Justinians schon war z. B. der aus obskuren Verhältnissen stammende Johannes der Kappadokier zu einem der wichtigsten Minister aufgestiegen, andere machten es ihm später nach. Da jedoch die Schicht der Großgrundbesitzer zunehmend den Einfluß auf die oberste Staatsleitung verlor, standen talentierten jungen Leuten anderer Bevölkerungsschichten nun mehr Aufstiegsmöglichkeiten offen.

Natürlich bot auch die Armee viele Chancen. Der Truppenkommandeur konnte sich seine eigene Machtbasis fern von der Hauptstadt schaffen (wie das Beispiel Leons III. oder Thomas des Slawoniers zeigt), auch durch Landerwerb in der jeweiligen Provinz seine Stellung festigen — ein illegaler, doch geduldeter Vorgang. Die seit dem späten 9. Jahrhundert wieder faßbare Schicht von Großgrundbesitzern hatte ihren Ursprung wohl in derartigen Transaktionen höherer Offiziere. Solange jedoch Kleinasien und Thrakien Kriegsschauplatz blieben, war die Chance, Großgrundbesitz zu erwerben, gering — kein Wunder, daß die neue Aristokratie im Embryonalzustand verharrte. Erst die erfolgreichen Feldzüge der Jahre vor 900 ließen sie wieder zu einem gesellschaftlichen Faktor werden.

Für Bauern bestand die Möglichkeit sozialen Aufstiegs dann, wenn es ihnen gelang, Land der weniger erfolgreichen Berufskollegen aufzukaufen oder aber neue Kultivationsflächen, dazu die entsprechenden Kapitalquellen, ausfindig zu machen. Die Vita des Hl. Philaret, eines Grundbesitzers aus Kappadokien im 8. Jahrhundert, erzählt, daß er 700 Rinder, 800 Pferde, 12 000 Schafe und 48 Bauernhöfe besessen habe. Die genaue gesellschaftliche Position des Heiligen bleibt im Dunkel, doch hatte er wohl kaum Verbindungen zum Kaiserhof oder zur Militärhierarchie. Viele Details seiner Geschichte weisen ihn eher als äußerst erfolgreichen Bauern denn als alten Aristokraten aus. Philaret steht auch als Beispiel für rapide soziale Deklassierung, denn durch Kriege bedingt, löste sich sein ganzer Reichtum sozusagen in Nichts auf, er behielt am Ende lediglich ein Pferd und zwei Ochsen. Eine reiche Witwe namens Danielis aus der Peloponnes, Gönnerin des späteren Kaisers Basileios I., bietet Anschauung für eine andere Art des Aufstiegs.

Offenbar besaß sie nicht nur viel Land, sondern auch zahlreiche Hilfskräfte in abhängiger, fast sklavenartiger Stellung. Da die Gegend erst kurz zuvor von Byzanz zurückerobert worden war, scheinen viele dieser Leute kriegsgefangene Slawen gewesen zu sein. Die Kirche von Patras, ebenfalls in der Peloponnes, beschäftigte auch solche halbfreien Dienstleute. Vielleicht waren für agile Bewohner der Gebiete, die sich für längere Zeit dem Zugriff von Byzanz entzogen, die Chancen schnellen Reichtums größer als anderswo.

Eine Gesellschaft mit sterbender Stadtkultur, gebeutelt von Invasion und Verwüstung, eine Gesellschaft mit höchst unsicherer Zukunft, offenbar nur durch ein Übergewicht des Militärischen überlebensfähig, konnte das Weiterleben des klassischen Kulturerbes kaum garantieren. Rhetorik, Philosophie, schöngeistige Literatur gediehen allein im Umfeld einer urbanen Führungselite, die wußte, wo sie stand und die Zukunft als berechenbar ansah. Auch Künstler benötigten Geldgeber, meist Angehörige eben jener Schicht. Die schwindenden Staatseinnahmen ließen auch die früher reichlichen Spenden der Kaiser versiegen, die Ikonoklastenbewegung tat ein übriges, um künstlerischer Betätigung auf vielen Gebieten Fesseln anzulegen. Zweifellos war die hier beschriebene Periode eine Zeit kulturellen Niedergangs. Was an literarischen Zeugnissen auf uns gekommen ist, bedarf kaum der Erwähnung, ist auch im Vergleich zur justinianisch-heraklischen Epoche von minderer Qualität; dasselbe muß von Kunstwerken der Zeit gesagt werden. Bis in die Zeit Kaiser Theophilus' (829–842) hinein wurden nur wenige größere Bauwerke errichtet, sieht man von reinen Zweckbauten einmal ab. So wird jene Periode bisweilen als ›kulturlos‹ abgetan. Es lohnt sich jedoch, etwas genauer hinzuschauen, um herauszufinden, wo denn die Pflege des Kulturerbes weiterbestand, wo sie abrupt aufhörte, wo Innovationen versucht wurden. Das dreistufig angelegte Bildungssystem – Elementarschule, Aufbauunterricht unter Leitung eines *grammaticus*, Studium der Rhetorik beim Rhetor – funktionierte außerhalb Konstantinopels wohl kaum weiter. Elementarschulen (besser gesagt Elementarschullehrer, denn eine Schulorganisation als solche existierte kaum) traf man in vielen Städten, selbst auf Dörfern. Kenntnisse im Lesen, Rechnen, Schreiben müssen im Gegensatz zu westeuropäischen Verhältnissen allgemein verbreitet gewesen sein, waren auch keineswegs nur auf den Klerus oder die männliche Bevölkerung beschränkt, denn die Mädchen gingen normalerweise ebenfalls zur Schule. Man unterrichtete häufig z. B. anhand von Psalmen, wozu es einen einfachen Grammatik-Kommentar gab. Auf diese Weise unterwies man die Schüler auf der Grundlage griechischer Texte, ohne daß sie mit Vorbildern der Klassik in Berührung kamen. Hier und dort mag es *grammatici* oder Rhetoriklehrer gegeben haben, welche Kenntnisse der klassischen Literatur vermittelten, auch Elementarschullehrer, die ihren Schülern neben den Basistechniken weitere Fertigkeiten beibrachten. Doch normalerweise mußte man schon nach Konstantinopel gehen, um eine gediegene, für die höhere Beamtenlaufbahn unerläßliche Grundausbildung zu erhalten. Es gibt Anzeichen dafür, daß paradoxerweise das dreistufige Bildungssystem in den Städten Syriens und Palästinas länger erhalten blieb als auf byzantinischem Gebiet, da sie sich nach der raschen Eroberung durch den Islam weit ungestörter entwickeln konnten als ihre kleinasiatischen Nachbarn.

Es fehlte also das kulturelle Substrat für die Vermittlung des klassischen Kulturerbes. Es gab auch keine Historiker, die das Werk eines Prokop oder Agathias fortgesetzt hätten, jedenfalls nach unserer Kenntnis; denn wir müssen immer mit der Möglichkeit rechnen, daß Arbeiten von Anhängern der Ikonoklastenbewegung später nicht mehr kopiert wurden. Wohl schrieb man Weltchroniken wie die des Malalas oder das Chronicon Paschale, einige davon sind auch auf uns gekommen; sie sind für uns die wichtigste Informationsquelle der Zeit. Mit ihrem starren Jahresschema, das praktisch keine Rücksicht auf Kausalverknüpfungen, Motive oder längere Entwicklungen nimmt, sind sie aber für den Historiker nur bedingt auswertbar. Diktion und Stil kommen oft der einfachen Volkssprache nahe, auch sind sie weit entfernt von jeder rhetorischen Eleganz und geben kaum Hinweise etwa auf frühere literarische Werke, es sei denn die Bibel. Ferner verfaßte man Heiligenviten. Obgleich einige in den Anfangskapiteln eine gewisse literarische Qualität erhoffen lassen, ist ihre Sprache durchweg doch sehr einfach gehalten, man sucht vergebens nach Spuren klassischer Bildung: nicht einmal andeutungsweise sind solche zu erkennen. Außerdem hören wir oft von Reden — die Kaiser hielten Reden an ihre Untertanen im Hippodrom, Generäle vor ihren Soldaten —, erhalten geblieben ist keine einzige. Der jeweilige Anlaß ihres Vortrages war aber wohl nicht dazu geeignet, nun gerade Feinheiten der klassischen Rhetorik gezielt einzuarbeiten.

Die klassische Verdichtung ging praktisch unter, immerhin war die Kenntnis, wie man sie lesen — und schreiben — sollte, in Konstantinopel noch vereinzelt vorhanden. Der kaiserliche Sekretär und spätere Patriarch Tavasios (geb. ca. 750) unterwies den Diakon Ignation in dieser Kunst. Ein unmögliches Unterfangen, die klassische Metrik zu verdeutlichen, ohne die entsprechenden Texte zu lesen. Ignatios jedenfalls zeigt durch sein später verfaßtes, recht seltsames Gedicht, das Adam, Eva und die Schlange zu Wort kommen läßt, mehr als nur oberflächliche Kenntnisse der griechischen Tragödie. Er wird nicht der einzige gewesen sein.

Religiöse Dichtung zum liturgischen Gebrauch wurde massenweise produziert. Ein Teil davon war in klassischen Jamben verfaßt, so die kanonischen Hymnen des Johannes Damaskenos und seines Bruders Cosmas von Maiuma, die beide in arabisch besetzten

Gebieten lebten und arbeiteten. Meist aber verwandte man nach Art des Romanos eine akzentuierende Metrik. Auch die Kontakiendichtung blieb lebendig, wenn man jetzt auch mehr Stoff aus Heiligenleben als aus der Bibel heranzog. Die Hauptform der liturgischen Dichtung aber war nun der Kanon; weitschweifig-panegyrisch angelegt, unterschied er sich vom Kontakion wesentlich durch seinen Umfang, auch erforderte er mehr musikalische Variationsmuster. Einige der zahllosen erhaltenen Hymnen sind von klarer Struktur und auch von ergreifendem Inhalt, sonst erweckt diese Dichtung aber beim modernen Leser eher das Gefühl von sich wiederholendem Wortgeklingel und verschwommenen Konturen. Dabei ist zu bedenken, daß man jene Kanons sang, nicht vorlas; die Musik dazu blieb nicht erhalten. Die bekanntesten Dichter sind wohl (neben den schon erwähnten) Andreas von Kreta, um 660 in Jerusalem geboren, und Joseph ›der Hymnendichter‹ (816—886), ein in Konstantinopel als Emigrant lebender Sizilianer.

Der Bilderstreit gab den Theologen Anlaß, viele Abhandlungen zu schreiben, allerdings sind die Meinungen der Bilderstürmer nur in Zitaten der Gegenseite erhalten geblieben. Viele dieser Schriften haben kompilatorischen Charakter und sind bar jeder Originalität; diese war auch nicht gefragt, denn beide Parteien fühlten sich als die wahren Hüter alter Traditionen in der Kirche. Obwohl die damalige Theologie mit der Epoche der großen Kirchenväter oder der Zeit eines Maximus Confessor (580—662) nicht vergleichbar ist, waren ihre Vertreter keine Ignoranten. Sie kannten sehr wohl den Literaturkanon der Ostkirche, sie waren auch in der Lage, das jeweils passende Argument für die Auseinandersetzungen herauszufinden. Johannes Damaskenos, Sohn eines syrischen Griechen im

links: Innenraum der Irenenkirche in Konstantinopel. Während der Ikonoklastenzeit zerstörte man die Dekorationen, auch das Apsismosaik wurde durch ein einfaches Kreuz ersetzt.

rechts: Der Hl. Demetrios zwischen dem Präfekten Leontios und Bischof Johannes, der um 634 die Kirche restaurieren ließ. Mosaik in der Demetriuskirche zu Thessaloniki, 7. Jh.

Verwaltungsdienst der Umaijaden, erhielt von einem sizilianischen Mönch seine Schulbildung und trat um 750 als großartiger Systematiker, gefürchteter polemischer Schriftsteller sowie als Hymnendichter hervor. Sein Werk ist nicht originell, er behauptete sogar von sich selbst, keine eigenen Ideen entwickelt zu haben. Fast genial zu nennen ist aber seine Fähigkeit der systematischen Aufbereitung des Denkens anderer. Natürlich konnte er in der Sicherheit des Kalifats ohne Beeinträchtigung durch die Ikonoklastenkaiser arbeiten. Ein großer Theologe war auch der Patriarch Nikephoros I. (806–811); die Regeln der klassischen Rhetorik hat er nach Ausweis seiner Schriften gut verarbeitet, auch stammt eine knappe Chronik der Jahre 602–769 aus seiner Feder. Der Abt Theodor Studites (759–826), aus einer Beamtenfamilie Konstantinopels stammend, wurde zum Führer der Mönchsopposition während der 2. Periode des Bilderstreits. Ein begabter, mit den Vorbildern der Klassik vertrauter Schriftsteller, verfaßte er neben religiöser Dichtung Handbücher der Askese für Mönche und zahlreiche polemische Abhandlungen. Am aufschlußreichsten sind aber seine umfangreiche Korrespondenz mit führenden Persönlichkeiten diesseits und jenseits der Grenzen, die sich niemals nur in elegantem Stil erschöpfte – und seine Anweisungen für die Mönche in Form von Epigrammen. Mehrmals ließen die Kirchenoberen in Konstantinopel Bibliotheken der Provinzklöster nach Schriften der Kirchenväter durchforsten. Dies allein zeigt den enormen Wert von Büchern damals – während des gesamten Mittelalters gehörten sie zu den Luxusgütern –, aber auch ein Bewußtsein der Verantwortung für die reiche schriftliche Überlieferung. Rechtsanwälte praktizierten in Konstantinopel wie eh und je, wir hören auch von Rechtsgelehrten, Ende des 7. Jahrhunderts, oder von einem Professor der Rechte zur Zeit Leons V. Es sind allerdings keine wissenschaftlichen Werke zur Jurisprudenz aus jener Zeit erhalten, noch gibt es Hinweise darauf, daß sie existierten. Auf uns gekommen ist ein kleines Handbuch für Juristen in der Provinz, die von Leon III. 726 herausgegebene *Ekloge,* außerdem eine offensichtlich nicht-offizielle Kopie der damaligen Agrarordnung, des *Ackergesetzes.* Beide Texte beeinflußten die folgenden Jahrhunderte stark, geben aber keine systematische Darstellung des Kaiserrechts. Juristen stützten sich weiterhin im wesentlichen auf das *Corpus* Justinians, das damals in griechischer Übersetzung bzw. Bearbeitung vorlag und durch Konstitutionen späterer Kaiser teilweise modifiziert worden war; davon aber weiß man heute nur wenig. Im Vorwort zur *Ekloge* erklärte Leon V., er habe schwer verständliche Gesetze seiner Vorgänger besonders für jene gesammelt, die »außerhalb dieser von Gott geschützten Kaiserstadt« lebten, und sie menschlicher gestaltet. Er hielt seine Juristen an, die Armen nicht zu verspotten und den Reichen keine Straftaten durchgehen zu lassen; diesen sollte man das Nötige nehmen, damit man es den Armen überlasse. Da sie gut bezahlt würden, sollten sie der Korruption widerstehen, welche man unbarmherzig ausrotten werde. Allein wenn Recht Recht bleibe, so schloß der Kaiser, könne das Reich gegen die Feinde bestehen.
Der ›humanitäre Charakter‹ der *Ekloga* ist auf den ersten Blick nicht ganz ersichtlich, denn das Handbuch empfiehlt anstelle der Todesstrafe häufig brutale Verstümmelungen, die einen Menschen zeitlebens zum Schwerbehinderten machten. Frühe Beispiele sind die Verstümmelungen von Heraklonas und Martina mit dem Ziel, sie nach dem Tod des Herakleios von der Herrschaft auszuschließen. Konstantin IV. ließ 681 zu demselben Zweck seinen zwei Brüdern die Nasen abschneiden, und knapp hundert Jahre später verstümmelte Kaiserin Irene nicht nur die vier Brüder ihres verstorbenen Gemahls, sondern blendete sogar ihren eigenen Sohn. Ob diese Strafzumessung auch außerhalb der engsten Zirkel der Macht üblich war, ist nicht bekannt, Heiligenviten der Zeit erwähnen Verstümmelungen kaum. Wenn einem Dieb aber z. B. die Hand abgehackt wurde, so war dies wohl eine durchaus gängige Bestrafung.

Die humanitären Prinzipien der Ikonoklastenkaiser sind eher in der Familiengesetzgebung aufzuspüren, in der man die Kernfamilie als Basis des gesellschaftlichen und wirtschaftlichen Lebens apostrophierte. Das zeigte sich z. B. in Regelungen zur Intestaterbfolge, in der Erweiterung des Erbrechts der Frau oder dem Nachdruck, der auf gegenseitiges Einvernehmen der Ehegatten in Rechtsgeschäften gelegt wurde. Wahrscheinlich diente die *Ekloge* dazu, die in einer Agrargesellschaft aufkommenden Probleme schneller, weniger aufwendig und damit billiger aus der Welt zu schaffen. Auch das medizinische Wissen blieb wohl in etwa erhalten. Wir kennen einige Werke jener Periode, z. B. das Anfang des 7. Jahrhunderts entstandene Handbuch des Paul von Aegina, die wenig später erschienenen Kommentare Stephans von Alexandria zu Hippokrates und Galen, die knappe Abhandlung des Iatrosophisten Leon aus dem frühen 9. Jahrhundert; vielleicht stammt das seltsame Werk des Mönchs Meletios über Physiologie und Anatomie des Menschen ebenfalls aus dieser Zeit. Wie bei der medizinischen Literatur der Spätantike herrschte damals die kompilatorische Arbeit vor – man orientierte sich am großen Enzyklopädisten Oreibasios, dem Leibarzt und Freund des Kaisers Julian Apostata, oder über ihn an Galen und seinen großen Vorgängern. Gelegentlich blitzt allerdings eigener Forscherdrang auf, der dann bisweilen auch auf Abwege gerät, wenn z. B. Gebete oder Reliquien die Therapie unterstützen müssen. Die Schriften der Zeit bestätigen jedoch den Eindruck, daß die Medizin den Zugang zur wissenschaftlichen Betrachtungsweise der alten Griechen nicht ganz verloren hatte, auch wenn sich das Hauptinteresse nun vorwiegend auf die Praxis richtete. In ähnlicher Weise auf die Praxis ausgerichtet waren Mathematik und Physik. Während der ersten Belagerung Konstantinopels 674–678 erfand der Ingenieur Kallinikos das ›griechische Feuer‹, die geheimnisumwitterte Waffe der Byzantiner, eine Art Flammenwerfer. Selbst moderne Chemiker sind sich in der Beurteilung seiner Wirkungsweise nicht einig. Einige Theorien gehen davon aus, daß der Grundstoff wohl eine Mischung aus Rohpetroleum und einem anderen hochbrennbaren Additiv gewesen sei, andere halten dagegen, hauptsächlich müsse man wohl Salpeter verwendet haben. Das Geheimnis wird sicher niemals ganz gelüftet werden. Die Entwicklung dieser ›Geheimwaffe‹ erforderte jedenfalls eine Lösung vieler praktischer Probleme chemischer und technologischer Art. Die glänzenden Abwehrerfolge bei zwei Belagerungen der Hauptstadt, aber auch die jahrhundertelange Überlegenheit der Byzantiner im Seekrieg sprechen für sich. Trotz der Vorherrschaft der angewandten Wissenschaften ging die Kenntnis der theoretischen Zusammenhänge auf naturwissenschaftlichem Gebiet nicht unter. Im 9. Jahrhundert machte Leon der Mathematiker, später Professor der ›Philosophie‹ in Konstantinopel und Erzbischof von Thessaloniki, einen alten Mönch auf der Insel Andros ausfindig, der ihn die höhere Mathematik lehrte – auf der Grundlage der Klassiker Euklid, Archimedes, Diophantus und Pappus. Leon hat dann anscheinend das Studium der höheren Mathematik in der Hauptstadt sehr gefördert, noch zu Lebzeiten wurde er zur Legende. Sein Ruhm verbreitete sich bis nach Bagdad. Er wird auch mit der Erfindung vieler nützlicher Instrumente in Zusammenhang gebracht. So soll er eine Art Telegraph entwickelt haben, welcher der schnellen Nachrichtenübermittlung zwischen Konstantinopel und der Ostfront diente.

Leistungen des Zeitalters in Kunst und Architektur sind nicht leicht zu beurteilen, denn vieles wurde durch Krieg und Verwüstung zerstört, anderes fiel der doktrinären Haltung der Ikonoklasten zum Opfer. Unbestritten ist wohl die Tatsache, daß die Dezimierung der städtischen Oberschichten und die allgemeine Verknappung der Geldreserven die Auftragslage auch im künstlerischem Bereich negativ beeinflußte. Von den Ikonoklastenkaisern wurden nur wenige Kirchenneubauten oder größere Instandsetzungen veranlaßt. S. Irene in Konstantinopel baute man nach einem Erdbeben 740 wieder auf; bis auf ein großes Mosaikkreuz in der Apsis blieb von der Originaldekoration nichts übrig. Die Ende des 8. Jahrhunderts erbaute Sophienkirche in Thessaloniki sollte zweifellos ein Symbol der byzantinischen Macht in einer oft von Slawen und Bulgaren bedrohten Stadt sein; architektonisch ist sie ein Sondertypus der dreischiffigen Kuppelbasilika, in der noch einige nicht-figurale Mosaiken erhalten sind. Gewiß wurden zur Zeit des Bildersturms kleinere Kirchen errichtet, doch eindeutig ist dies nicht zu beweisen. Während der bilderfreundlicheren Herrschaft der Kaiserin Irene sind ebenfalls viele einfache Kirchen im ganzen Reich gebaut worden; wobei auffällt, daß man häufig Säulen und anderes Gestein von älteren Bauten verwendete, vielleicht ein Zeichen von Materialknappheit. Möglicherweise geht auch die byzantinische Kreuzkuppelbasilika auf rechteckigem Grundriß, wie sie uns seit Ende des 9. Jahrhunderts als Standardform byzantinischen Kirchenbaus begegnet, auf Vorarbeiten von Architekten der Zeit des Bildersturms zurück. Bilder mit religiösen Motiven in Kirchen und anderen Gebäuden wurden auf Veranlassung der bilderfeindlichen Kaiser entweder übertüncht, entfernt oder gänzlich vernichtet; an ihre Stelle trat nichtfigurale Ornamentik, sehr häufig in Verbindung mit dem Kreuz. Einige Beispiele dieser Ikonoklastenkunst sind erhalten geblieben, so etwa in den südwestlichen Anbauten der Hagia Sophia, welche wahrscheinlich zum Wohnbereich des Patriarchen gehörten. Das Verbot der figürlichen Darstellung traf lediglich die religiöse Kunst, und bis heute ist nicht klar, ob Paläste und Kirchen der bilderfeindlichen Periode etwa eine ähnliche Ornamentik aufwiesen, wie wir sie in der Großen Moschee zu Damaskus antreffen, eine üppige, naturalistische, nicht-figurale Kunst, im frühen 8. Jahrhundert wahrscheinlich von Griechen geschaffen. Der von Theophilos in der Hauptstadt erbaute neue Palast soll Vorbildern aus Bagdad nachempfunden und ursprünglich reich mit Mosaiken geschmückt gewesen sein, Mosaiken mit nicht-figuraler Thematik, aber auch mit weltlichen Motiven, etwa der Darstellung einer Jagdszene. Da nur wenige Zeugnisse auf uns gekommen sind, kann man sich eigentlich nur Spekulationen hingeben. Ein einziges Manuskript ist nachweisbar, dessen Buchmalerei mit Sicherheit aus der Ikonoklastenära stammt; die wenigen Ikonen aus jener Zeit sind heute im Katharinenkloster auf dem Berg Sinai aufbewahrt, das damals in moslemischem Gebiet lag. Drei Grundmuster der künstlerischen Arbeit können wir als typisch für jene Periode kennzeichnen: das nicht-figurale Kunstwerk, die abstrakte oder symbolisierende Darstellung des menschlichen Körpers (z. B. in den Mosaiken der Kirche des Hl. Demetrius zu Thessaloniki aus dem frühen 7. Jahrhundert); den klassizistisch-traditionellen Bildertypus, aufbauend auf hellenistischen Vorbildern. Es gab also verschiedene Entwicklungsstränge, denen künftige Zeiten folgen konnten; während der hier behandelten Periode muß die künstlerische Produktion allerdings bescheiden, ihre Qualität insgesamt nur mittelmäßig gewesen sein. Im kulturellen Leben des 7. und 8. Jahrhunderts ist allgemein eine Verflachung des künstlerischen Ausdrucks festzustellen – die Zeit forderte rasches Zupacken, elitärer Geschmack oder gediegene Eleganz waren im Überlebenskampf weniger gefragt. Die Traditionen einer feineren Ästhetik, einer differenzierenden Betrachtungsweise in Literatur, Kunst und Wissenschaft wurden lediglich in dem kleinen Kreis der geistigen Elite der Hauptstadt gepflegt. Oft mußten sich diese Männer dem Strom der Zeit entgegenstellen, wie Verfolgungen hier und dort belegen. Ihr Verdienst aber blieb es, den egalitären Tendenzen jener Ära mannhaft Widerstand geleistet und damit einer späteren kulturellen Renaissance den Weg geebnet zu haben.

3
Das Goldene Zeitalter
(867-1081)

Deesis und Heilige, das sog. Harbaville Triptychon, 10 Jh., Louvre, Paris. Johannes der Täufer und Maria bitten vor Christus für die sündige Menschheit, im Feld darunter fünf Apostelfiguren, auf den Flügeln je sechs Heilige, je vier davon als Ganzfiguren. Das Stück stammt sicher aus der kaiserlichen Hofwerkstatt.

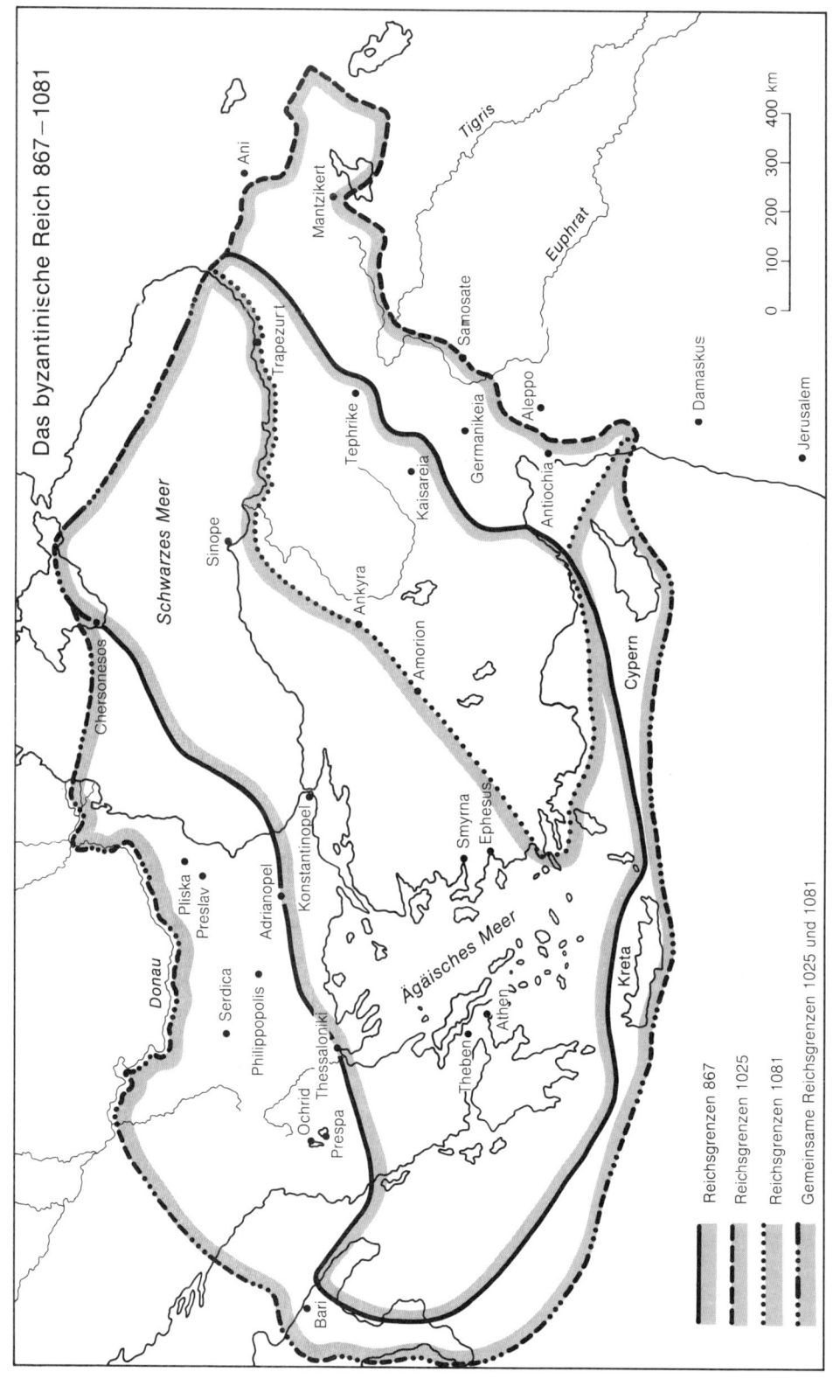

Das byzantinische Reich 867–1081

Schwarzes Meer

Ägäisches Meer

Tigris

Euphrat

Donau

Ani

Mantzikert

Samosate

Damaskus

Jerusalem

Aleppo

Germanikeia

Antiochia

Kaisareia

Tephrike

Trapezurt

Sinope

Ankyra

Amorion

Cypern

Smyrna

Ephesus

Kreta

Athen

Theben

Konstantinopel

Adrianopel

Philippopolis

Serdica

Pliska

Preslav

Ochrid

Thessaloniki

Prespa

Chersonesos

Bari

0   100   200   300   400 km

Reichsgrenzen 867

Reichsgrenzen 1025

Reichsgrenzen 1081

Gemeinsame Reichsgrenzen 1025 und 1081

Die Wiedergeburt des Reiches

Die Machtübernahme durch Kaiser Basileios I. bezeichnete, ungeachtet der fragwürdigen Durchführung, aus vielerlei Gründen den Anfang einer neuen Epoche. Basileios war der Begründer einer Dynastie, die fast zwei Jahrhunderte in Konstantinopel regierte und einige der fähigsten Herrscher in der langen Geschichte des Reiches hervorbrachte. Er selbst führte die von den unmittelbaren Vorgängern behutsam eingeleitete Expansionspolitik energisch weiter fort. Das Zeitalter der makedonischen Dynastie — so wird es in der modernen Historiographie benannt — ist nicht allein gekennzeichnet durch eine selbstbewußte, die politische Autorität stützende Militärmacht, sondern auch durch die Erweckung der byzantinischen Kultur zu neuer Blüte, und zwar in allen Bereichen, von der Philosophie bis hin zur Malerei; es war, als ob sich Byzanz nach zwei Jahrhunderten härtesten Überlebenskampfes nun endlich höheren Zielen widmen wollte. Zunächst haben die Menschen, wohl offenbar zögernd noch, sich über die Zeiten der arabischen und slawischen Einfälle hinaus in die entfernte Vergangenheit gewagt und glänzende Epochen entdeckt. Zielstrebig machten sie sich dann an die Rekonstruktion der Welt Justinians, eine Welt, die dann bald, wie es oft geschieht, einen originelleren, vielseitigeren Anblick bot, als man zuvor vermuten konnte.

Zuerst jedoch ein Blick auf die politische Geschichte des Zeitalters. Der Versuch, Bulgarien dem byzantinischen Einfluß zu öffnen — die Christianisierung des Landes spielte hierbei eine wichtige Rolle —, erwies sich als schwer durchführbar. König Boris, der kein byzantinischer Vasall sein wollte, liebäugelte mit dem Reich der Deutschen und mit dem Papst, doch unterwarf sich die halbautonome bulgarische Kirche bald wieder der Jurisdiktion des Patriarchen von Konstantinopel, während der König eine größere politische Auseinandersetzung mit Byzanz vermied. Solange er lebte, konnte man den Status quo erhalten, nach seinem Tode erwies sich die Existenz eines machtvollen christlichen Staates, wenige Tagesmärsche von Konstantinopel entfernt, als risikoreich.

Zu Beginn seiner Herrschaft setzte Basileios den Überfällen arabischer Kommandos auf Städte Süd-Dalmatiens wirkungsvolle Abwehrmaßnahmen entgegen. Das neue Thema Dalmatien erhielt eine eigene Flotte und Truppen, daneben wurde die Christianisierung der Serben in der heutigen Herzegowina und in Montenegro energisch betrieben, um das Hinterland der dalmatinischen Städte unter byzantinische Kontrolle zu bringen. Versuche, die Araber aus Süditalien zu vertreiben, schlugen anfangs fehl; sie provozierten lediglich die Besetzung Maltas durch die Araber, des letzten Außenpostens im südwestlichen Mittelmeer. Nach 870 aber konnte man die Truppenpräsenz in Italien verstärken, 873 wurde Bari erobert.

An der Ostfront traf der Kaiser Vorbereitungen für einen Angriff, der über lokale Scharmützel weit hinausgehen sollte. Zuerst mußte der unabhängige Staat der Paulicianer vernichtet werden, was nach harten Kämpfen im Jahr 872 gelang; die Hauptstadt Tephrike (Divrigi) und verschiedene Festungen wurden dem Erdboden gleichgemacht, viele gefangene Paulicianer nach Thrakien umgesiedelt. Im folgenden Jahr mußten die Araber Samosate (Samsat) räumen, ein langsamer, stetiger Vormarsch im Osten begann.

In den zurückgewonnenen Gebieten ließ Basileios neue Festungen bauen und neue Verwaltungsbezirke einrichten. Die Wende war gekommen, denn der Landgewinn erwies sich als dauerhaft.

Der mit Michael III. eng verbundene Photios mußte nach der Thronbesteigung Basileios' den Patriarchenstuhl räumen. Als Organisator der Mission in Bulgarien, der Krim und anderswo hatte er sich jedoch auch in den Augen des neuen Kaisers verdient gemacht. Er durfte daher bald als Lehrer der Kaisersöhne zurückkehren. Nach dem Tode des Patriarchen Ignatios wurde er dessen Nachfolger und erhielt großen Einfluß auf die Staatsgeschäfte. Wahrscheinlich ist das Erscheinen zweier Rechtsbücher, des *Procheiron* und der *Epanagoge* seiner Mitarbeit zu verdanken. Beide waren der *Ekloge* verpflichtet, obwohl man im Vorwort hart mit dem älteren Werk ins Gericht ging, da es durch ikonoklastisches Gedankengut verdorben sei. Jene Handbücher markierten den Beginn einer umfassenden Säuberung und Reinigung des römischen Rechts, die sich später auch auf das justinianische *Corpus* und Gesetze seiner Nachfolger erstrecken sollte. Basileios fühlte sich offenbar als zweiter Justinian, doch konnte er seinen Plan nicht vollenden. Den Folgen eines Jagdunfalls erlag er im Jahr 886. Sein Sohn Leon VI. folgte ihm auf dem Thron.

Kaiser Leon, umfassend gebildet und sehr an theologischen Fragen, z. B. an Kirchenpredigten interessiert (einige seiner Predigten sind auf uns gekommen), hatte ein scharfes Auge für verwaltungstechnische Probleme, zeigte aber wenig Interesse an außenpolitischen und militärischen Fragen. Im Gegensatz zu seinem Vater fehlte ihm das Gespür für die lebenswichtigen Interessen Byzanz' an der arabischen Front. Daß man zu Bulgarien gute Beziehungen unterhalten mußte, um einen Zweifrontenkrieg zu vermeiden, schien ihm kaum klar zu sein. Der Kalifat war schwach und kaum mehr in der Lage, die Zentren des Reiches zu bedrohen. Das zum Christentum bekehrte Bulgarien wuchs politisch und ethnisch immer mehr zu einer Einheit zusammen, seine Armee konnte nach einigen Tagesmärschen vor Konstantinopel stehen. Zunächst wollen wir jedoch einen Blick auf die Innenpolitik Leons VI. werfen.

Auf den Vorarbeiten seines Vaters beruhte die neue Kodifikation byzantinischer Gesetze in moderner griechischer Nationalsprache, eine Sammlung von Konstitutionen des Zivil- und des kanonischen Rechts. Die *Basiliken* basierten auf dem *Corpus iuris* Justinians, d. h. auf den griechischen Übersetzungen und Kommentaren dazu, denn der lateinische Urtext war damals kaum bekannt. Man änderte die Anordnung durchgehend, um das Werk für die Praxis handlicher zu machen und unterteilte das Werk in 60 Bücher. Diese Arbeit vieler hervorragender Rechtsgelehrter wurde zum Fundament der byzantinischen Jurisprudenz in den folgenden Jahrhunderten, mit der Zeit erschienen unzählige Kommentare dazu, und noch heute sind die *Basiliken* für den Rechtshistoriker eine interessante Lektüre. Im 19. Jahrhundert erschien das Werk in acht Bänden, seit 1953 arbeitet man an einer neuen kritischen Ausgabe.

Leon VI. erließ auch viele neue Gesetze, von denen er 113 in einer Novellensammlung veröffentlichte. Sie behandelten praktische Probleme der staatlichen und kirchlichen Verwaltungsarbeit, gleichzeitig wurden Anachronismen in älteren Konstitutionen beseitigt; vor allem hob man Sonderrechte der Städte und die Rechte des Senats als Legislative auf mit der Maßgabe, daß sich die Staatsmacht allein im Kaisertum verkörpere, das seinerseits dem Gesetz unterworfen sei. Diese Vorrechte waren auch bisher ohne praktische Bedeutung gewesen, doch zeigt die Tatsache, daß man sie jetzt auch formal aufhob, den Zentralisierungsprozeß im byzantinischen Reich während des Überlebenskampfes überdeutlich. In seiner Blütezeit war das Römische Reich ein Verband relativ selbständiger Gemeinden mit einem Kaiser an der Spitze, der sich vorwiegend um die

Verteidigung und um die Außenpolitik kümmerte. Der vollentwickelte byzantinische Staat kannte nur eine einzige, zentrale politische Autorität, den kaiserlichen Autokraten. Die Themenverfassung war die Antwort auf dringende Verteidigungserfordernisse gewesen, und obwohl im Thema der Militärgouverneur der Zivilverwaltung übergeordnet war, bestanden beide Verwaltungszweige nebeneinander weiter fort. Hier sorgte Leon VI. für eine Vereinheitlichung, indem er das Schattendasein der zivilen Provinzgouverneure beendete. Außerdem teilte er die oft sehr großen Themen in kleinere, überschaubare Einheiten, was auch die Möglichkeit einer erfolgreichen Militärrevolte erschwerte. Die verschiedenen kleineren Verwaltungsbezirke in den von den Arabern eroberten Gebieten wurden nach dem Vorbild der Themenverfassung organisiert.

Leon hat anscheinend auch systematisch neue Ordnungen im Bereich der Behörden und berufsständischen Organisationen eingeführt, wir kennen z. B. seine Zunftgesetze für Konstantinopel. Sie lassen eine penible, bürokratische Kontrolle aller handwerklichen und künstlerischen Aktivitäten durch den Stadtpräfekten erkennen. Die Zünfte, bisweilen kann man sie bis ins Altertum zurückverfolgen, dienten ursprünglich als Interessengemeinschaft des Handwerks in Bezug auf Ausbildung, Preisgestaltung und soziale Sicherheit der Mitglieder. Im *Handbuch des Präfekten*, das unter Leon erschien, sind jene Funktionen teilweise garantiert, andererseits werden sie durch einschneidende Auflagen eingeschränkt, so daß nicht mehr das Eigeninteresse des Handwerks im Vordergrund steht, sondern das übergeordnete Staatsinteresse. Ihre primäre Funktion bestand nun darin, Dienstleistungen zu angemessenen, staatlich kontrollierten Preisen zu erbringen.

Auf dem militärischen Sektor ging der Zerfall der arabischen Macht im Osten weiter, im Balkan gab es jedoch neue Probleme, als König Boris sich 889 in ein Kloster nahe der Hauptstadt Preslav zurückzog. Sein unerfahrener Sohn Wladimir erscheint als willenloses Werkzeug einer Gruppe von bulgarischen Adligen, die dem Christentum und damit dem byzantinischen Einfluß Widerstand entgegensetzten. Die Opposition schürte den Aufstand, der Zusammenstoß mit Byzanz stand unmittelbar bevor, so daß Boris, um sein Lebenswerk zu retten, herbeieilte und mit Hilfe eines Bojarenrates Wladimir absetzen ließ. Boris' jüngerer Sohn Symeon, der neue Bulgarenkönig, hatte eine sorgfältige Erziehung in Konstantinopel erhalten und war zum Zeitpunkt seiner Thronerhebung Mönch. Boris beabsichtigte wohl ursprünglich, ihn als Patriarchen für die bulgarische Kirche einzusetzen, eine bei der engen Verbindung zwischen Staat und Kirche für den politischen Zusammenhalt des Gemeinwesens sicherlich optimale Lösung. Leon VI. hatte ja auch nach seiner Thronbesteigung den souveränen Photios abgesetzt und seinen Bruder Stephan zum Patriarchen ernannt. Wahrscheinlich hoffte Boris damals, daß Symeon sein eigenes Ziel, ein einheitliches, christliches Bulgarien aufzubauen, erfolgreich weiterverfolgen und den offenen Konflikt mit dem mächtigen Byzanz vermeiden werde — eine grobe Fehleinschätzung. Vielleicht war auch die Koexistenz zweier selbstbewußter, mächtiger Staaten auf der Balkanhalbinsel eine Unmöglichkeit.

Nach 80jähriger Friedenszeit kam es 894 zum Krieg, scheinbar wegen eines Monopolschachers im Handel mit Bulgarien, welcher von den Byzantinern vielleicht provokativ angelegt worden war. Wahrscheinlich ist, daß die Interessen hoher Würdenträger den Ausschlag gaben, denn sie verdienten dabei. Zweifellos beging Byzanz damit einen Vertragsbruch; der byzantinische Außenhandel war durch Abkommen geregelt. Früher wäre der Affront durch Verhandlungen aus dem Wege geräumt worden, jetzt aber kam es zur Eskalation. Leon wies den bulgarischen Protest schroff zurück, worauf Symeon voller Argwohn Präventivmaßnahmen ergriff und byzantinisches Gebiet besetzte. Die klassische Reaktion der Byzantiner war eine kombinierte Land/See-Operation, welche die Bulgaren vom Donaudelta her im Rücken fassen sollte; zugleich bemühte man sich, das nördlich der Donau lagernde Nomadenvolk der Magyaren zu einem Angriff auf das Reich im Süden zu bewegen. Hastig zog Symeon darauf seine Truppen zurück und unterzeichnete einen Waffenstillstand, während die byzantinische Armee weiter nach Bulgarien vorstieß.

Symeons Heer aber war intakt geblieben, auch war er nicht der Mann, der seine Pläne beim ersten Widerstand aufgab. So folgte auch er der traditionellen Strategie, griff 896 ein großes byzantinisches Kontingent bei Bulgarophygon an und errang einen großen Sieg. Für die Byzantiner war dies die schwerste Niederlage seit den verlustreichen Gefechten mit dem Bulgarenkhan Krum zu Beginn des Jahrhunderts. Als die Magyaren davon Wind bekamen, zogen sie sich eilends aus Bulgarien zurück. Mit Pferden und Ochsenkarren begaben sie sich nun nach Pannonien, dem heutigen Ungarn, bedrängt von einem weiteren Nomadenvolk, den Petschenegen. Leon handelte mit Bulgarien einen Friedensvertrag aus; er verlegte das Monopol für den Handel von Thessaloniki wieder nach Konstantinopel zurück und erklärte sich zu Subsidienzahlungen an Symeon bereit. Wohl war der Friede so wiederhergestellt, doch es blieb ein unsicherer Friede, der vom Wohlwollen Symeons abhing. Byzanz hatte hinfort mit zwei Gegnern zu rechnen.

Dem Kalifat gelang es bald darauf, geringfügige Geländegewinne zu verbuchen, doch nur solange, bis byzantinische Truppen unter Nikephoros Phokas durch das gebirgige Kilikien marschierte und bei Adana die Araber vernichtend schlugen. Auch mit einer geschwächten Armee blieb Byzanz die erste Militärmacht, man konnte nur nicht alle Grenzen gleichzeitig schützen. 902 fiel der letzte Stützpunkt in Sizilien, Taormina, an die Araber; 904 legten arabische Korsaren Abydos (Dardanellen) in Schutt und Asche und eroberten Thessaloniki, die zweite Stadt des Reiches, welche bis dahin allen Slawen- und Awarenstürmen getrotzt hatte. Die durch dieses Ereignis angedeutete Schwäche zur See wurde bald wieder wettgemacht durch Erfolge des Admirals Himerios in der Ägäis (905), die Einnahme Zyperns wenige Jahre später und die erfolgreiche Belagerung der syrischen Stadt Latakia (910). Daß die Flotte während der Heimfahrt schwere Verluste erlitt, mindert nicht die Bedeutung des Unternehmens. Eine weitere Expedition gegen das von Arabern besetzte Kreta 911 scheiterte allerdings.

Ein Vertrag mit dem Fürsten Oleg von Kiew, der im Jahr 907 mit seiner russischen Flotte ohne Erfolg Konstantinopel belagerte, regelte nicht nur für die Zukunft den russisch-byzantinischen Warenverkehr, sondern ermöglichte es auch, Söldner aus Rußland in byzantinische Dienste zu nehmen. An den Flottenoperationen gegen Zypern, Syrien und Kreta 910/911 beteiligten sich bereits russische Söldnerkontingente. Diese Zusammenarbeit mit Kiew bot auch einen gewissen Abschreckungseffekt gegenüber dem angriffslustigen Bulgaren.

Leon VI. war dreimal verheiratet, ohne daß ihm ein Sohn geboren wurde. Die dritte Ehe widersprach sowohl dem kanonischen Recht als auch seiner eigenen Gesetzgebung. 905 gebar ihm seine Mätresse Zoe Karbonopsina (mit den kohlschwarzen Augen) einen Sohn, und um diesen zu legitimieren, heiratete er Zoe 906. Wegen dieser 4. Ehe brach ein Sturm der Entrüstung los, der Patriarch Nikolaos Mystikos verwehrte dem Kaiser sogar mehrfach den Zutritt zur Hagia Sophia, so daß sich der Kaiser an Papst Sergius III. in Rom wandte, um Dispens zu erhalten. Hocherfreut, den Patriarchen auszustechen, erteilte der Papst ihm den Dispens, worauf Leon Nikolaos sofort absetzte und ihn 907 durch einen weniger starrköpfigen Geistlichen ersetzte. Das Problem der ›Tetragamie‹ war damit aber nicht gelöst; es bildeten sich Faktionen in Kirche und Staat, die Führungselite blieb fortan gespalten und uneins, gemeinsame Aufgaben anzugehen. Das Weiterleben der Dynastie schien jedoch mit der Krönung Konstantins 908 gesichert.

Nach Leons Tod im Jahr 912 übernahm sein Bruder Alexander für den siebenjährigen

Konstantin die Herrschaft. Der in der Meinung der Zeitgenossen als Hedonist verschriene Alexander war wohl während der 26 Jahre als Mitkaiser kaum zu Regierungsgeschäften herangezogen worden; es zeigte sich sehr bald, daß er seine Aufgabe kaum meistern konnte. Als bulgarische Gesandte bei Hofe erschienen, um die seit 896 garantierten Subsidien in Empfang zu nehmen, lehnte es Alexander nicht nur ab, das Geld zu zahlen, sondern behandelte sie in äußerst beleidigender Weise, z. B. indem er sie als ›Die Wilden im Fellkleid‹ apostrophierte. Ob dies alles seinen Intentionen entsprach oder als pure Ungeschicklichkeit zu deuten ist, bleibt unklar. Die Quittung jedenfalls folgte auf dem Fuße; bis zu Symeons Tod im Jahr 927 nahmen die Feindseligkeiten kein Ende mehr. Während im Sommer 913 die bulgarische Armee die europäischen Provinzen des Reiches verwüstete, starb Alexander plötzlich. Ein Regentschaftsrat übernahm für den Kinderkaiser Konstantin VII. die Regierung; Sprecher war der unter Alexander wieder eingesetzte Patriarch Nikolaos.

Der ›Tetragamie‹-Streit dauerte unterdessen weiter an. Nikolaos befand sich dabei in peinlicher Lage, da er Regent für einen König war, dessen Legitimität er nicht anerkannte, außerdem wurde er von den Anhängern der Kaiserinwitwe Zoe stark angefeindet. Schlimmer noch, der Befehlshaber der Zentralarmee Konstantin Dukas versuchte, von der asiatischen Seite des Bosporus aus, die Herrschaft an sich zu reißen. Die Lage in der Hauptstadt war äußerst gespannt, hohe Würdenträger stellten sich schon heimlich auf den Thronwechsel ein. Diese prekäre Situation nutzte nun Symeon von Bulgarien und erschien an der Spitze eines großen Heeres vor den Mauern Konstantinopels. Er konnte nicht hoffen, die unbezwinglichen Land- und Seemauern zu erstürmen, doch muß er andere Pläne gehegt haben. Vielleicht vermutete er, Konstantin Dukas werde ihn um Unterstützung angehen. Hatte nicht auch der Bulgarenkhan Tervel Kaiser Justinian II. vor zweihundert Jahren gute Dienste geleistet? Vielleicht öffnete ihm auch eine der streitenden Parteien in der Stadt die Tore, um daraus Vorteile herauszuschlagen? Mit der Entscheidungsfreudigkeit der Regierung war es nicht zum besten bestellt; Symeon, ein kluger Politiker, dazu ein in Konstantinopel erzogener christlicher Monarch, wußte, daß beide Eventualitäten nicht die schlechtesten waren, um Byzanz aus der Krise herauszuführen.

Nikolaos entschied, daß allein er selbst mit dem Bulgarenkönig Verhandlungen aufnehmen könne. Er hoffte dadurch, die angespannte Lage in der Hauptstadt zu entschärfen, gleichzeitig die Position seiner Partei stärken zu können. Vielleicht glaubte er ernsthaft, daß der Friede mit Bulgarien für das Überleben des Reiches nötig war. Man empfing Symeon also mit großem Pomp in der Hauptstadt. Der junge Kaiser wurde alsbald mit einer Tochter des Bulgaren verlobt. Man traf sich wiederholt, und zuletzt krönte (während einer bis heute in ihrer Bedeutung umstrittenen Zeremonie) der Patriarch den Bulgarenkönig mit dem Epirrhiptarion zum Zaren. Man kann wohl ausschließen, daß der schlaue Kirchenfürst dem naiven Fremden die Feier als Kaiserkrönung verkaufte, während in Wahrheit ein bedeutungsloser Zauber vorgeführt wurde. Symeon kannte sich im kirchlichen und staatlichen Protokoll mindestens so gut aus wie Nikolaos, es muß ihm klar gewesen sein, daß der Patriarch ihn nicht selbstherrlich zum byzantinischen Kaiser krönen durfte. Höchstwahrscheinlich weihte Nikolaos Symeon demnach als Herrscher Bulgariens und erkannte ihm das Recht zu, sich *Basileus* zu nennen; auch die Westkaiser gebrauchten diesen Titel seit 800. Wie dem auch sei, sehr wichtig war dies alles nicht, denn Symeon sah sich ohnehin als Schwiegervater und Beschützer des regierenden Kaisers, und bald würde sein Enkel Kaiser von Byzanz und König von Bulgarien sein — beide Staaten wären dann vereint.

Nikolaos' Hausmacht war jedoch zu schwach, um seine Politik des Ausgleichs mit

Bulgarien durchzusetzen. Der Haß der Kaiserinwitwe Zoe, die allgemeine Xenophobie der Bürger, die dauernde Bedrohung durch die Armee Konstantin Dukas' von der asiatischen Seite her schwächten zusehends seine Position: noch vor dem Sommer wurde er das Opfer einer Palastrevolte. Ein neuer Regentschaftsrat mit Zoe an der Spitze erklärte die Heiratspolitik Nikolaos' und die Krönung Symeons, was immer sie bedeutet haben mag, für null und nichtig. Symeon, der sich zufrieden nach Preslav begeben hatte, verwüstete daraufhin mit seiner Armee ganz Thrakien, wobei er seltsamerweise noch Wert darauf legte, daß ihn die Bevölkerung als Kaiser anerkannte. Er hatte wohl die Hoffnung auf ein künftiges friedliches Einvernehmen zwischen Byzanz und Bulgarien aufgegeben und versuchte nun, mit Gewalt die Herrschaft an sich zu reißen. Es kann nicht die Aufgabe des Historikers sein, zu spekulieren, was hätte sein können, es ist schwer genug festzustellen, was gewesen ist. Trotzdem ist es vielleicht erlaubt, die Vorgänge im Sommer 913 als eine der großen verpaßten Gelegenheiten der Weltgeschichte zu kennzeichnen. Hätte man damals die durch die geographische Lage und ethnische Vorurteile beeinflußten Rivalitäten begraben und einen großen Vielvölkerstaat mit einheitlicher Religion und verwandten kulturellen Voraussetzungen begründet, wäre die Effektivität des Widerstands im Osten und Westen bedeutend erhöht, die Geschichte des Nahen Ostens und Europas vielleicht in ganz andere Bahnen gelenkt worden. Ob dem Patriarchen Nikolaos ein solches Langzeitprogramm vorschwebte, oder ob er lediglich auf Notwendigkeiten der aktuellen Tagespolitik reagierte, wissen wir nicht. In den Augen mancher Zeitgenossen galt er jedoch als Verräter — wohl ein Indiz dafür, daß er sich auch weiterhin um Verständigung mit Bulgarien bemühte.

In den folgenden Jahren fielen die Bulgaren regelmäßig in byzantinische Gebiete ein, 914 ergab sich Adrianopel, auch Makedonien bis zur Adria ging zeitweise verloren. Byzanz mußte sich zu einer Gegenoffensive entschließen, die, wie viele andere zuvor, in der Katastrophe endete. Symeon schlug die Byzantiner 917 entscheidend bei Anchialos (in der Nähe des heutigen Burgaz), demonstrierte daraufhin allerdings nicht unnötig seine Macht vor den Mauern Konstantinopels, sondern überrannte bis 923 ganz Griechenland bis tief in die Peloponnes hinein, ein deutlicher Beweis für die Schwäche des Regentschaftsrates unter Zoe. Es war ihm jedoch verwehrt, ins Herzland des Reiches, Kleinasien, vorzustoßen, denn die byzantinische Flotte blieb intakt. So wartete er seine Zeit ab und ließ seine Parteigänger in Konstantinopel derweil für sich arbeiten.

Inzwischen wuchs in der Hauptstadt die Unzufriedenheit mit der kraftlosen Regierung, deren Armeeoffiziere, an der Spitze Leon Phokas, diskreditiert waren. 919 führte der Admiral der Flotte Romanos Lekapenos, der kein Angehöriger des alten Militäradels und der Partei Zoes nicht verbunden war, erfolgreich einen Staatsstreich an, der die Anhänger Zoes aus ihren Schlüsselstellungen verdrängte. Die Tochter des Lekapenen heiratete den vierzehnjährigen Kaiser, das folgende Jahr sah Romanos Lekapenos zunächst als Caesar — ein Titel, der für Mitglieder der kaiserlichen Familie reserviert war —, dann wenig später als Mitkaiser seines Schwiegersohnes; faktisch bestimmte er damit die Politik des Reiches. Für Symeon bedeutete diese Entwicklung das Ende aller seiner Hoffnungen. Die Bulgaren versuchten, durch Verstärkung des militärischen Drucks in Konstantinopel eine Änderung des politischen Kurses in der Hauptstadt zu erzwingen, doch Romanos Lekapenos war zu keinen Kompromissen bereit. So blieb Bulgarien nur die Möglichkeit, Alliierte zu gewinnen. Die ägyptischen Fatimiden sagten Hilfe zur See zu, was im Ernstfall für

Deckel der Limburger Staurothek (Kreuzreliquiar), die 1204 nach der Einnahme Konstantinopels nach Deutschland gelangte, nun im Limburger Domschatz, um 960. In der Mitte Christus mit Johannes dem Täufer, Gabriel, Maria und Michael, darüber und darunter die 12 Apostel.

Konstantinopel bedrohlich hätte werden können, auch wäre Kleinasien vor den Bulgaren nicht mehr sicher gewesen. Byzanz bot den Ägyptern aber bares Geld an Stelle vager Hoffnung auf Erfolg, so daß sie ihr Bulgarenbündnis widerriefen. Der männermordende, kräfteverzehrende Kampf ging weiter: 923 plünderte Symeon Adrianopel erneut, 924 erschien er wieder vor den Mauern Konstantinopels. Obwohl beide Seiten ein Ende herbeisehnten, konnte sich keiner einen Kompromiß leisten. Trotzdem kam es zu Verhandlungen zwischen Symeon und Romanos, der Bulgare wurde zum letzten Mal in der Stadt empfangen, die so eng mit seinem persönlichen und politischen Schicksal verknüpft war. Kein Wunder, daß man sich bei den beiderseits verhärteten Standpunkten nicht einigen konnte, lediglich gestand Byzanz Symeon diplomatisch das Recht auf den Zarentitel in Bulgarien zu. Die Feindseligkeiten zogen sich unter Beteiligung anderer Balkanvölker weiter hin, doch die Byzantiner waren auf Dauer finanzkräftiger; fraglich war nur, ob die Verbündeten den kampferprobten Bulgaren widerstehen konnten. Die Serben waren für sie kein Problem, doch 926 erlitt Symeon die erste Niederlage durch die Kroaten unter ihrem König Tomislav. Dieser Rückschlag hinderte ihn nicht an der Vorbereitung einer neuen Kampagne gegen Byzanz, doch vor Beginn des Feldzuges starb der König 927.

Mit seinem Tod erlahmte der Angriffsgeist der Bulgaren. Der lange Krieg hatte die Menschen ausgemergelt, die materiellen Ressourcen erschöpft. Es zeigte sich, daß die feudalen Grundbesitzer, oft Nachkommen des slawischen oder bulgarischen Stammesadels, auch angesichts der Not des einfachen Volkes mehr ihre eigenen Interessen im Auge hatten, jetzt, da die zwingende Persönlichkeit Symeons, seine dämonische Energie nicht mehr gegenwärtig war. Sein Sohn und Nachfolger Peter vermählte sich mit einer Enkelin des Lekapenen, und Bulgarien diente fortan als williger Pufferstaat gegenüber den unruhigen Steppenvölkern im Norden.

Da die bulgarische Front nun wegfiel, konnte sich Byzanz wieder auf die Ostpolitik konzentrieren, die während einer ganzen Generation brachgelegen hatte. Im Todesjahr Symeons begann man mit Unternehmungen im großen Stil, welche 931/34 zur Eroberung Melitenes (Malatya) führte, der Schlüsselfestung am oberen Euphrat. Für kurze Zeit gelang es dem Hamdaniden-Emir Saif-ul-Dawla, die Araber in Armenien zu etablieren, doch die umsichtige Führung der Byzantiner unter Johannes Kurkuas machte auf lange Sicht arabische Erfolge zunichte. 943 wurden Martyropolis (Mayferkat), Amida (Diyarbarkir), Nisibis (Nusaybin), 944 Edessa (Urfa) im Sturm genommen, die letzte Stadt altberühmt durch ihre Reliquien, u. a. barg sie einen von Christus geschriebenen Brief und ein heiliges Tuch mit dem Portrait des Erlösers in ihren Mauern, das sog. *Mandilion*. Noch im gleichen Jahr wurde es nach Konstantinopel gebracht und unter begeisterter Anteilnahme des Volkes in eine Kirche der Hauptstadt überführt.

Die Feldzüge brachten einen etwa 160 km breiten Streifen Landes im Osten wieder unter byzantinische Kontrolle, von dem Hochplateau Armeniens bis hinunter in die mesopotamische Ebene. Viele arabische Gemeinden schlossen sich Byzanz freiwillig an, ihre Bewohner wurden getauft und anderswo im Reich neu angesiedelt. Das militärische Gleichgewicht im Nahen Osten schien zugunsten Konstantinopels verändert, auf der Moslemseite herrschte enttäuschte Mißstimmung. Allerdings täuschte die günstige Lage im Osten nicht darüber hinweg, daß das Reich dauernd gefährdet blieb, auch wenn Bulgarien keine Gefahr mehr darstellte. Im Jahr 941 verwüstete eine russische Flotte die Nordküste Kleinasiens; Johannes Kurkuas mußte sich sogar zeitweise mit einem starken Aufgebot von der Tigrisfront zurückzuziehen. Schnelligkeit und überlegene Logistik

Gottesmutter, Apsismosaik im Katholikon des Klosters Hosios Lukas, Phokis, Griechenland, um 1020.

ermöglichten ihm, die Russen zu stellen, bevor sie in See stachen – Beutelust war ihr vorrangiges Antriebsmoment –, zu Lande und zu Wasser schlug er sie vernichtend. Zwei Jahre später verbündete sich Fürst Igor mit den Petschenegen und erschien an der Donaugrenze, eine ernstzunehmende Bedrohung. Romanos war bestrebt, den Zweifrontenkrieg zu vermeiden, Igor fürchtete seinerseits den direkten Konflikt, so daß man schließlich einen Vertrag schloß, der im wesentlichen den von 911 erneuerte.

Der militärische Erfolg stärkte zweifellos die byzantinische Militäraristokratie, die allmählich damit begann, von ihren Landgütern in der Provinz aus die steuerfreien Güter der Bauernsoldaten, das Rückgrat der Themenverfassung, an sich zu bringen, das Landvolk abhängig zu machen bzw. allgemein die noch freien Bauern zu drangsalieren. Die Folgen dieses langsamen Feudalisierungsprozesses waren weitreichend, auch wenn sie im 10. Jahrhundert noch nicht durchgängig in Erscheinung traten. Was der Aufmerksamkeit der Regierung aber nicht entgehen konnte, war der Verlust an Steuereinnahmen infolge der Versklavung der Bauern, die bedrohlich wachsende Macht der ländlichen Magnaten sowie, was vielleicht am auffälligsten war, der zahlenmäßige Rückgang an Rekruten sowie deren schlechte Kampfmoral. Romanos war selbst Kind einfacher Eltern, doch weckte seine Herkunft in ihm keine sozialrevolutionären Ambitionen. Immerhin verkündete er, vielleicht aufgrund der Hungersnot während des besonders strengen Winters 927/28 die erste einer ganzen Reihe von Novellen, welche illegale Übergriffe der ›Mächtigen‹ *(dynatoi)* gegenüber den Armen verhindern sollten. Allein die Zahl ähnlicher Gesetze, welche folgten, beweist die Vergeblichkeit des Bemühens: der Substanzverlust des ehemals freien Bauerntums vollzog sich unaufhaltsam. Auf seiten des Gesetzgebers schien man überdies nicht so sehr mit den grundlegenden sozioökonomischen Veränderungen befaßt zu sein als vielmehr mit den sich daraus ergebenden finanzpolitischen und militärischen Problemen.

Während der Erfolgsjahre hatte Romanos Kaiser Konstantin VII. im Hintergrund belassen, auch hatte der energische Mann seine Söhne als Mitkaiser proklamiert – deutliche Zeichen seiner Absicht, eine eigene Dynastie zu begründen. Während seiner vom Schwiegervater auferlegten Freizeit widmete sich Konstantin dem Studium von Kunst und Kultur, er betätigte sich als Schriftsteller und Maler, aber auch als freigebiger Mäzen. Von den Aktivitäten seiner Freunde werden wir später berichten.

Bis zum Jahr 945, als Konstantin 40 Jahre alt wurde, hatte sich Romanos' Familienclan viele Feinde geschaffen. Nach einer Revolte, deren Details nicht bekannt sind, wurden Romanos und seine Söhne als Gefangene in einem Kloster festgesetzt, Konstantin als alleiniger Herrscher anerkannt, gestützt von der mächtigen Dynastie der Phokas, einer führenden Familie der Militäraristokratie. Der Kaiser war allerdings keine Marionette in der Hand der Provinzmagnaten. Er spielte diese vielmehr geschickt gegeneinander aus, während er die Grundlinien der Politik des Romanos beibehielt. Weitere wirkungslose Novellen gegen die Machenschaften der ›Mächtigen‹ wurden erlassen, Bulgarien blieb byzantinisches Protektorat, verschiedene Invasionen der beutegierigen Magyaren gingen eher zu Lasten Bulgariens, als daß sie Byzanz selbst betrafen. In Süditalien hielt man die Kampftätigkeit gegen die Araber auf Sparflamme, während man sich im Osten zu größeren Anstrengungen aufraffte. Germanikeia (Marash) wechselte mehrmals den Besitzer, 952 stieß eine kaiserliche Armee über den Euphrat vor, 957 gelangte Nikephoros Phokas bis in die Gegend von Menbidj östlich von Aleppo. Im gleichen Jahr verbuchte man die Taufe der Prinzessin Olga von Kiew und ihren mit aller Pracht gefeierten Besuch in Konstantinopel als weiteren großen Erfolg der byzantinischen Außenpolitik.

Auf Konstantin, der im Jahr 959 starb, folgte sein Sohn Romanos II. Während seiner Regierung (959–963) vertrieb Nikephoros Phokas die Araber aus Kreta, man gewann im östlichen Kilikien weiter an Boden und zuletzt, 962, fiel die große Stadt Aleppo in die Hände der Byzantiner. Die Eroberung Kretas leitete eine erstaunliche wirtschaftliche und kulturelle Renaissance auf der Insel ein, wovon noch heute viele Kirchen und Klosterbauten aus dem 10./11. Jahrhundert zeugen. Auch die ständigen arabischen Übergriffe in der Ägäis hörten jetzt auf.

Das Ansehen, das sich Phokas erworben hatte, dazu der Einfluß seiner Familie, ermöglichten die Heirat mit der Witwe Romanos' II., Theophano. Als Nikephoros II. wurde er zum Mitkaiser der beiden minderjährigen Söhne der Kaiserin, Konstantin und Basileios, erhoben und so faktisch Alleinherrscher. Wie zu erwarten, führte er die Politik der Reconquista im Osten fort. 965 eroberte er Tarsos und Mopsuestia in Kilikien, besetzte Zypern (die nahezu dreihundertjährige Entmilitarisierung der Insel war damit beendet), marschierte 968, vom Staunen der Christen und Araber begleitet, unangefochten die syrische Küste entlang nach Süden und konnte als Krönung seiner langen, erfolgreichen Militärlaufbahn nach der Eroberung Antiochias 969 das umliegende Gebiet als neue Provinz dem Reich angliedern.

An der Nordgrenze wurde die Lage wieder kritisch. Seit dem Tode Symeons hatte Nikephoros die jährlichen Subsidienzahlungen an die Bulgaren eingestellt und, als diese protestierten, den Prinzen Swjatoslaw von Kiew, den Sohn der kürzlich getauften Fürstin Olga, dazu ermuntert, die Bulgaren von Norden her anzugreifen. 968 erschien der Prinz tatsächlich an der Donau, worauf das Protestgeschrei der Bulgaren sofort verstummte. Swjatoslaw seinerseits erkannte die Schwäche der Bulgaren und begann, sich beiderseits der Donau einzunisten, was wieder mehr war, als Byzanz dulden konnte. Wenige Tagesmärsche von der Hauptstadt entfernt russische Truppen — das war denn doch zu viel. Nikephoros wurde in Hofkreisen dafür verantwortlich gemacht; er fiel 969 einem Mordanschlag zum Opfer. Nachfolger wurde der General Johannes I. Tzimiskes, der wahrscheinlich mit Theophano ein Verhältnis hatte; ihre Unterstützung war allerdings nicht mehr vonnöten, als er Theodora, die Tochter Konstantins VII. ehelichte. Die neue Regierung mußte sich anfangs mit oppositionellen Gruppen innerhalb der Militäraristokratie auseinandersetzen, so daß sich Swjatoslaw plötzlich sehr überlegen fühlte. Er lehnte nicht nur Verhandlungen mit Tzimiskes ab, sondern forderte auch, daß sich die in Europa stationierten byzantinischen Truppen nach Kleinasien zurückziehen sollten. Die Gefahr eines Krieges an der Nordgrenze wurde jedermann bewußt — seit den Tagen Symeons hatte man gerade dies immer wieder zu verhindern gesucht.

Die neue Herausforderung erforderte eine Umverteilung der militärischen Kräfte. Erst 971 konnte Johannes Tzimiskes mit einem starken Heer nach Norden marschieren. Es gelang ihm, Preslav zu nehmen und Swjatoslaw zur Donau zurückzudrängen. In der Festung Silistria eingeschlossen, gab dieser sehr bald auf. Der Feldzug markierte auch das Ende der Eigenständigkeit des bulgarischen Staates und seiner Kirche, die beide der direkten Kontrolle Konstantinopels unterworfen wurden; es gab fortan keine bulgarischen Patriarchen mehr. Die Reaktion des Kaisers auf diese Bedrohung zeigt andererseits das Organisationstalent und die unverminderte militärische Schlagkraft der Byzantiner sehr deutlich. Kein Wunder, daß der byzantinische Staat gestärkt aus der Auseindersetzung hervorging, was auch durch die Aufnahme freundschaftlicher Beziehungen zum Westkaiser Otto d. Gr. dokumentiert wird.

Das nächste Jahr sah Tzimiskes wieder in Mesopotamien; in den drei folgenden Jahren fielen Emesa (Homs), Baalbek, Damaskus, Beirut, Akkon, Sidon, Caesarea und Tiberias, Jerusalem lag sozusagen einen Steinwurf weit entfernt. Es war der größte Erfolg seit Beginn des Kampfes mit den Arabern, doch tastete der Kaiser die Zentren des Islam im Irak, Iran und Ägypten nicht an. Trotz der glänzenden rhetorischen Aufbereitung der

Taten Johannes' I. stand außer Frage, daß an eine vollständige Wiedereroberung der im 7. Jahrhundert verlorenen Reichsgebiete nicht zu denken war. Der Kaiser starb 976, wahrscheinlich an Typhus. Wie zuvor beim Tode Nikephoros' II. versuchten einige Mitglieder der Militäraristokratie, die Macht zu usurpieren, welche nun den Söhnen Romanos' II., Konstantin VIII. und Basileios II. zufiel. Konstantin war eine verweichlichte Genießernatur und wenig am Kaisertum interessiert, wogegen Basileios II. als Herrscher sehr selbstbewußt auftrat, zeitlebens Junggeselle blieb und offenbar an nichts anderem Vergnügen fand, als herrisch die Schalthebel der Macht zu bedienen. Zunächst nahm ihn der Kampf gegen einen aufständischen General in Anspruch. Erst nachdem ihm Wladimir von Kiew 6000 Elitesoldaten zugesandt hatte — die Kerntruppe der späteren varangischen Garde —, konnte er 989 des Widersachers Herr werden.

Die guten Beziehungen mit Kiew erhielten durch die Taufe Wladimirs und die ›offizielle‹ Annahme des Christentums durch die Russen ihre besondere Note. Basileios gab daraufhin seine Schwester Anna dem Fürsten zur Frau. Alles dies vertiefte die politisch-kulturellen Bindungen Rußlands an Byzanz entscheidend, Konstantinopel entsandte sogar einen griechischen Bischof nach Rußland, der als Patriarch die dortige Kirche leitete. Die geographischen Gegebenheiten sorgten aber dafür, daß das riesige Land niemals in enge politische Abhängigkeit zu Byzanz geriet wie etwa Bulgarien; das gegenseitige Verhältnis war eher geprägt von Respekt, dem ein gesundes Maß an Mißtrauen beigemischt war.

Inzwischen befand sich Basileios auf einer Strafexpedition gegen rebellierende Bulgaren. Er tat sich sehr schwer damit, doch er lernte, wie wichtig es war, Bulgarien endgültig zu unterwerfen. Diesem Ziel widmete er den Rest seines Lebens. Mühsam, unter Einsatz enormer Mittel, wurden Pliska, Preslav und Vidin (Donau) 1001, Skopje 1004, Dyrrhachium um 1005 erobert. Unter ihrem neuen Führer Samuel zeigten die Bulgaren großen Widerstandsgeist. Im Jahr der Eroberung von Vidin z. B. plünderte Samuel Adrianopel. Auf lange Sicht wirkte sich jedoch die Überlegenheit des Gegners an Menschen, Material und Organisationstalent aus, so daß Samuel mit seinen Bulgaren im Westen des Landes Zuflucht nehmen mußte. 1014 erlitten sie eine demütigende Niederlage im Quellgebiet der Struma. Basileios ließ 15 000 Gefangene blenden und in Gruppen zu hundert Mann von je einem Einäugigen in die Hauptstadt zurückführen. Der Kaiser verfolgte die radikale Lösung: Bulgarien sollte als Militärmacht eliminiert werden. Als der grauenvolle Elendszug in Prespa ankam, erlag König Samuel einem Herzschlag. Einige Getreue leisteten noch kurze Zeit der byzantinischen Übermacht Widerstand, doch das Jahr 1018 markiert das Ende des bulgarischen Staates. Das gesamte Balkangebiet südlich der Donau war wieder Teil des Reiches.

Bittere Erfahrungen hatten Basileios während seiner langen Regierungszeit gelehrt, welche Risiken die allzu große Macht in den Händen des reichen Provinzadels in sich barg. Beharrlich suchte er deshalb die zentralistische Staatsautorität zu festigen und gleichzeitig Übergriffe der Magnaten auf das freie Bauerntum zu verhindern, indem er die alten Gesetze erneuerte, aber auch die Rückgabe illegal erworbenen Bauernguts anordnete. Inwieweit das letztere wirklich geschah, ist unbekannt, doch Basileios war kein Mann, den man leicht hintergehen konnte. Seine Maßnahmen haben sicherlich den Feudalisierungsprozeß verlangsamt. Als er das eroberte Bulgarien in das Reich integrierte, verzichtete er klugerweise auf die Entrichtung der Steuern in Gold, sondern begnügte sich damit, Naturalien zu fordern, wie es die Bulgaren gewöhnt waren. Bulgarien hatte damals noch kein monetäres System entwickelt — die Münzprägung war unbekannt. Die bulgarische Kirche wurde ein autonomes Erzbistum, das sich einiger Privilegien erfreute, u. a. wurde der Erzbischof direkt vom Kaiser ernannt. Basileios wollte weder einen Aufstand riskieren, noch die bulgarische Wirtschaftsstruktur grundlegend ändern; er achtete auch darauf, daß der byzantinische Adel sich nicht an den neuen bulgarischen Untertanen schadlos hielt.

Nachdem der lange Bulgarenkrieg erfolgreich beendet war, wandte der Kaiser seine Aufmerksamkeit dem Westen zu. Das Balkangebiet bis zur Adria war fest in byzantinischer Hand, die Araber mußten sich langsam aus dem byzantinischen Italien zurückziehen. Jenseits der Straße von Messina lag die seit dem 10. Jahrhundert von den Moslems besetzte reiche Provinz Sizilien. Während der Vorbereitung einer großangelegten amphibischen Operation zur Befreiung Siziliens starb der Kaiser Ende 1025, nach 62jähriger Regierungszeit; 49 Jahre hat er alleinverantwortlich die Geschicke Byzanz' gelenkt. Persönlich kein sehr gewinnender Charakter, war es ihm mit eiserner Energie gelungen, der Großmacht Byzanz von der Meerenge von Messina bis zum Tigris, von der Donau bis nach Syrien wieder Respekt zu verschaffen, darüberhinaus den durch die Interessen der Adelspartei dokumentierten zentrifugalen Kräften Einhalt zu gebieten. Nach Niketas Choniates, einem Historiker, der zur Zeit des 4. Kreuzzuges lebte, gab es zwei byzantinische Kaiser, deren überragende Bedeutung keinem Zweifel unterliegt: Neben Herakleios war dies Basileios II.

Die Jahre nach dem Tod des machtvollen Makedonen erwiesen sich, obwohl es keinen spürbaren Einschnitt gab, als der Anfang eines langsamen Zerfalls. Basileios' Siege hatten die Grenzen für lange Zeit gesichert, auch arabische Störversuche, etwa zu Beginn der 30er Jahre des 11. Jahrhunderts, wurden glänzend abgeschlagen, im Jahr 1032 gelang Georgios Maniakes sogar die Wiedereroberung von Edessa (Urfa). Die Zeit der militärischen Überlegenheit ging jedoch langsam zu Ende. Auf dem Lande fühlte sich die Militäraristokratie unter den Nachfolgern Basileios' frei, ihre Interessen gegenüber den nun schutzlosen Bauern hemmungslos durchzusetzen, grub so, auf lange Sicht gesehen,

Die Stadtväter von Preslav übergeben ihre Stadt Kaiser Johann Tzimiskes. Aus der Chronik des Manasses, 14. Jahrhundert.

allerdings den Grundlagen ihrer eigenen Existenz das Wasser ab. In der Hauptstadt hörte man jetzt mehr auf die Zivilbürokratie, während dem Militär großes Mißtrauen entgegengebracht wurde; die Korruption nahm zu. Insgesamt ließ die Verständigungsbereitschaft der beiden staatstragenden Interessengruppen sehr zu wünschen übrig, was den rapiden Verfall der Verteidigungs- und Finanzkraft des Reiches zur Folge hatte. Eine großartige kulturelle und intellektuelle Renaissance bildete den überraschenden Kontrapunkt während dieser Periode des Niedergangs.

Auf Basileios II. folgte sein jüngerer Mitkaiser Konstantin, der bei seinem Tode 1028 zwei unverheiratete, nicht mehr ganz junge Töchter hinterließ. Die eine von ihnen heiratete in der Folgezeit — Zoe wollte Versäumtes wohl rasch nachholen — nacheinander verschiedene hohe Beamte, die daraufhin jeweils Kaiser wurden. Sie alle waren keine hervorragenden Köpfe, doch nach Lage der Dinge hätte wohl auch ein fähiger Herrscher kaum Besseres leisten können. Der erste Gemahl Zoes fiel 1034 unter tatkräftiger Mithilfe der Gemahlin einem Mordanschlag zum Opfer, als er sich gerade badete. Der zweite, Michael IV., versuchte durch harte Besteuerung der Bulgaren den Ausfall an Einkünften wettzumachen, den die Staatskasse durch das selbstherrliche Auftreten der Großgrundbesitzer erlitt; innerhalb kurzer Zeit befand sich ganz Bulgarien in Aufruhr. Ein gewisser Peter Odelian schwang sich zum Bulgarenzar auf, die Aufstände weiteten sich aus. Odelian wurde zwar 1041 geschlagen, die Byzantiner konnten sich jedoch gegen den Fürsten Stefan Vojislav nicht durchsetzen, der die Selbständigkeit der Zeta (des späteren Montenegro) sicherte und so eine erste Bresche in das Verteidigungssystem Basileios' II. schlug.

Michael V., der Neffe seines 1041 verstorbenen Vorgängers und Adoptivsohn Zoes, versuchte, sich einen gewissen Freiraum zu schaffen und schickte seine herrschsüchtige Mutter kurzerhand ins Kloster, was das Volk aber nicht zuließ. Sie drehte daher den Spieß um, ließ Michael V. absetzen und blenden und versuchte sich darauf mit Unterstützung ihrer rasch herbeigeholten Schwester Theodora selbst als Kaiserin. Nach wenigen Wochen schon erwies sich dieses Vorhaben als unmöglich, so daß sie erneut heiratete und den neuen Gemahl, Konstantin IX. Monomachos, zum Kaiser erhob. Während der Regierung dieses Herrschers, die bis 1055 dauerte, beschleunigte sich der Zerfallsprozeß des byzantinischen Heeres rapide. Da die kleinasiatischen Bauernsoldaten nicht mehr zur Verfügung standen, mußte man auf Söldnertruppen aus Skandinavien, Rußland, der Normandie und Süditalien zurückgreifen. Obwohl die Armee in lokalen Konflikten verläßlich blieb — Georgios Maniakes eroberte Messina, Syrakus und große Gebiete Ostsiziliens (1042), man annektierte das armenische Königreich Ani (1047), war also auch wieder Herr des Hochlandes im Osten Kleinasiens —, wies jedoch eine Reihe von Militärrevolten auf den wahren Zustand der Armee hin. Die gerade gewonnenen sizilischen Gebiete gingen denn auch sehr bald wieder an die Araber verloren.

Abgesehen von den strukturellen und disziplinären Problemen im byzantinischen Heer veränderte sich die militärische Lage in Europa und dem Nahen Osten entscheidend durch die Westwanderung der Steppenvölker. Petschenegen, Kumanen und andere drängten sich wie ein Keil in die Ukraine und unterbrachen damit die Verbindungen des Reiches von Kiew mit dem Schwarzmeergebiet, so daß das volkreiche Rußland als wirkungsvoller Verbündeter Byzanz' wegfiel. Symptomatisch für die neue Situation war der Vorstoß der Petschenegen über die Donau in Richtung Süden. An der Ostgrenze machten sich die seldschukischen Türken bemerkbar, welche von Zentralasien aus Persien und Mesopotamien durchzogen, 1055 Bagdad eroberten und nach Vernichtung des Pufferstaates Ani vom Kaukasus bis nach Syrien neue Grenznachbarn des Reiches wurden. Im Westen gründeten die Normannen in Süditalien ein expansives Königreich, das Byzantinern wie

Die von Kaiser Basileios II. geblendeten bulgarischen Gefangenen kehren in die Hauptstadt Prespa heim, König Samuel liegt auf dem Sterbebett. Rechts der siegreiche Kaiser. Aus der Chronik des Manasses, 14. Jahrhundert.

Arabern noch sehr zu schaffen machen sollte. Die Grundlagen der durch die makedonische Dynastie, besonders durch Basileios II. gesicherten byzantinischen Überlegenheit gerieten gehörig ins Wanken.

Im Jahr 1054 kam es zum endgültigen Bruch zwischen Ost- und Westkirche, als Kardinal Humbert im Auftrag Papst Leos IX. eine Bannbulle auf dem Hauptaltar der Hagia Sophia niederlegte. Die beiderseitigen Beziehungen waren schon seit dem Patriarchat des Photios belastet gewesen, als Fürst Boris von Bulgarien Rom und Konstantinopel gegeneinander ausspielen konnte. Die neuen Meinungsverschiedenheiten betrafen theologische Probleme, z. B. den Ausgang des Heiligen Geistes (die ›filioque‹ Formel) liturgische Fragen wie den Gebrauch des gesäuerten Brotes im Gottesdienst oder die innere Disziplin, z. B. das Problem des Zölibats bei Weltpriestern. Hinter diesen mehr technischen Fragen verbargen sich jedoch zwei fundamentale Streitpunkte. Der erste war, daß die Ostkirche insgesamt eher zu Kompromissen zwischen dem Ideal und der rauhen Wirklichkeit bereit war, oft eine optimistischere, zum Teil sogar ›pelagianische‹ Grundhaltung offenbarte, was die Frage des Freien Willens betraf; die lateinische Kirche beharrte im Gegensatz dazu auf der augustinischen Lehre von Erbsünde und Gnade. Unterredungen zwischen Vertretern beider Kirchen verhärteten oft die Positionen, statt zu Kompromissen zu führen. Der zweite Streitpunkt betraf die Autorität des Papstes. Seit dem Konzil von Chalcedon 451 nahm der Bischof von Rom in der Reihenfolge der Patriarchen den ersten Platz ein; er hatte allerdings nicht das Recht, sich in Konstantinopel, Alexandria, Jerusalem oder Antiochia bei Fragen der kirchlichen Disziplin einzumischen. Stand die Lehre zur Debatte, erkannte die Ostkirche nur die Beschlüsse eines ökumenischen Konzils an; die Meinung des Papstes wog hier nicht schwerer als die anderer Bischöfe. Das Problem der päpstlichen Suprematie erhielt außerdem einen deutlich politischen Beigeschmack, da einige Gefolgsleute des Papstes, besonders die Normannen in Süditalien, gegenüber Byzanz eine unverhüllt drohende Haltung einnahmen. Der theologische Disput geriet so ins Fahrwasser einer zunächst politischen Auseinandersetzung, die später in eine militärische Konfrontation zwischen Byzanz und dem lateinischen Westen ausuferte.

Trotz der sich bedrohlich verändernden Umwelt war die Regierungszeit Konstantins IX. eine Periode kulturellen Glanzes. Der Kaiser förderte durch Neugründungen von Hochschulen Philosophie und Rechtswissenschaft — Vorbilder für das sich bald im Westen entwickelnde Universitätswesen —, wobei er, anders als seine Vorgänger Basileios I., Michael III. oder Konstantin VII. wissenschaftliche Einrichtungen nicht nur als kurzfristiges Hobby betrachtete; allerdings sind wir über die Aktivitäten Konstantins IX. auch viel besser informiert. Sie zeigen uns, wie hoch die wissenschaftliche Ausbildung eingeschätzt wurde — abgesehen davon, benötigte der Staat viele speziell ausgebildete Fachleute — und erklären das stolze Bewußtsein von der Überlegenheit dieses Staates. Es beruhte vor allem auf dem direkten, relativ problemlosen Zugang zu den Bildungsgütern der Antike und darauf, daß man dieses Erbe mittels der griechischen Sprache verarbeiten, verwerten und in intellektuell anspruchsvoller Weise weitergeben konnte.

Konstantin IX. starb 1055, Zoe war ihm bereits vorausgegangen. Ihm folgte die alte Kaiserin Theodora, die letzte der Makedonendynastie, offenbar ohne größere Schwierigkeiten, was verwundert, denn Loyalität gegenüber einer Dynastie war in Byzanz nicht gerade üblich gewesen. In den nächsten 400 Jahren jedoch erwies sich gerade jenes loyale Verhalten als wichtiger Stabilisierungsfaktor in der byzantinischen Politik. Ermöglicht wurde dieser Umschwung zum einen durch die von der makedonischen Dynastie erreichte Stärkung der Zentralgewalt, sodann auch durch die sehr lange Regierungszeit einzelner Herrscher (z. B. Konstantin VII. 46 Jahre und Basileios II. 62 Jahre).

Als Theodora den Tod nahen fühlte, nominierte sie Michael VI., einen pensionierten Beamten, als Nachfolger. Schon 1057, ein Jahr nach ihrem Tod, machte sich Isaak Komnenos zum Kaiser, er konnte sich jedoch angesichts der Opposition des Beamtenadels und der Kirche (Isaak gehörte der Militäraristokratie an) nur bis 1059 halten. Ein neuer Thronwechsel brachte Konstantin X. Dukas an die Macht, eine Marionette in der Hand der mächtigen Zivilbürokratie und ihres Führers, des gelehrten Staatsmannes Michael Psellos. Die alte Trias Korruption, Steuerdruck und Sorglosigkeit im Blick auf die Verteidigung erhob wieder keck ihr Haupt.

Schnell erkannten die Reichsfeinde ihre Chance. 1064 eroberten die Ungarn Belgrad, während die Uzen südlich der Donau marodierten; 1065 fiel das armenische Ani in die Hand der Seldschuken, 1067 ergab sich Caesarea in Kappadokien. Im selben Jahr starb der Kaiser; man berief einen Regentschaftsrat, doch angesichts der äußeren Gefahren heiratete die Witwe den kappadokischen Magnaten Romanos IV. Diogenes, den man alsbald zum Kaiser erhob. Mit einer bunten Schar von Söldnern (meist Petschenegen, Türken, Westler) glaubte der neue Mann die Seldschuken wieder aus Kleinasien vertreiben zu können, erlitt jedoch nach einigen Anfangserfolgen im armenischen Hochland bei Mantzikert eine verheerende Niederlage, wobei er selbst verwundet in Gefangenschaft geriet. Seit über 250 Jahren hatte es keinen gefangenen byzantinischen Kaiser mehr gegeben, entsprechend löste die Nachricht in Konstantinopel einen Schock aus. Der Verlust von Bari, der letzten byzantinischen Festung in Italien, an die Normannen im gleichen Jahr ließ die Stimmung vollends auf den Nullpunkt sinken.

Mit Unterstützung der hohen Beamtenschaft bestieg Michael VII., ein Sohn Michaels VI., den Thron. Die Seldschuken setzten Romanos allerdings gegen ein Versprechen auf Lösegeld schon sehr bald wieder auf freien Fuß. Von den nun gegen ihn ausgesandten Truppen Michaels erneut gefangengenommen, wurde er von seinem Rivalen geblendet.

Michael VII., nicht gerade eine Empfehlung für das Wirken seines Lehrers Michael Psellos, war kaum der Mann, der mit den Problemen im Reich fertig wurde, er fand es bequemer, nichts zu tun. Bald erhoben sich die Bulgaren, sie konnten nur mit Schwierigkeiten zur Räson gebracht werden; das fernere Kroatien erkämpfte sich damals seine Unabhängigkeit. Mehrere Militärrevolten um 1075 verdeutlichten den Zerfall der Staatsmacht, während Korruption und Mißwirtschaft durch die egoistische Einstellung vieler am Staat uninteressierter Magnaten weitere Sumpfblüten trieben. 1078 zwang der Usurpator Nikephoros Botaneiates mit seldschukischer Unterstützung den Kaiser zur Abdankung. Michael VII. wurde Mönch, Botaneiates zog als Nikephoros III. in Konstantinopel ein, mißtrauisch beobachtet von der Mehrheit des Provinzadels, der sich sogleich wieder in neuen Aufständen zu profilieren suchte. Während die Armee der Byzantiner infolge Führerlosigkeit eigentlich kaum noch den Namen verdiente, fühlten sich die Seldschuken stark und dokumentierten ihren Siegeswillen durch die Errichtung eines expansiven Sultanats Rum mit der Hauptstadt Ikonion (Konya) in Phrygien. In dieser verzweifelten Lage regte der Neffe des vormaligen Kaisers Isaak Komnenos, Alexios, ein Militärbündnis der reichen Familien Kleinasiens untereinander an mit dem Ziel, die unfähige Regierung in Konstantinopel abzulösen, was denn auch 1081 fast ohne Blutvergießen zum Erfolg führte. Alexios' Proklamation markiert den Beginn einer langen Periode, während der Vertreter der reichen Komnenenfamilie Byzanz wieder aus den Niederungen von Bürgerkrieg und dauernden Wirren emporführten. Aber kaum jemals zuvor hatte ein byzantinischer Kaiser derart komplexe Probleme zu bewältigen.

Die Krone Konstantins IX., angeblich ein Geschenk an den ungarischen König, Gold mit Email, um 1050, Nationalmuseum Budapest. Auf den vorderen Platten der Kaiser, Kaiserin Zoe und Kaiserin Theodora.

Klassizismus
und neue Selbstsicherheit

War der Leitgedanke der Jahre 641–867 Verteidigung gewesen, galt für die folgenden Jahre Expansion und Eroberung. Die lange, mühsame Arbeit, das Reich militärisch zu stärken, aber auch zu einem bewundernswerten, selbst in der Spätantike nicht erreichten sozialen Zusammenhalt zu kommen, trug jetzt Früchte. Vieles hatte zur allmählichen Verbesserung der militärischen und wirtschaftlichen Lage beigetragen: die Themenorganisation mit ihren verteidigungsbereiten freien Bauernsoldaten, die Neuansiedlung zahlloser Slawen, Araber, Armenier usw. in zuvor entvölkerten Gebieten, der durch den langen Kampf gegen die Ungläubigen stark geförderte Gemeinschaftsgeist. Um das Jahr 900 hatte diese für das Reich günstige Entwicklung ihren Gipfelpunkt erreicht. Da das Kalifat in innenpolitische Wirren verstrickt war, gewann Byzanz nun auch militärisch wieder eine gewisse Überlegenheit.

Gerade die für die Verteidigungskraft des Reiches so nützliche Themenorganisation barg jedoch eine Gefahr: Die Militärbefehlshaber der Themen entwickelten mit der Zeit immer größeres Selbstbewußtsein, so daß Konflikte mit der zentralen Staatsgewalt vorprogrammiert waren. Gegen Ende der Periode führten dauernde Auseinandersetzungen zur Erosion der Verteidigungsbereitschaft und zu einem schweren Autoritätsverlust der politischen Zentale, doch um 900 war dies selbst für einsichtige Zeitgenossen nicht vorhersehbar.

Im Vertrauen auf die neu gewonnene Stärke verfolgten die Kaiser eine aggressive Expansionspolitik, besonders im Osten. Nach eigener Einschätzung waren sie allerdings keine Kriegstreiber, denn es ging lediglich um die Wiedergewinnung verlorener Gebiete, ein höchst legales Unterfangen. In der zeitgenössischen Literatur trifft man aber auch auf ausgesprochen arrogante, oft chauvinistische Meinungen über die Minderwertigkeit anderer Staaten und Völker, oft nehmen sie einen rassistischen Tonfall an; die Charakterisierung der eigenen Gesellschaft als ›christlich‹ genügte nicht mehr, seitdem Anfang des 10. Jahrhunderts der christliche Bulgarenstaat dem byzantinischen Reich größere Schwierigkeiten machte als die Araber. Später traten noch andere christliche Staaten als Gegner auf den Plan, insbesondere die Normannen, so daß Byzanz sich nicht mehr allein als Bollwerk gegen die Ungläubigen fühlen konnte. So wurden Byzantiner zum ›Auserwählten Volk‹ – sie waren das ›Neue Israel‹ – und zum alleinigen legitimen Erben des Römischen Reiches.

Jene Selbsteinschätzung ließ sie oft andere Völker sehr herablassend behandeln. Das von Konstantin VII. für seinen Sohn verfaßte Handbuch der Reichsverwaltung (De Administrando Imperio) spricht häufig die Fehler und Unzulänglichkeiten anderer Völker an. »So wie Tiere sich nur mit ihresgleichen paaren«, bemerkt der kaiserliche Schriftsteller, »so ist es ganz in Ordnung, daß Nationen nur mit solchen zusammenleben sollen, die die gleiche Stammeszugehörigkeit und Sprache haben.« In einem anderen Abschnitt warnt er den Sohn:

»Falls jemals eine der ehrlosen und ungläubigen Nationen im Norden ein Bündnis mit dem Kaiser der Römer verlangen sollte, und entweder dessen Tochter als Königin haben

Symbolische Einnahme einer Stadt, Elfenbeindeckel aus dem 11. Jh. Die Reiter in kaiserlichem Gewande, die kleinere Figur im Tor symbolisiert die Stadt.

will oder ein Barbarenmädchen dem Kaiser oder seinem Sohn als Gattin anbietet, mußt du jene monströse Forderung zurückweisen und sagen: Ein unumstößlicher Befehl des großen und heiligen Konstantin, der auf dem heiligen Altar der Kirche aller Christen, der Hagia Sophia, eingraviert ist, verbietet dem Kaiser der Römer die Heirat mit der Angehörigen einer Nation, die so ganz andere Sitten und Gebräuche hat als die Römer selbst . . . es sei denn, es handelt sich um die Franken.«

Seit den Zeiten Justinians II. und Konstantins V. — beide heirateten Chazaren-Prinzessinnen — hatte sich also manches geändert. Daß die angeheiratete Nichte Konstantins VII. die Gattin König Peters von Bulgarien war, wurde abgetan mit der Bemerkung, Kaiser Romanos Lekapenos (er hatte die Heirat arrangiert) sei »ein ungebildeter Bursche« gewesen und nicht im »kulturellen Umfeld des kaiserlichen Palastes mit den Bräuchen der Römer vertraut gemacht« worden. »Da er außerdem aus keiner vornehmen Familie stammte, mußte man fast alles, was er tat, als arrogant und despotisch kennzeichnen.«

Liudprand von Cremona, der sich als Gesandter Kaiser Ottos I. Mitte des 10. Jahrhunderts mehrmals in Konstantinopel aufhielt, war entrüstet über die unhöfliche Behandlung, die ihm am byzantinischen Hofe widerfuhr. Nikephoros Phokas äußerte sich ihm gegenüber so:

»Die Soldaten deines Herren sind weder fähig, zu Pferde noch als Fußtruppe zu kämpfen: ihre Schilde sind zu groß, die Rüstungen zu schwer, die Schwerter zu lang. Ihre Gefräßigkeit behindert sie außerdem, denn der Bauch ist ihr Gott. Tapfer sind sie nur im Suff, nüchtern sind sie die größten Feiglinge. Dein Herr hat auch keine Flotte, die der Rede wert wäre. Ich alleine bin mächtig zur See, meine Flotte wird seine Küstenstädte zerstören, die an Flüssen gelegenen Orte in Schutt und Asche legen. Und wer, meinst du, kann mir zu Lande widerstehen?«

Die hier zum Ausdruck kommende Überheblichkeit erklärt auch solche grausamen Exzesse wie das Blenden einer ganzen Armee von gefangenen Bulgaren unter Basileios II., was dem Ehrenkodex der mittelalterlichen Kriegführung strikt zuwiderlief.

Das Gros der etwa zwanzig führenden Adelsfamilien der Militäraristokratie stammte aus dem Ausland, zum großen Teil aus Armenien, denn das Gebirgsland im Osten Kleinasiens stellte viele gute Soldaten. Mit der Zeit waren sie hellenisiert worden und hatten den orthodoxen Glauben angenommen, doch das ethnische Zusammengehörigkeitsgefühl und

Ressentiments gegen die Dominanz der griechischen Kultur ließen sich nicht so leicht unterdrücken. Gregor Pakourianos, ein zum *Domestikos* (Oberbefehlshaber) des Westheeres aufgestiegener Soldat, gründete nach seiner Verabschiedung ein Kloster bei Bachkovo in Bulgarien, wobei er stolz erklärte, daß er dem berühmten Volk der Georgier angehöre und daher verlangen müsse, daß die Mönche seines Klosters auch Georgisch sprechen. Er verbot jedem ›Rhomäer‹, dort Mönch zu werden, denn sie seien gewalttätig, kleinlich und habgierig. Dieses zufällig erhaltene Dokument offenbart die fast schizophrene Geisteshaltung vieler byzantinischer Offiziere nicht-griechischer Herkunft.

Für die niedrigen Ränge in der Armee und die normalen Bürger war die Situation noch schwieriger. Zwischen der vorwiegend griechisch geprägten orthodoxen Kirche und den zahllosen armenischen Siedlern, die nach der Annexion der vier armenischen Königreiche — 968 Taron, Taig im Jahr 1000, Vaspurakan 1021 und Ani 1045 — in byzantinisches Gebiet strömten, gab es bittere religiöse Auseindersetzungen. Im frühen 11. Jahrhundert wurde nach einem Versuch der byzantinischen Regierung, den monophysitischen Armeniern und Syrern die Kircheneinheit aufzuzwingen, der jakobitische Patriarch festgenommen und nach Makedonien deportiert. Sein Nachfolger entkam in moslemisches Territorium. Eheschließungen zwischen orthodoxen und monophysitischen Bürgern und das Recht der Monophysiten, vor Gericht als Zeuge zu erscheinen, wurden durch einen Erlaß im Jahr 1040 beschränkt. Um 1060 mußten alle, die den chalcedonischen Glauben nicht annahmen, die Stadt Melitene verlassen und ihre religiösen Bücher verbrennen. Armenische und syrische Prälaten und der Klerus wurden festgenommen, inhaftiert und verbannt. Viele der nun zahlreichen nichtgriechischen, nichtorthodoxen Untertanen des Reiches behandelte man wie Bürger zweiter Klasse; kein Wunder, daß sie manchmal entsprechend reagierten. Als Romanos Diogenes seine Armee gegen die Seldschuken führte, beklagten sich die Griechen in Ostkleinasien, daß sie unter den Armeniern mehr litten als unter den türkischen Invasoren. Daher mußte der Kaiser besondere Sicherheitsmaßnahmen ergreifen, um die Armee gegen die Bürger zu schützen, die sie angeblich verteidigte. Einem Chronisten zufolge waren in der entscheidenden Schlacht bei Mantzikert armenische Kontingente die ersten, welche die Reihen durchbrachen und flohen.

Da die byzantinische Gesellschaft sich nicht mehr einfach als christlich (im Gegensatz zu ungläubig), sondern als griechisch-orthodox-christlich bezeichnete, wurde jenes soziale Gefüge erschüttert, das in den Jahren des Widerstandes gegen den arabischen Ansturm aufgebaut worden war. Auch dies trug zur allgemeinen Reichskrise bei.

Geringschätzung und Mißtrauen Ausländern gegenüber dehnten sich auf die fremden Söldner und ihre Führer aus, die eine so wichtige Rolle bei der Verteidigung des Reiches spielten. Kekaumenos, ein pensionierter General, verfaßte nach 950 eine Art ›Vademecum‹ für seine Söhne. Es enthielt ein fiktives Gespräch mit Ratschlägen für den Kaiser, den er vor der Gefahr warnte, die von ausländischen Streitkräften ausginge; dabei zitierte er historische Beispiele über deren Unzuverlässigkeit und Verräterei. Besonders empört war er über die Art, wie fremden ›condottieri‹, Männern ohne jegliche Bedeutung in ihrem eigenen Land, hohe byzantinische Würden verliehen wurden. Diese Praxis, so erklärte er, vermindere das Ansehen des Reiches und gebe den so belohnten Ausländern nur eine fehlerhafte Einschätzung ihrer Bedeutung. »Wenn Ausländer Ihnen, Sire, wegen Uniformen und täglichen Rationen dienen, dann werden sie es treu und mit ganzem Herzen tun und für eine Handvoll Münzen und die Verpflegungsration zu Ihnen aufsehen. Befördern Sie aber einen Fremden über den Rang eines *spatharocandidatus* hinaus, wird er Sie sofort verachten und Ihnen nicht gebührend dienen.« In der Tat suchten viele Byzantiner den Ausländern die Schuld für den Verfall ihrer Gesellschaft, der nach dem Tode Basileios' II. 1025 offenkundig wurde, anzulasten, aber die Wurzeln reichten tiefer. Fremdenhaß wurde späteren Generationen weitervererbt und belastete auch das Verhältnis zu den katholischen Lateinern.

Ein weiteres wichtiges Merkmal dieser Zeit war der Kampf zwischen Militärlobby und Zivilverwaltung um die Kontrolle der Zentralgewalt. Die Militäraristokratie wollte die Soldaten zu einer privilegierten Gruppe innerhalb des Staates machen. Kaiser Nikephoros Phokas bestand darauf, daß sie von der Steuerpflicht befreit und nicht »der Gnade der zivilen Rechtsprechung ausgeliefert, inhaftiert oder wie Sklaven ausgepeitscht« werden sollten. Vielmehr sollten sie der Rechtsprechung ihrer eigenen Offiziere unterstehen, mit Respekt behandelt und nicht geringschätzig angesehen werden. Die Soldaten mißtrauten der höfisch-städtischen Raffinesse. »Wünsche Dir nicht, ein Bürokrat zu sein«, warnte Kekaumenos seine Söhne, »denn man kann unmöglich gleichzeitig General und Komödiant sein.« Die Zivilbürokratie ihrerseits verschmähte die Soldaten als flegelhafte und ungebildete Gesellen. Psellos erkannte in gewisser Weise die Größe von Basileios II. an, beklagte aber die Strenge seines Regierungsstils und seine geringe Wertschätzung der Kultur. Die unterschiedlichen Wertvorstellungen werden in zwei Schriften über Kaiser Michael VII. Dukas deutlich. Psellos' Beschreibung seines kaiserlichen Schülers ist zu lang, als daß man sie vollständig zitieren könnte. Aber er wird in den höchsten Tönen gelobt als ein Mann, der alle Tugenden besäße, außer Mut und Entschlossenheit. Er vereinige in sich die Worte und Taten eines Monarchen, die Gründlichkeit eines Philosophen, die Überredungskunst eines Rhetorikers, das Talent eines Mathematikers und Wissenschaftlers. Er wisse alles, was in Büchern zu finden sei und könne ein Gedicht aus dem Stegreif verfassen, obwohl er das klassische Versmaß nicht perfekt beherrsche. Sein Lachen bereite Freude, seine Tränen Mitgefühl, Wut zeige er selten. Die Jagd genieße er bis zu einem gewissen Grade, er lasse aber seine Beute später wieder laufen. Die Zurschaustellung von kaiserlicher Macht lasse ihn kalt, er strebe mehr nach der Vollendung als Philosoph. So weit Psellos. Sein Zeitgenosse, der Historiker Johannes Skylitzes, gab im allgemeinen die Ansicht der Militäraristokratie wieder, als er über Michael VII. schrieb: »Er beschäftigte sich dauernd mit dem unnützen und endlosen Studium der Beredsamkeit und mit dem Aufbau von Jamben und Anapästen, war aber in dieser Kunst nicht bewandert. Als er vom Konsul der Philosophen (Michael Psellos) getäuscht und betrogen wurde, zerstörte er sozusagen die ganze Welt.« Derselbe Historiker schrieb zum Verfall der Armee in der Mitte des 11. Jahrhunderts: »Die Soldaten selbst verließen ihre Waffen und die Armee, wurden Juristen und eifrige Anhänger von Rechtsfragen . . . Die Armee war unbewaffnet und wegen mangelnden Soldes und Verpflegungsschwierigkeiten in schlechter Verfassung: Nur der weniger kampfkräftige Teil war vorhanden, denn der tüchtigste Teil der Armee war aus den Militärlisten gestrichen worden.«

Vor diesem Hintergrund muß man Literatur, Philosophie und Kunst der Epoche sehen. Beide Gruppen innerhalb der führenden Gesellschaftsschicht hatten ihre eigenen Gründe, die kulturelle Tradition der Byzantiner zu betonen und die geistige Welt der Spätantike, als deren Erben sie sich fühlten, wieder aufleben zu lassen. Die Rückbesinnung auf die griechische Tradition begann gegen Ende der vorhergehenden Epoche. Photios, der zukünftige Patriarch, las kritisch wertend eine ungeheure Anzahl von Büchern, auch klassische hellenistische Werke und Schriften der Kirchenväter, die nicht mehr existieren; er nahm auch Auszüge und kritische Erörterungen des 9. Jahrhunderts in seiner *Bibliotheke* auf; anscheinend muß man in ihm den Mittelpunkt einer um das literarische Erbe sehr bemühten Gruppe von Intellektuellen sehen. Eines der Ziele war der erneuerte Gebrauch des attischen Griechisch, einer Sprache, die im 7./8. Jahrhundert fast völlig in Vergessenheit geraten war. Zu diesem Zweck erstellte er Lexika seltener und ungebräuchlicher Wörter, die im Sprachgebrauch der Zeit als obsolet galten.

Beginn des Matthäusevangeliums, aus
einer Handschrift des 12. Jhs. in der Bodleian
Library, Oxford.

Ein wichtiger Faktor bei der sich abzeichnenden Renaissance der klassischen literarischen
Kultur war auch die Einführung einer neuen Schrift (Anfang des 9. Jahrhunderts) auf der
Grundlage der stilisierten Kursivschrift, welche man damals bei der Abfassung von
Briefen und Urkunden verwandte. Vorzüge gegenüber der alten Majuskelschrift waren
Schnelligkeit und Platzersparnis. Sehr rasch wurde diese neue Schrift zur normalen
Buchschrift, während die Majuskelschrift nur noch im kirchlichen Bereich verwendet und
ornamental weiter entwickelt wurde. Als man bei Bestandsaufnahmen längst vergessene
Bücher in Klöstern und Bibliotheken wiederfand, ließ man diese in der praktischeren
Schrift kopieren, daneben wurden auf den dafür speziell vorgesehenen breiten Rändern
Exzerpte aus Kommentaren, Lexika und anderen Handbüchern hinzugefügt.
Die Gelehrten und Kopisten des 9. Jahrhunderts beschränkten sich offenbar in der
Hauptsache auf das Durcharbeiten von Prosaschriften, nicht etwa weil sie keine Versdichtung kannten oder weil sie diese für weniger wertvoll hielten — Tausende von
poetischen Wörtern hielten sie ja in den Lexika fest —, sondern weil jene Literaturgattung
mehr im Bereich der Fantasie oder der Gefühlswelt angesiedelt ist; in einer Welt also, die
den in der Logik des Aristoteles geschulten Männern weniger vertraut war. Außerdem
gehörte dieser Bereich mehr zur Theologie, und wenn man sich allzu sehr damit befaßte,
konnte dies leicht zum Vorwurf der Ketzerei oder des Krypto-Heidentums führen. Seit
dem frühen 10. Jahrhundert legte man diese Scheu ab und kopierte Homer, Pindar, die
attischen Dramatiker und hellenistische Dichter, wobei erläuternde Marginalien und
Randillustrationen beigegeben wurden. Wahrscheinlich ist keines der heute vorhandenen
Manuskripte die Orginalkopie einer alten Majuskelhandschrift, doch viele davon kommen
einer solchen sicher ganz nahe, so daß man in etwa eine Vorstellung davon hat. Dazu
gehören z. B. einige Handschriften aus der Bibliothek des Erzbischofs Arethas von
Caesarea aus der ersten Hälfte des 10. Jahrhunderts. Ein kühl kalkulierender Kirchenpoli-
tiker, war Arethas auch ein großer Bücherfreund und Literaturkenner mit feinem Gespür
für das Besondere, der Kopien auf feinstem Papier von ausgesuchten Kalligraphen

100

herstellen ließ. Ein anderes derartiges Manuskript ist die berühmte Handschrift Venetus A der *Ilias* in der Bibliotheca Marciana zu Venedig.

Bis etwa 950 hatte man offenbar alle erreichbaren Texte in neuer Schrift kopiert. Sie standen nun, zumindest in der Hauptstadt, einer ganzen wissensbegierigen Generation von Lesern zur Verfügung. Für jene Zeitgenossen bot die klassische Literatur vielerlei Lernstoff: die Gelegenheitsdichtung in klassischen Metren — Weiheinschriften, Epitaphien, Werkbeschreibungen, Genredichtung usw. — lebte neu auf. Der Theologe und Lehrer Konstantin Kephalas stellte um 900 eine großartige Anthologie von Epigrammen zusammen (von den frühesten Anfängen der griechischen Poesie bis in die eigene Zeit hinein) und ergänzte sie mit Bemerkungen über Verfasser und Entstehungsgeschichte. Das Original der Anthologie ist nicht erhalten, sie liegt nur in Kurzform als Manuskript aus der Zeit um 950 vor. In der Schule wurde gelehrt, wie man kurze, einfache Gedichte im jambischen Versmaß konstruierte; der Hexameter und andere Metren waren aber für Schüler zu schwierig. Das im klassischen Metrum verfaßte Gelegenheitsgedicht blieb ein Standardprodukt der mittel- und spätbyzantinischen Epoche, im 10. und 11. Jahrhundert übte man sich besonders in dieser Kunst. Kaiser Leon VI. schrieb selbst einige farblose Gedichte — neben Predigten, Hymnen und anderen Werken. Von Johannes Geometres (um 900) stammen Hymnen, religiöse Poesie und Epigramme, einige seiner Werke

Juwelenbesetzter Buchdeckel
mit der Kreuzigung und Heiligen-
portraits, Emailarbeit, spätes
9. Jh.

offenbaren neben unbestreitbarem Talent große Sensibilität. Konstantin der Sizilianer (um 925), Johannes Mauropoos und Christophoros von Mytilene (beide um 1050) sind als weitere in ihrem Werk recht anspruchsvolle Vertreter dieser Kunstgattung zu nennen. Mauropoos' kleines Gedicht, in dem er Gott bittet, Plato und Plutarch vor der Verdammnis zu bewahren, ist nicht nur ein Meisterwerk der Form, sondern deutet auch auf eine neue Einschätzung der heidnischen Geisteswelt hin.

»Wenn Du, mein Christus, jemals einige Heiden von der Bestrafung ausnehmen willst, so wähle Plato und Plutarch um meinetwillen; denn beide hielten sich strikt in Worten und Taten an Dein Gesetz. Wenn sie Dich als den Allmächtigen nicht erkannten, so bedarf es hier nur Deiner Barmherzigkeit, durch die Du alle Menschen ohne Gegenleistung retten willst.« [2]

Ebenso kam man über das Studium der großen Historiker des Altertums zur Nachahmung ihrer Methoden und Stilmittel. Neben der Chronik, die die Ereignisse nacheinander aufzählte, finden wir ein neu erwachtes Interesse an der Charakterisierung von Personen, an der Motivforschung: Wichtiges wurde von Trivialem gesondert, Ursachen und Folgen schärfer ausgeleuchtet. Die ersten derartigen Geschichtswerke sind zwei Darstellungen der Zeitgeschichte, die Konstantin VII. in Auftrag gab, als sein Schwiegervater Romanos Lekapenos noch die Macht in Händen hielt. Ohne Zweifel sind die Vorbilder der Verfasser — vielleicht war Konstantin bei einem dieser Werke sogar Ko-Autor — Historiker und Biographen des klassischen Altertums gewesen, vorwiegend wohl Polybius und Plutarch. Hier wurden modellhafte Darstellungen erarbeitet, die den späteren, immer besser ausgebildeten Historikern als Vorbild dienen konnten, bis der Gipfelpunkt der byzantinischen Geschichtsschreibung zur Zeit des Untergangs des byzantinischen Reiches mit dem Fall Konstantinopels erreicht war.

Die Kunst der Rhetorik — praktisch eine Theorie der antiken Literaturen — erlebte eine neue Blüte. Um die alten Texte für Studenten verständlicher zu machen, verfaßte man zahlreiche Kommentare zu den wichtigsten Werken. Der früheste Kommentar, von Johannes von Sardes verfaßt, stammt wohl aus dem frühen 9. Jahrhundert, ihm folgten viele umfangreiche Werke, die mehr und mehr auch auf eigenen Beobachtungen der Verfasser beruhten. So wuchsen die ursprünglichen Kommentarbände zu selbständigen Lehrbüchern heran, worin dann auch Mustersammlungen von Literaturtypen verschiedenster Art eingearbeitet wurden, die teilweise sogar die klassischen Beispiele ersetzten. Schriftsteller mit einer solchen Ausbildung gewannen zusehends mehr an Sicherheit, Klarheit des Ausdrucks und Stilgefühl. Um die Wirkung einer zweihundertjährigen Beschäftigung mit den Grundlagen der Redekunst zu demonstrieren, braucht man nur einmal den Prosastil des Photios — er wirkt hölzern, kantig, gewollt — mit den Schriften des Michael Psellos zu vergleichen, die dem Leser kristallklar, elegant, fast unaufdringlich suggestiv entgegentreten. Kämpft dort ein mächtiger Intellekt mit einem noch unhandlichen Medium, sind bei Psellos Medium und Mitteilung zu perfekter Einheit verschmolzen.

Der korrekte Gebrauch der archaisierenden Literatursprache wurde zu einem Statussymbol in einer Großstadtgesellschaft, an deren Spitze literarisch hoch gebildete Bürokraten standen. Auf das weniger elegante Idiom des 7./8. Jahrhunderts blickte man mit Abscheu herab, als Technikersprache oder für populäre Darstellungen schien sie allenfalls gut genug. ›Ernsthafte‹ Literatur mußte sich jedoch der imitierenden Archaismen bedienen, und oft erklärten Schriftsteller ihre Ansichten zur Wortwahl und anderen sprachlichen

Portrait des Kaisers Basileios II., aus dem für ihn in Konstantinopel hergestellten Psalter (1017–1025). Zu seinen Füßen die unterworfenen Bulgaren.

Detailproblemen im Vorwort eines Buches. Konstantin VII. z. B. bemerkte in seinem für den Sohn bestimmten Handbuch der Staatskunst – es war freilich nicht für die Öffentlichkeit bestimmt –, daß er »auf elegante, geschwollene Schreibweise oder klassizistischen Stil keinen Wert gelegt habe, sondern in einfacher Alltagssprache als Lehrer von den für Dich wichtigen Dingen reden« wolle. Theophanes Nonnos, welcher im 10. Jahrhundert eine medizinische Enzyklopädie herausgab, wies darauf hin, daß er nicht aus Unkenntnis anderer Termini Wörter gebrauche, die »auf dem Marktplatz oder auf belebten Straßen fallen«. Der gegenüber dem hauptstädtischen Kulturbetrieb sehr skeptische General a. D. Kekaumenos schrieb an seine Söhne, »mich interessiert Literatur nicht, denn niemals habe ich die Kultur der Griechen studiert, um Beredsamkeit und wohlgesetzte Rede zu lernen. Sicher werden einige mich strafend oder überheblich lächelnd ansehen wegen meiner Unwissenheit. Ich habe aber dieses Buch nicht für andere geschrieben, sondern für Euch meine Söhne, Fleisch aus meinem Fleisch.«

Wie sehr der Sprachgebrauch als Zeichen gesellschaftlichen Unterschieds diente, ist erstaunlich und zeigt deutlich, wie hochentwickelt die Kultur zur Zeit der makedonischen Dynastie im Vergleich zum vorausgehenden Frühmittelalter war. In der Hauptstadt wie in den Provinzen wurde der Abstand zwischen Oben und Unten immer größer und klar markiert. In der diplomatischen Korrespondenz des Leon Choirosphaktes (frühes 10. Jahrhundert) finden wir eine übersteigerte Nachahmung der griechischen Sprache, wie sie zur römischen Kaiserzeit gesprochen wurde, voller seltener Wörter, mit obsoleten Konstruktionen und abstrusen Allusionen. Jene Dokumente sind, wohlgemerkt, nicht das Hobby eines exzentrischen Gelehrten, sondern höchst wichtige Staatsakten. Das Handbuch eines gewissen Leon Katakylas über die Zeremonien bei Hofe lehnte Konstantin VII. ab, da es dem Autor an ›hellenischer Kultur‹ mangele. In der 2. Hälfte des 10. Jahrhunderts überarbeitete Symeon der Logothet ein Corpus von Heiligenviten, die man zum liturgischen Gebrauch benötigte. Vieles davon war provinzieller Herkunft und in einfachstem Griechisch geschrieben. Symeon erzählte sie neu in ›angemessener‹ Sprache mit veraltetem Wortschatz, klassizistischen Konstruktionen und hochstilisierten Umschreibungen. Viele anschauliche Details in den Originaltexten wurden durch elegante Doktrinen und schwülstige Abhandlungen über die Tugend ersetzt. Symeons ›modernisierte‹ Texte dienten fortan dem liturgischen Gebrauch, ihre schlichten Originale gingen oft verloren. Die ständige Wiederholung dieser affektierten Texte hat anscheinend den Publikumsgeschmack zum Archaischen hin gelenkt, weg von der einfachen gesprochenen Sprache.

Kennzeichnend für die Renaissance während jener Periode war auch die Produktion von Enzyklopädien, die angeblich das Wissen der Antike über verschiedene Themen zusammenfaßten. Viele davon wurden im Auftrag Konstantins VII. geschrieben. So fand man auch das Material für das ›Zeremonienbuch‹, das Einzelheiten des Zeremoniells am Kaiserhof etwa seit der Zeit Justinians aufzeigt, in der kaiserlichen Bibliothek und den Schreibstuben. Ein anderes Werk, das seinen Ursprung im Palast hatte, waren die sogenannten ›Konstantinischen Exzerpte‹, eine reichhaltige Sammlung langatmiger Auszüge griechischer Historiker von Herodot bis ins neunte Jahrhundert, nach Themen geordnet – ›über Gesandtschaften‹, ›über Tugenden und Laster‹, ›über im Hinterhalt liegende Truppen‹ usw. Der Kaiser bemerkte dazu naiverweise, diese Sammlung erspare dem Leser die Mühe, das Original zu lesen. Der Initiative Konstantins VII. können auch Sammlungen zur Naturgeschichte, Agrarwissenschaft, Medizin und Tiermedizin mit ziemlicher Sicherheit zugeschrieben werden. Das gleiche gilt für eine Zusammenfassung der großen juristischen Werke seines Vaters Leon VI. Jedoch kann man keinen direkten Zusammenhang zwischen dem Kaiser und dem großen Literaturlexikon des 10. Jahrhunderts, der ›Suda‹ herstellen. Die ›Suda‹ ist ein sehr langes alphabetisches Verzeichnis von Autoren, bemerkenswerten Wörtern und literarischen Topoi, das auf ähnlichen Kompendien der Spätantike und den Lexika und Kommentaren des 9. Jahrhunderts fußt. Darin sind, obgleich oft verwässert, viele wertvolle Informationen zur Kultur der klassischen Antike erhalten.

Diese enzyklopädischen Neigungen um die Mitte des 10. Jahrhunderts stehen in krassem Gegensatz zu der auffallenden Suche nach klassischen Texten in den hundert Jahren davor. Man hatte das Gefühl, das hellenische Erbe wiedergefunden zu haben. Jetzt kam es darauf an, dieses Erbe dem zugänglich zu machen, der weder Gelegenheit noch Neigung verspürte, die Originale zu prüfen. Den selbstbewußten Enzyklopädisten kam anscheinend gar nicht zu Bewußtsein, daß sie den Wert der alten Literatur oftmals zerstörten, wenn sie diese so weitgehend in kleine Häppchen aufteilten. Die Frage ist offen, wie weit gerade sie zum Verlust der Originaltexte beitrugen, welche sie so gewissenhaft exzerpierten. Im Mittelalter waren Bücher wertvolle Gegenstände. Niemand hätte längere Texte abgeschrieben oder schreiben lassen, wenn er überzeugt gewesen wäre, das Wesentliche in kürzer gefaßten Werken zu finden. Der Fall der ›Konstantinischen Exzerpte‹ ist insofern aufschlußreich, als die Bearbeiter nach getaner Arbeit die einzigartige Sammlung historischer Texte einfach wegwarfen. Von den ›Exzerpten‹ selbst gibt es (ursprünglich waren es 58 Teile) nur noch 3½.

Manche dieser Enzyklopädien wurden zum privaten Gebrauch ihrer Autoren zusammengestellt, aber andere bezeugen die Existenz einer Literatur und einer Leserschaft, die leichten Zugang zum Wissen verlangte. In Heiligenviten und anderen Dokumenten aus der Epoche findet man regelmäßig den jungen Mann, der lesen und schreiben lernt und in seiner Heimatstadt in der Provinz die Psalmen studiert; der dann in die Hauptstadt geht, um an seiner literarischen Bildung zu arbeiten, die ihn zum Umgang mit der Schriftsprache und einer Karriere in der Staats- oder Kirchenbürokratie befähigt. Bildung sorgte für sozialen Aufstieg in einer Gesellschaft, die wieder viel mehr auf Unterschiede achtete. Enzyklopädien erleichterten diese soziale Mobilität.

Doch Sprache und Rhetorik waren nicht die einzigen Höhepunkte der Kultur der Spätantike, die das Zeitalter der Makedonenkaiser nachzuahmen suchte. Jahrhundertelang war die Logik des Aristoteles das einzige bekannte Werk griechischer Philosophie, ihm gab man oft einen Kommentar des Neuplatonikers Porphyrios bei. Die Kenntnis der aristotelischen Logik war Grundvoraussetzung jeder theologischen Disputation. Jetzt also standen mehr Texte großer Philosophen bereit — man kopierte z. B. vor 900 hervorragende Manuskripte mit Platotexten, eines davon auf Veranlassung des Arethas von Caesarea. Doch nicht nur Plato und Aristoteles, auch Neuplatoniker wie Plotin, Jamblichos, Proklos waren plötzlich gefragt. Die Philosophie galt vielen Byzantinern wohl weiterhin als eine *ancilla theologiae*, doch begann man langsam, sie als eigenständige intellektuelle Disziplin mit eigenen Zielen und Regeln zu schätzen. Da viele jener Philosophen in ihren Spekulationen schroff antichristliche Meinungen vertraten (etwa bei der Frage, ob das Universum ewig existiere), war die Beschäftigung mit ihnen nicht ungefährlich. Trotzdem gewann die Philosophie bis 1050 derart an Prestige, daß mit Unterstützung des Kaisers Konstantin IX. Monomachos eine philosophische Hochschule — mit dem Humanisten Michael Psellos an der Spitze — begründet wurde. Psellos betrachtete sich selbst als Schüler des Neuplatonikers Proklos, den er wohl allzu unkritisch sah. Da er überzeugt war, daß mittels der Philosophie die Wahrheit erkannt werden könne, eine Wahrheit, die sich weder für noch gegen die geoffenbarte Religion aussprach, wurde er häufig als Krypto-Heide attackiert, und nur die allerhöchste Protektion seiner kaiserlichen Freunde ersparte ihm unangenehme Konsequenzen. Dennoch erscheint hier ansatzweise ein Bruch zwischen den antikisierenden Intellektuellen und der Kirche. Psellos' Talent, seine Gedanken nicht immer ganz klar zu formulieren, aber auch seine überlegene Argumentationstechnik halfen ihm, die direkte Konfrontation zu vermeiden. Als er vom Patriarchen Xiphilinos als Platoniker verleumdet wurde, setzte er sich in einem geistvollen, couragierten Brief zur Wehr, worin er die Philosophie als autonome Wissenschaft verteidigte, denn sie könne letztlich die Wahrheit des religiösen Bekenntnisses bestätigen.

Psellos war ein vielseitig gebildeter Mann, Rhetor und Philosoph und hatte bei mehreren Kaisern entscheidenden Einfluß auf die Regierungsgeschäfte, obwohl er aus einfachen Verhältnissen stammte. Er dient daher als gutes Beispiel einer durch literarische Bildung ermöglichten Statusverbesserung innerhalb der urbanen Gesellschaft des 10. Jahrhunderts. Sein Nachfolger als Rektor der Philosophenschule, Johannes Italos, hatte einen ganz anderen persönlichen Zuschnitt. Als er, Sohn eines normannischen Söldners und einer Griechin aus Süditalien, bei Psellos mit dem Philosophiestudium begann, war er schon um die dreißig. Weder war er Psellos literarisch ebenbürtig, noch besaß er dessen Charme und Eleganz; seine Feinde behaupteten, er habe einen italienischen Akzent und beherrsche die griechische Sprache, d. h. die künstliche Schriftsprache nicht. Immerhin galt Italos als brillanter Dialektiker, auch sein kompromißloses Wahrheitsstreben wurde voll anerkannt. Die Jugend strömte zu seinen Vorlesungen, angezogen vom Mut und der Klarheit seiner Gedanken, bis ihn gewisse Kreise in der Kirche beschuldigten, er untergrabe mit Ketzerei und heidnischen Ansichten den Christenglauben; 1076 sprach man ihn frei, doch seine Feinde blieben wachsam. Er war kein Mann, der sich im Sturm biegen konnte, und als 1081 Alexios I. Komnenos an die Macht gekommen war, sah sich Italos plötzlich alleingelassen. Angriffsflächen bot er als Anhänger der abgesetzten Dukas-Dynastie; er war Normanne, und seine Volksgenossen bedrängten Byzanz hart; als

Portrait des Staatsmanns und *homme des lettres* Michael Psellos (links), aus einem Manuskript des 12. Jhs. auf dem Berg Athos.

Diplomat hatte er mit der Westkirche wenig erfolgreiche Verhandlungen geführt; als intellektuelles Vorbild der Zivilpartei, welche der Kaiser nun von der Macht zu verdrängen suchte, war er deren geistiger Führer. Erneut stellte man ihn vor das Kirchengericht, seine Verurteilung war beschlossene Sache, da die Politik den Ausschlag gab. Von seinem Posten davongejagt, ein gebrochener Mann, verschwindet er aus der Geschichte.

Die Verurteilung des Johannes Italos markiert das Ende der von dem französischen Byzantinisten P. Lemerle als *gouvernement des philosophes* gekennzeichneten Epoche. Das neue Regime förderte Literatur und Künste, vermied aber sorgfältig jeden Konflikt mit irgendeiner Gruppe in der Kirche. Spekulative Philosophie wurde scheel angesehen. Jedoch gab man, wie wir gleich sehen werden, das Studium der hellenischen Philosophie nicht ganz auf. Die Büchse der Pandora, einmal geöffnet, war nicht wieder zu verschließen. Obwohl die Kultur des 11. und 12. Jahrhunderts in Byzanz viele gemeinsame Züge hat, so ist doch der plötzliche Sinneswandel der griechischen Philosophie gegenüber ein Indiz unter vielen, daß die letzten Jahrzehnte des 11. Jahrhunderts einen wichtigen Einschnitt in der Geschichte von Byzanz darstellen. Neue außenpolitische Konstellationen, eine andersartige Sozialstruktur auf dem Lande, ein neues politisches Regime: All dies spiegelte sich wider in neuen Verhaltensweisen dem kulturellen Erbe gegenüber.

In dem reichen, vielschichtigen Geistesleben des makedonischen Zeitalters gab es viele verschiedene Strömungen; die vielleicht interessanteste ist die Wiederbelebung des religiösen Mystizismus. Einige Gläubige, vor allem Mönche, befriedigte schon immer jene Art der Ekstase, die man als direkte Erfahrung der Gegenwart Gottes interpretierte. Aber seit der Zeit des Hl. Johannes Climacus hatten nur wenige versucht, ihre mystischen Erfahrungen zu beschreiben oder anderen Handreichungen zu geben, wie diese zu erreichen sei.

Um die Wende zum 11. Jahrhundert erforschte Symeon mit dem Beinamen der ›neue Theologe‹, der spätere Abt des Klosters St. Mamas, Theorie und Praxis der Kontemplation, die zur Vereinigung mit Gott führt. Er hatte sich durch die Werte der großen Mystiker aus dem Zeitalter der Kirchenväter anregen lassen, indirekt auch vom neuplatonischen Mystizismus des späten Heidentums. Er erörterte seine Theorie und Praxis in einem Werk mit 58 Hymnen, in dem sich Leidenschaft, theologische Einsicht und ein sehr lebendiger Stil voller einfallsreicher Bilder verbinden. Seine Hymnen sind nicht im klassischen Versmaß gedichtet, sondern im einfach betonten, meist fünfzehnsilbigen ›politischen‹ Vers, in dem bis heute ein Großteil der griechischen Populärdichtung geschrieben wird. Symeon war der erste Schriftsteller, der dieses Metrum ausgiebig benutzte. Der Ursprung des ›politischen Verses‹ wird bis heute kontrovers diskutiert. Vielleicht war es das Metrum der rhythmischen Akklamationen, die man im Kaiserpalast vortrug, welche ihrerseits wieder auf das Metrum vulgärlateinischer Verse zurückgehen, mit denen römische Soldaten ihre siegreichen Generäle feierten. Auf jeden Fall bedeutete Symeons Arbeit den Bruch mit einer langen literarischen Tradition. Es war ein Versuch, das einfache Volk in Metren anzusprechen, die man verstehen und behalten konnte und die in nichts mehr an klassische Vorbilder erinnerten. Daß Symeons Einfluß tatsächlich so stark war, erweist sich an dem außerordentlichen Erfolg des ›politischen Metrums‹ im Verlauf der folgenden Jahrhunderte. Symeons Sprache ist literarisches Griechisch, doch ohne dessen Archaismen und die Affektiertheit der klassizistischen Schule. Die gesprochene Sprache des Volkes war noch zu glatt, um seine leidenschaftliche Botschaft zu übermitteln, die oft eine intellektuelle Herausforderung bedeutete.

Symeon hatte keine unmittelbaren Nachfolger. Aber sein Denken beherrschte den gesamten späteren Mystizismus in der orthodoxen Kirche. Selbst im 14. Jahrhundert, als eine neue kontemplative Bewegung die Klöster der byzantinischen Welt ergriff, blieb

Die bizarre Landschaft der Felskirchen in Kappadokien. Die hier noch erhaltene Provinzialkunst (z. T. wurden auch Wohnhäuser in den Fels hineingebaut) blieb vom Einfluß der Hauptstadt weitgehend unberührt.

Symeon aktuell. Obgleich er in Zielsetzung und Methode völlig anders vorging als Philosophen wie Michael Psellos, war er doch Teil der gleichen intellektuellen und emotionalen Renaissance. Psellos ließ sich durch das Gedankengut der Neuplatoniker inspirieren, während sich Symeon einem anderen Teil der hellenischen Tradition zuwandte, die in den großen Asketen des Zeitalters der Kirchenväter verkörpert war. Trotz aller Unterschiede ist ihnen doch eine lebhafte und selbstsichere wissenschaftliche Neugier gemeinsam.

Bisher haben wir die byzantinische kulturelle Entwicklung auch als hauptstädtische Kultur interpretiert. Gewiß war der Zentralismus in jener Periode groß, doch man würde vorschnell urteilen, wenn man die Provinzliteratur nicht in die Wertung einbezöge. Da ist zum Beispiel die epische Dichtung des Digenis Akritas, die eigentlich aus zwei separaten Werken besteht, vielleicht auch von zwei Autoren verfaßt wurde. Sie ist in verschiedenen griechischen Versionen erhalten, daneben existiert auch eine altrussische Fassung, wahrscheinlich aus dem 13. Jahrhundert. Beide Dichtungen beschreiben die Verhältnisse im Grenzgebiet Ost-Kappadokiens und Armeniens, wo Byzantiner und Araber in einer Mischung von Kooperation und Feindseligkeit zusammenlebten und oft auch über die Grenze wechselten. Das erste Gedicht erzählt, wie ein Emir, der als Griechenknabe von den Arabern gefangen und im moslemischen Glauben erzogen wurde, die Tochter eines byzantinischen Adligen aus der Dukas-Familie entführt. Die Brüder des Mädchens besiegen den Emir im Kampf und zwingen ihn mitzukommen auf byzantinisches Gebiet, wo er konvertiert und das Mädchen heiratet. Der aus der Ehe hervorgehende Sohn heißt Digenis Akritas (der Mann von beiderseits der Grenze). Nach vielen Abenteuern holt der Emir noch seine Mutter und viele Gefolgsleute aus Arabien, um sie in byzantinischem Gebiet anzusiedeln.

Das Gedicht erzählt die Geschichte realistisch und zielstrebig, vermeidet auch übernatürliche und sensationelle Einlagen. Das zweite Gedicht quillt über vor Märchenromantik und Magie. Es beschreibt Kindheit und Erziehung des jungen Basileios, seine Abenteuer mit plündernden Viehdieben und seine Werbung um Eudokia, die Tochter eines Provinzadeligen. Sie läuft mit ihm fort, und sie leben in der Wildnis des Grenzgebietes, wo Basileios Banditen umlegt und Gesetz und Ordnung wiederherstellt. In einem 2. Abschnitt des Gedichts erzählt Basileios eine Reihe von Abenteuern, u. a. wie Eudokia vor dem Drachen gerettet wird, den seltsam erotischen Kampf mit einer Amazone sowie die Liebelei mit der Tochter eines Emirs. Der 3. Abschnitt erzählt von dem Schloß, das Basileios nahe am Euphrat baute, wo er mit seiner Eudokia lebt. Mit 33 Jahren — ebenso alt wurden Alexander der Große und Jesus — stirbt er, worauf seine Frau vor Kummer neben ihm tot dahinsinkt.

Das Gedicht als Ganzes ist nur in späteren Handschriften erhalten, doch deutet manches darauf hin, daß die zwei Hauptteile jeweils im 9. oder 10. Jahrhundert geschrieben wurden. Wenn man die vielen Anspielungen auf Homer, Pindar, Arrian und andere Klassiker berücksichtigt, muß man dem Autor eine gewisse Vertrautheit mit klassischen Vorbildern zubilligen, auch wenn einige Versionen des Textes in griechischer Volkssprache abgefaßt sind. Der Handlungsort, das nahezu totale Verschweigen der Hauptstadt und des Kaisers — dieser wird nur einmal ganz kurz erwähnt —, der balladenhafte Ton der Erzählung, alles das deutet auf einen (oder mehrere) Dichter hin, der mit den Verhältnissen an der Ostgrenze bestens vertraut war. Vielleicht ist der Autor ein wohlbelesener Beamter in Diensten der Provinzaristokratie gewesen, der sich aus der früheren Balladenliteratur seinen Stoff holte. Die späteren Balladen über Digenis Akritas schöpfen aus der hier vorgestellten epischen Erzählung, nicht etwa umgekehrt. Man las das Gedicht mit großer Begeisterung und hielt die Erlebnisse von Digenis sogar auf Vasenbildern fest, es existieren auch Reste eines verlorengegangenen illustrierten Manuskriptes. Das Epos ist insgesamt als ein Paradebeispiel der Provinzliteratur anzusehen, die vom artifiziellen Klassizismus der Hauptstadt kaum berührt war. Was außerdem an derartigem Material vorhanden war, entzieht sich unserer Kenntnis.

In verschiedenen Gebieten des ehemaligen byzantinischen Reiches stehen noch heute viele während der Zeit der Makedonenkaiser erbaute Kirchen, in Athen z. B. mindestens fünf. Meist sind sie kleine Kreuzkuppelbasiliken; sie waren im Inneren mit Mosaiken oder den billigeren Fresken geschmückt, wovon nur wenig erhalten blieb. Im Riesenareal des Großen Palastes zu Konstantinopel erbaute man zur Zeit Basileios' I. bzw. Leons VI. zwei derartige Kirchen, beide stehen nicht mehr. Allerdings kennen wir durch eine noch erhaltene Predigt des Patriarchen Photios eine davon etwas genauer, die ›Neue Kirche‹. Sie war erheblich größer als die noch erhaltenen Kirchen und als Kreuzkuppelbasilika noch mit mehreren zusätzlichen Kuppeln versehen. Das Innere war mit Mosaiken ausgekleidet, die Zentralkuppel mit einem Portrait des Christus Pantokrator (der Herrscher des Alls) geschmückt. In der Apsis fand sich ein großes Marienbild, flankiert von Heiligen, die für die sündige Menschheit bitten. Entlang der Kirchenwände erzählten Bilder Geschichten aus dem Neuen Testament und aus Heiligenviten, usw.

Nach der endgültigen Überwindung des Ikonoklasmus arbeitete man ein standardisiertes Schema der Kirchenmalerei aus, das fortan seit dem 9. Jahrhundert ohne große Änderung

Christus Pantokrator, Mosaik in der Zentralkuppel der Klosterkirche in Daphni bei Athen, 1100.

beibehalten wurde: Christus Pantokrator in der Kuppel; Maria, meist in Begleitung von Heiligen, in der Apsis; Heilige, die in engem Zusammenhang mit der Kirche standen, in den Pendentifs der Kuppel. An den Kirchenwänden fanden Darstellungen der verschiedenen Stufen der Menschwerdung Christi Platz (oft ergänzt durch Szenen aus der Marienlegende), darunter wurden stilisierte Heiligenfiguren abgebildet, welche oftmals an die Bußprozession der Märtyrer in S. Apollinare Nuovo zu Ravenna erinnern. Waren Portikus oder Narthex vorhanden, stellte man hier die Propheten dar, bisweilen in der Art eines Stammbaums, der die Wurzel Jesse symbolisieren sollte. Im Geäst solcher Stammbäume finden sich dann später manchmal sogar Pseudo-Propheten wie Plato, Aristoteles oder sogar Aristophanes. Die Kirche stellte so eine Art Mikrokosmos des Universums dar, eine permanente Erinnerung an die Erlösungstat Christi für die Menschheit. Offenbar hat der Klassizismus die Monumentalkunst aber nicht sehr beeinflußt, obgleich wir sehr wohl irren können, denn es ist nur sehr wenig erhalten geblieben.

Es sind jedoch noch reichlich Zeugnisse religiöser Kleinkunst vorhanden. Leider sind darunter nur wenige Ikonen, aber Buchillustrationen und Elfenbeinschnitzereien gibt es im Überfluß. In vielerlei Hinsicht läßt sich die Hinwendung zur Klassik beobachten. Mosaiken, Gemälde und vor allem illustrierte Handschriften aus dem 4. Jahrhundert n. Chr. und später, von denen selbst wiederum viele von hellenischen ›Modellen‹ kopiert wurden, dienten dabei als Vorlage. Diese Hinwendung zeigt sich zunächst ganz vordergründig in der Einführung von klassischer, insbesondere römischer Architektur als Kulisse. Ein deutliches Beispiel ist der dekorative Bogen. Er diente, gelegentlich auch eingefaßt von Bühnenvorhängen, als Rahmen für alles, von Ostertafeln bis zu Illustratio-

David auf einem Felsen, die Harfe spielend, ein Beispiel für die Umformung klassischer Vorbilder in der Darstellung christlicher Themen. Psalter des 10. Jhs., Paris.

nen in medizinischen Werken. Evangelisten wurden oft in einer Art Wandnische sitzend porträtiert, so daß man sich an die Dichterstatuen in römischen Theatern erinnert fühlt. Ähnliche Kulissen klassischer Architektur, stilistisch oft unangemessen, findet man auf Buchillustrationen aller Art. Eine andere oberflächliche Anleihe war der bukolische oder idyllische Hintergrund, den man stilloserweise auch bei religiösen Darstellungen benutzte.

Bei Personifikationen und allegorischen Figuren zeigt sich das klassische Vorbild noch deutlicher. Flußgötter in lässiger Pose erschienen häufig auf biblischen und anderen religiösen Szenen. Auf einem Pariser Psalter des 10. Jahrhunderts z. B. wird Jesaja dargestellt.[3] Ihm zur Seite stehen eine gegürtete weibliche Gestalt mit üppiger Kopfbedeckung als ›Nacht‹ und ein Kind mit einer Fackel in der Hand als ›Dämmerung‹. Das Bild Davids im selben Manuskript[4] zeigt den Psalmisten auf einem Felsen in bukolischer Umgebung sitzend und auf seiner Harfe spielend. Die sitzende halbbekleidete männliche Figur im Vordergrund erinnert an einen klassischen Flußgott, soll aber den ›Berg Bethlehem‹ darstellen. Auf dem Felsen neben dem Psalmisten sitzt eine bekleidete weibliche Figur ›Melodie‹, deren linke Hand leicht auf seiner Schulter ruht. Eine andere männliche Figur ohne Namen und bislang nicht identifiziert, sieht hinter einer Säule rechts von David hervor. Den Hintergrund dieser Darstellung bilden leicht hingeworfene Motive aus der klassischen Baukunst. Die Reihe der Beispiele ließe sich an illustrierten Psaltern, Evangelienbüchern und Texten der Patristik aus dieser Zeit noch lange fortsetzen.

Eine weitere Stufe in der Entwicklung der Malerei stellt die Nachahmung klassischer

Einzug Davids und Sauls in Jerusalem. Vorlage der Szene war ein griechisches Gemälde vom Treffen Iphigenies mit Orest und Pylades. Psalter des 10. Jhs., Paris.

Figuren dar. Für den erwähnten David auf dem Felsen ist die klassische Darstellung des Orpheus Vorbild gewesen. Die Evangelisten ähnelten oft bis in die Details der Gewänder den Portraits der Philosophen. So ist der Matthäus in einem Evangeliar, das heute auf dem Berg Athos[5] aufbewahrt wird, vielleicht sogar eine direkte Kopie der Statue des Epikur, die man als römische Kopie heute in Palazzo Margherita zu Rom bewundern kann. Das Bildnis vom Empfang Davids und Sauls in Jerusalem im Pariser Psalter[6] ist in nahezu allen Einzelheiten mit Ausnahme einer Tänzerin im Vordergrund einem Gemälde nachempfunden, das Iphigenie, Orestes und Pylades in einer Szene von Euripides' *Iphigenie in Tauris* darstellt. Das Original, vielleicht aus hellenistischer Zeit, ist nicht auf uns gekommen, in Pompeji finden sich jedoch zwei Kopien davon. Auch Beispiele dieser Art gibt es genügend.

Die vielleicht wichtigste unmittelbare Folge des gesteigerten Interesses an der Klassik war das eindeutige Bestreben, die seit dem 7. Jahrhundert vorherrschende flache, abstrakte, spiritualisierte Darstellung des Menschen durch eine naturalistischere zu ersetzen. Während der Naturalismus die kirchliche Monumentalkunst kaum erfaßte, wird er bei den Buchillustrationen sehr spürbar. So hervorragende Beispiele für die Kunst der Illustratoren im 10./11. Jahrhundert wie der Pariser Psalter[7], die Pariser Homiliensammlung des Gregor von Nazianz (hier besonders die Vision Hesekiels)[8], der Psalter[9] oder auch das Menologion Basileios' II.[10] werden nicht umsonst als Kostbarkeiten ersten Ranges angesehen. *Mutatis mutandis* trifft dies auch für viele Elfenbeinarbeiten zu; zu nennen wären das Harbaville Triptychon im Louvre, die Maria im Dom zu Lüttich oder die Maria mit dem Kind im Victoria and Albert Museum in London.

Die Portraitkunst der Periode, die ebenfalls gut dokumentiert ist, zeigt auch klassizistische Einflüsse, obwohl man hier stilisierte Formen eher beibehielt als bei Miniaturen mit biblischen Themen. Das monumentale Mosaik mit dem vor Christus knieenden Kaiser Leon VI. über dem Mittelportal der Hagia Sophia ist in seiner strengen Komposition Vorbildern aus dem 9. Jahrhundert verpflichtet; ähnliches gilt auch von dem Emailportrait von Irene Dukaina, der Gattin Alexios' I. (Pala d'Oro im Markusdom zu Venedig) oder der Miniatur von Nikephoros III. und der Maria von Alanien in der Pariser Chrysostomus-Handschrift[11], obwohl im Vergleich zu den unproportionierten Körpern die Gesichter durchaus naturalistisch gestaltet wurden. Mit den grazilen Elfenbeinarbeiten der Krönung Konstantins VI. oder seines Sohnes Romanos II. (Moskau, Städt. Kunstmuseum, bzw. Cabinet des Medailles in Paris) sind wir wieder beim reinen Naturalismus. Die Mosaiken der Galerien in der Hagia Sophia — Alexander in der Nordgalerie, Konstantin IX. und Zoe in der Südgalerie — zeigen ebenfalls klassizistische Züge, freilich durch die ikonographische Tradition gezügelt.

Durch den neuen Klassizismus in Literatur und Kunst wollten die gesellschaftlich führenden Kreise in Byzanz zweifelsohne ihrem Überlegenheitsgefühl, ihrer Weltmachtstellung adäquaten Ausdruck verleihen. Während die Literatur, besonders die in der antikisierenden Kunstsprache, lediglich einen elitären, humanistisch gebildeten Kreis ansprach, konnten die bildenden Künste ihre Botschaft viel weiter ins Volk hineintragen. Für die weitgehend ungebildeten Massen stellten Gemälde an Kirchenwänden, Ikonen in den Kirchen, Mosaiken und Fresken an öffentlichen Gebäuden, Portraits auf Münzen beste Kommunikationsträger dar, welche Ideologie und Wertvorstellungen der Führungsschicht weiter vermittelten. Man sah auch sehr darauf, daß das Volk mit der ›richtigen‹ Ideologie vertraut gemacht wurde; die Ikonographie der Kirchen unterlag einer Art Zensur, und Änderungen, die in dogmatischer Hinsicht relevant waren, wurden aufmerksam registriert. Aber auch in nicht kirchlichen Kreisen war man in Kunstfragen empfindlich. Jedesmal, wenn die mehrmals verheiratete Kaiserin Zoe einen neuen Mann nahm,

ließ sie das Mosaikportrait in der Hagia Sophia entsprechend verändern; die Künstler waren jedoch nicht immer ganz erfolgreich. Wenn wir die Kunst als Medium der Kommunikation sehen, wird deutlich, daß vor allem die Buchillustration (womit damals nur ein kleiner, elitärer Kreis in Berührung kam) Vorreiter der klassizistischen Tendenzen sein konnte.

Immerhin war die Renaissance des 10. Jahrhunderts ein sehr bemerkenswertes Ereignis, sie war mit den Worten P. Lemerles, »le premier humanisme byzantin«, denn sie berührte nicht allein die Interessen der Aristokratie als Mäzene und Teilhaber an jener kulturellen Entwicklung, sondern sie wurde ebenso getragen von zahllosen Lehrern und

115

Gelehrten, die uns meist unbekannt sind. P. Lemerle hätte auch die vielen Künstler erwähnen können, die mit wachem Blick das Werk der berühmten antiken Vorbilder dem Zeitgeschmack entsprechend interpretierten — und doch galt der Maler, Bildhauer oder Mosaikleger in Byzanz im Vergleich zum gefeierten humanistisch gebildeten Gelehrten nur als guter Handwerker; selten bezeichnete dieser übrigens seine Werke mit persönlichem Signum. So waren Namenlose und die bekannte Intelligenz gleichermaßen bemüht, dem neuen Zeitgeist Ausdruck zu verleihen. Naturgemäß wandte man sich einer früheren Zeit zu, als Rom aufgrund seiner Literatur und Kunst, seiner Wissenschaft und seinem Rechtssystem Weltgeltung besaß, und suchte, soweit man jene Zeit überhaupt verstand, sie wieder zum Leben zu erwecken.

Etwa um die Mitte des 11. Jahrhunderts unterminierten die wachsende Macht der Provinzaristokratie und die kurzsichtige Politik der Bürokraten in der Hauptstadt die militärische und finanzielle Basis der byzantinischen Machtentfaltung rapide. Das zentralistisch-autokratische System funktionierte plötzlich nicht mehr. Schnell aufeinanderfolgende Thronwechsel, ausgelöst durch Machtkämpfe der Führungseliten oder aufgrund von launischen Einfällen älterer kaiserlicher Damen, waren der inneren Stabilität des Staates abträglich. In der Außenpolitik stand man vor neuen Problemen, die Byzantiner konnten nicht mehr recht Freund oder Feind unterscheiden, sie waren jedenfalls nicht mehr fähig, den Feind mit eigenen Mitteln zu bekämpfen. Der Idee einer byzantinischen Überlegenheit wurden die realen Grundlagen rasch entzogen; ein übertriebener Klassizismus, einhergehend mit einer leeren, aufgeblasenen Rhetorik, ersetzte in der Folgezeit den selbstsicheren Umgang mit einer tausendjährigen kulturellen Tradition. Der berechtigte Stolz der Byzantiner, der schon immer leicht arrogante Züge angenommen hatte, degenerierte nun zur systematischen Xenophobie. Alle Geschichte beruhte nun auf Verrat und Grausamkeit fremder Völker, für den Niedergang von Byzanz erklärte man natürlich die anderen verantwortlich — eine Interpretation, die den Fremdenhaß weiter schürte, aber auch die angebliche eigene Überlegenheit noch mehr in Frage stellte. Dies alles geschah zu einer Zeit, in der die Verteidigung des Reichsgebietes mehr und mehr ausländischen Söldnern oder den verbündeten, aber Byzanz gegenüber höchst mißtrauischen Bulgaren und Armeniern anvertraut wurde. Vielleicht die meisten jener etwa 20 Familien der Militäraristokratie, die in den Provinzen den Ton angaben und bisweilen versuchten, die Macht an sich zu reißen, stammten ursprünglich aus Armenien oder Georgien, waren aber inzwischen voll in die byzantinische Gesellschaft integriert. Es ist jedoch denkbar, daß ihre Vorstellungen von den Methoden der Staatsführung aufgrund ihrer Herkunft grundverschieden von denen der Zentralmacht waren; der aristokratische Selbstbehauptungswille dieses Landadels vertrug sich schlecht mit den Zielen einer starken, zentralistisch organisierten Staatsführung.

Die Niederlage der Byzantiner bei Mantzikert im Jahr 1071, welche den Verlust von fast ganz Kleinasien nach sich zog, der durch die Partei des Provinzadels erzwungene Machtwechsel in Konstantinopel, die sich immer deutlicher von den realen Grundlagen entfernende Ideenwelt von Kunst und Literatur, die durch die Verurteilung des Johannes Italos symbolisierte Unterdrückung kreativen Denkens, dies alles sind Symptome einer tiefen Krise gewesen. Mit einer neuen Führungselite an der Spitze, sah sich Byzanz einer Vielzahl von neuen Herausforderungen konfrontiert; der heraufkommende Kreuzzugsgedanke war vielleicht nur die geschichtsträchtigste von allen.

4
Vom Zeitalter der Komnenen zum Vierten Kreuzzug (1081-1204)

Detail von der Pala d'Oro im Markusdom zu Venedig. Die Emailarbeiten, in Gold und Silber gefaßt, wurden im 10. oder Anfang des 13. Jhs. nach Venedig gebracht. In der Mitte Christus als Gesetzgeber, umgeben von den vier Evangelisten.

Die Herausforderung von Westen

Nachdem Alexios I. Komnenos mit Hilfe der Provinzaristokratie Kaiser geworden war, sah er sich, auf den ersten Blick jedenfalls, mit ganz ähnlichen Problemen konfrontiert wie seinerzeit die Nachfolger des Herakleios 450 Jahre zuvor. Die reichste und am dichtesten besiedelte Region des Imperiums, Kleinasien, befand sich fast völlig in der Hand der türkischen Seldschuken, die Reichsarmee war nach den Niederlagen demoralisiert, die Staatskasse leer. Wohl entbehrte das Vorrücken der Seldschuken der von den Arabern gewohnten fanatischen Zähigkeit, welche diese in kaum hundert Jahren von Medina bis zur Loire und zum Jaxartes hatte vordringen lassen; auch konnten die Turkstämme die eroberten Gebiete politisch und wirtschaftlich schon kaum mehr zu einer Einheit zusammenzwingen. Andererseits mußte Byzanz 1081 mit Angriffen aus West und Ost gleichzeitig rechnen. In Süditalien hatten die Normannen seit den späten 60er Jahren erneut schwungvolle Angriffe vorgetragen, die den Taten ihrer Landsleute bei der Eroberung Englands in nichts nachstanden, so daß Konstantinopel nach und nach die Stützpunkte in Apulien und Kalabrien verlorengeben mußte; die Festung Bari fiel als letzte 1071. Einer ihrer Führer, Roger Guiscard, setzte bei Messina nach Sizilien über und machte sich nach Niederwerfung der dortigen arabischen Fürsten zum König eines kleinen Vielvölker-Staates, in dem Griechisch, Latein und Arabisch gleichermaßen Verkehrssprache waren. Sein älterer Bruder Robert Guiscard hatte ein ähnliches Ziel vor Augen, ihm schwebte allerdings nicht weniger als der byzantinische Kaiserthron selbst vor. Im Jahr 1086 setzte er bei der Meerenge von Otranto über und belagerte die gut ausgebaute byzantinische Festung Dyrrhachium (Durazzo), das Tor zum Balkan. Die normannische Bedrohung erwies sich damals weitaus gefährlicher als die Seldschukengefahr in Kleinasien.
Alexios I. konnte nicht wie seine Vorgänger im 7. Jahrhundert auf eine nationale Bauernarmee bauen, geschweige denn auf Opferbereitschaft bei der Verteidigung des Christenglaubens, denn die soziale und territoriale Basis der alten Themenorganisation existierte nicht mehr. Dazu kam, daß viele Feinde der Byzantiner selbst christliche Staaten waren. Lediglich Söldnertruppen und die Hilfe der Diplomatie standen dem neuen Kaiser zur Verfügung. Söldner kosten Geld, und so war die sofortige Konfiskation des Kirchenbesitzes in Konstantinopel als einzige nennenswerte und gewinnverheißende Reserve, die dem Staat noch zur Verfügung stand, nur die logische Folge. Obwohl er praktisch nichts davon verkaufte, widersetzten sich die kirchlichen Kreise hartnäckig, aber ohne Erfolg — des Kaisers Bestreben, als Verteidiger der Orthodoxie zu reussieren, wurde von den Theologen folglich niemals recht gewürdigt. Mit dem aufgenommenen Kapital stellte Alexios I. eine bunte Glücksritterarmee auf — sogar einige nach der normannischen Eroberung aus ihrer Heimat emigrierte Engländer befanden sich darunter — und marschierte nach Westen, Robert Guiscard entgegen — zu spät jedoch, um Dyrrhachium zu retten. Die Normannen hatten die Stadt im Oktober erobert und durchzogen nun plündernd Epirus, Makedonien und Thessalien.
Alexios mußte Verbündete suchen. Den Venezianern, theoretisch immer noch Untertanen von Byzanz, war wenig daran gelegen, daß sich beidseitig der Adria ein beutelüster-

ner Potentat etablierte; der lukrative Osthandel benötigte ruhige heimische Gewässer. Man wurde mit Alexios einig und stellte ihm Unterstützung durch die beachtliche Flottenmacht in Aussicht; freilich mußte der Kaiser im Vertrag von 1082 dem Dogen von Venedig den Sebastostitel (mit der dazugehörigen Pension) und der Kirche S. Marco reiche Geldzuwendungen gewähren, wichtiger noch, Venedig erhielt das Recht, im Byzantinischen Reich zollfrei und ungehindert Handel zu treiben (außer im Schwarz-meergebiet). Die Venezianer wurden so seltsamerweise den byzantinischen Kaufleuten gegenüber bevorzugt behandelt; durch Zollfreiheit und Bereitstellung von Landungsplät-zen waren sie eindeutig wirtschaftlich im Vorteil und nutzten dies auch weidlich aus. Der Fernhandel mit und über Konstantinopel hinaus geriet bald unter venezianische Kontrolle und brachte Byzanz einen enormen Verlust an Steuereinnahmen. Der Preis war hoch, den man für die Normannenabwehr zahlte, doch offenbar war es der einzige Weg, um wenigstens das schlimmste Chaos im Innern zu verhüten. Venedig störte die Nachschub-linien der Normannen, eroberte im Sommer 1082 Dyrrhachium zurück und gab den Byzantinern Gelegenheit, sich der normannischen Invasoren auf dem Balkan zu entledi-gen, was freilich slawische Fürstentümer im Nordwesten nicht hinderte, sich für unab-hängig zu erklären.

Als 1085 Robert Guiscards Sohn Bohemund die Führung der Normannen übernahm, änderte sich an deren aggressiver Grundhaltung nichts. Alexios stabilisierte seinerseits seine Herrschaft, indem er Mitglieder seiner Familie und deren einflußreiche Freunde in hohe Staatsstellungen lancierte. Zuerst profitierte davon auch die Dukas-Familie; Alexios verlobte seine Tochter Anna mit dem präsumptiven Thronfolger Konstantin, dem Sohn Michaels VII. und der Maria von Alanien, doch gestalteten sich die Beziehungen zum Dukas-Clan in der Folgezeit schwierig. Als 1092 sein Sohn Johannes zur Welt kam, löste er die Verlobung und stützte sich seitdem mehr auf seine eigene Verwandtschaft. An innenpolitischen Maßnahmen sind zu nennen eine Verwaltungsreform, die neue Beamte an die Schaltstellen der Macht brachte; die Einführung neuer Steuern sollte die Staatsla-sten verringern, desgleichen umfangreiche inflatorische Münzprägungen, welche der Staat dann aber zur Steuerzahlung nur ungern akzeptierte. Da die aus Bulgaren, Türken und Westlern zusammengestellten Söldnerarmeen immer mehr Geld verschlangen, versuchte Alexios durch eine Heeresreform die Grundlagen für eine Nationalarmee zu schaffen: besiegte Feinde wurden mit Militärdienstpflicht auf byzantinischem Gebiet angesiedelt, Bürgern schenkte man Land, das sie mit der gleichen Verpflichtung bebauen konnten. Allerdings gab man Ländereien nicht an Bauernsoldaten wie zur Zeit der Ikonoklastenkaiser, sondern an wohlhabende Personen, denen eine Anzahl abhängiger Bauern mit dem Land zugewiesen wurde. Diese *Pronoia*-Güter blieben unverkäuflich, wurden daher rasch erblich. Ein *Pronoiar* verpflichtete sich, als Ritter (Ersatzgestellung war möglich) zusammen mit den von ihm ausgestatteten Hilfsreitern und Fußsoldaten in seiner Provinz Kriegsdienst zu leisten, als Gegenleistung durfte er Steuern und Abgaben des Landguts einbehalten.

Das *Pronoia*-System war noch nicht völlig ausgebildet, als das Balkangebiet erneut heimgesucht wurde, diesmal von den Petschenegen, die lange Zeit von der Südukraine und der Walachei aus Bulgaren und Russen bedrängt hatten, was Byzanz nur recht sein konnte. Seit 1087 aber stießen ihre Scharen weiter südlich vor, bis tief nach Thrakien hinein. Im Frühsommer des Jahres 1090 standen sie vor Konstantinopel. Unterstützt von dem seldschukischen Emir Tzachas von Smyrna — seine mit kleinasiatischen Griechen bemannte Flotte segelte ins Marmara-Meer und bedrohte die Hauptstadt von der Seeseite her — bauten die Petschenegen 1090/91 einen Belagerungsring auf, wie ihn Konstanti-nopel seit den Araberstürmen der Jahre 684 und 717 nicht mehr gesehen hatte.

Alexios kam in dieser Notlage zu einer Übereinkunft mit dem türkischsprachigen Nomadenvolk der Kumanen, welche vom nördlichen Schwarzmeer her den Petschenegen in den Rücken fielen und sie am 29. 4. 1091 am Fuß des Levunion-Gebirges in der Nähe des Maritza-Flusses mit Hilfe byzantinischer Corps vernichtend schlugen. Ähnliche Wirkung zeigte die Diplomatie des Kaisers im kleinasiatischen Raum, so daß auch Tzachas die Belagerung abbrach. Gestärkt konnte Alexios nun eine Strafexpedition gegen die Serben unternehmen, jedoch mit geringem Erfolg, denn da er den Kumanen Siedlungsland verweigerte, versuchten diese, mit Hilfe eines Thronprätendenten, der in Konstantinopel oppositionelle Gruppen aufwiegeln sollte, Alexios zu stürzen. Bei Adrianopel gelang es dem Kaiser, sich des vermeintliche Kaisersohnes Konstantin Diogenes zu bemächtigen und die kumanischen Scharen zurückzudrängen.

Die ersten fünfzehn Jahre seiner Herrschaft sahen Alexios als Sieger über zwei gefährliche Invasionsversuche und als Garant der byzantinischen Autorität auf dem Balkan, ein guter Ausgangspunkt, um nun auch in Kleinasien aktiv zu werden. Die Seldschukenherrschaft dort war 25 Jahre lang nicht in Frage gestellt worden, außerdem strömten mehr und mehr nomadisierende Türkenstämme in dieses Gebiet ein. Als sich Alexios anschickte, an die große Aufgabe jenseits des Bosporus heranzugehen, wurde er mit einem Problem bisher unbekannter Art konfrontiert.

Das Seldschukenregime in Palästina war westlichen Pilgerfahrten ins Heilige Land gegenüber nicht gerade aufgeschlossen. Schwierigkeiten riefen Kirchenführer im Westen auf den Plan, die für eine Befreiung der Heiligen Stätten plädierten; etwa zur gleichen Zeit warb Alexios um westliche Söldner für einen Feldzug in Kleinasien. Motive für den Ersten Kreuzzug gab es daneben genug: eine wachsende Bevölkerung wollte ihren Landhunger stillen — an den Unternehmungen der Normannen deutlich abzulesen —, der Kampf gegen die Ungläubigen in Spanien inspirierte zu neuen Taten, verarmte Ritter suchten in der Ferne ihr Glück, religiöse Begeisterungsfähigkeit verstärkte die Angriffslust zusätzlich. Es ist hier nicht der Ort, auf die Problematik der tieferen Ursachen der Kreuzzüge einzugehen, zweifellos aber bewirkten sie grundlegende Veränderungen im wirtschaftlichen und sozialen Gefüge eines ganzen Zeitalters, nicht zuletzt auch in den Beziehungen des Ostens zu Westeuropa.

Auf dem Konzil zu Clermont rief Papst Urban II. zur Befreiung der versklavten Christenbrüder auf; das Ergebnis überraschte Papst und Ostkaiser gleichermaßen. Eine Art von Massenhysterie bemächtigte sich des Abendlandes, und die Welt sah staunend Schwärme von schlechtbewaffneten, kläglich ausgerüsteten Leuten einfacher Herkunft im Gefolge kaum ernstzunehmender charismatischer ›Führer‹ wie etwa des Einsiedlers Pierre d'Amiens vorüberziehen. Gleichzeitig witterten auch die großen Feudalherren Morgenluft, sie rüsteten eine gut organisierte Militärexpedition aus. Mit von der Partie waren viele hochedle Ritter, Gottfried von Bouillon, der Graf von Toulouse, der Sohn Wilhelm des Eroberers, Alexios' Intimfeind, der Normannenfürst Bohemund und andere. Alles in allem entschlossen sich etwa 4500 adelige Herren mit ca. 22 000 Mann Fußvolk zum Kreuzzug ins Heilige Land, dazu kam zweifellos eine riesige Schar von neugierigen Glücksrittern.

Die Befreiung des Hl. Landes erweckte bei den Byzantinern ganz andere Gefühle als bei den Kreuzfahrern. Für diese war der Zug eine Art Gottesdienst, der die Fesseln der alten politischen Gemeinschaft weit hinter sich ließ; Byzanz sah darin lediglich eine Möglichkeit, den legitimen Anspruch auf früheres Staatsgebiet durchzusetzen. Westliche Feudalherren versuchten, sich unabhängige Fürstentümer zu verschaffen, während die Byzantiner forderten, daß die Eroberungen ihnen zufielen und man die Ritter nach Art von Söldnern entschädigte. Neben solchen grundlegenden Meinungsverschiedenheiten gab es noch viele andere Streitpunkte. Von einer straff zentralistischen Staatsverwaltung ausgehend, kamen den Byzantinern die bunten, jeweils nur ihren eigenen Herren verpflichteten Heerhaufen vor wie disziplinlose Marodeure, der Anblick von Priestern im Waffenkleid war für sie, eingedenk der Vorschriften der orthodoxen Kirche, schlechterdings unverständlich. Den Kreuzrittern erschienen die Byzantiner andererseits als feige, arrogante Besserwisser — und als reiche Leute. Im Verlauf der Menschheitsgeschichte hat es kaum eine andere gemeinsame Unternehmung gegeben, die, obwohl sie von fast gleichartigen geistigen Grundlagen ausging, mit derart viel Mißtrauen und Unverständnis belastet gewesen wäre.

Im August 1096 erreichte die erste Welle von Kreuzfahrern Konstantinopel, es war der schlecht ausgerüstete, kaum organisierte Haufen des Pierre d'Amiens. Alexios ließ sie verpflegen, dann aber rasch über den Bosporus bringen; auf kleinasiatischer Seite wurden die Leute von den Türken erbärmlich zusammengehauen. Im Herbst trafen nach und nach die gutbewaffneten, disziplinierten Scharen mit den adeligen Herren ein, denen freilich schon ein übler Ruf vorausgegangen war, denn Ritter und Mannschaften betrachteten das jeweilige Durchzugsgebiet als ihr Eigentum und nahmen sich, was sie konnten. Alexios erwies sich im Angesicht der großen Truppenmacht vor seiner Haustür als talentierter Diplomat. Einerseits bot er Unterstützung beim Transport über den Bosporus an, doch verlangte er auch einen Gefolgschaftseid von den Führern des Zuges, um ihnen die Interessen der byzantinischen Staatsführung zu verdeutlichen. Es gab Verhandlungen, die sich bis 1097 hinzogen; zuletzt leisteten die meisten Feudalherren den verlangten Eid, doch meist erst, nachdem der Kaiser sie mit großen Summen bestochen hatte. Im Frühjahr ließ Alexios die Kreuzfahrer nach Asien übersetzen, dann begannen die Operationen im Geiste einer recht zwiespältigen Gemeinsamkeit. Nikäa wurde im Juni eingenommen, man marschierte entlang der Militärstraße über Dorylaeum auf Kilikien zu, während die Seldschuken weiter zurückwichen. Es gelang, im westlichen Kleinasien

Belagerung Antiochias durch die Kreuzfahrer. Im folgenden Jahr wurde Jerusalem erobert und der Kreuzzug erfolgreich beendet. Aus einer westlichen Handschrift.

mehrere Städte zu erobern und im Frühsommer 1098 fiel Antiochia. Hier nun war das Ende der Gemeinsamkeit gekommen: Alexios' Interessen zählten nicht mehr, als die Führer des Heeres untereinander in Streit gerieten, wer Herr in Antiochia sein sollte. Zuletzt setzte sich der Normanne Bohemund gegen Raimund von Toulouse durch; der Graf bequemte sich, mit dem Haupttheer weiter südlich zu ziehen. Die Kreuzritter eroberten im Juli 1099 Jerusalem, wo Gottfried von Bouillon die Herrschaft als *Advocatus sancti Sepulchri* übernahm, während andere damit begannen, in den eroberten Gebieten kurzlebige Kreuzfahrerstaaten zu organisieren.

Der Erste Kreuzzug hatte auf Byzanz unmittelbare Wirkung. Alexios konnte Zusammenstöße der eigenen Bevölkerung mit den Kreuzfahrern nicht verhindern, einige kleinasiatische Städte waren erobert worden, aber bald darauf wieder verlorengegangen, es gab nun verschiedene offiziell nicht anerkannte Kreuzfahrerstaaten auf ehemals byzantinischem Reichsgebiet, und die Normannen konnten ihn nun auch noch aus dem Osten bedrängen, nachdem Antiochia Bohemund zugefallen war. Als Alexios' alter Gegner 1104 durch die Türken eine Niederlage erlitt, gelang es den Byzantinern Tarsos und Adana, mit Seestreitkräften Latakia und Tripolis zu besetzen. Der Normanne aber inszenierte, in den Westen zurückgekehrt, eine großangelegte Aktion im Stil seines Vaters, um das Rhomäerreich in die Knie zu zwingen. Von Valona aus belagerte er erneut Dyrrhachium, wurde aber von Alexios' Heer besiegt. Er sah sich 1108 sogar genötigt, dem Kaiser den Treueid zu leisten, für den Komnenen ein großer Erfolg, der die byzantinische Stellung auf dem Balkan außerordentlich festigte.

Doch die politische Landkarte Europas veränderte sich, neue Staaten entstanden, und eines dieser jungen Gebilde entpuppte sich als ernstzunehmende Bedrohung. Die Magyaren, seit langem schon in Ungarn ansässig, hatten dem Nomadentum abgeschworen, das Christentum angenommen und dehnten nun ihre Einflußsphäre nach Süden aus, nach Kroatien und Dalmatien hinein. Da die Machtmittel des Reiches nicht ausreichten, suchte man eine diplomatische Lösung des Ungarnproblems: ein Vertrag im Jahr 1108 wurde durch die Heirat von Alexios' ältestem Sohn Johannes mit einer ungarischen Prinzessin bekräftigt. Die Lage war allerdings anders als zur Zeit der Makedonenkaiser — damals standen die Alliierten des Reiches noch unter dem bestimmenden Protektorat von Konstantinopel, jetzt wurde das Problem lange Zeit hindurch nicht endgültig gelöst, zumal Venedig, der andere Bündnispartner, Dalmatien als seine Einflußsphäre beanspruchte. Alexios' abgekühltes Verhältnis zu Venedig wurde offenkundig, als er 1111 der Rivalin Pisa Handelsrechte einräumte. Falls der Kaiser aber gehofft hatte, der Konkurrenzkampf der beiden Städte werde ihre Aktivitäten neutralisieren, sollte er sich sehr täuschen. Der Vertrag mit Pisa beschleunigte geradezu den von italischen Kaufleuten verursachten Niedergang des ›nationalen‹ byzantinischen Fernhandels; der Verlust wurde in der Staatskasse immer fühlbarer.

Alexios Komnenos sah sich eigentlich niemals recht in der Lage, das kleinasiatische Problem von der Wurzel her anzugehen. Hätte er gleich zu Beginn seiner Herrschaft eine schlagkräftige Armee zur Verfügung gehabt, hätten die Seldschuken vielleicht ihr Interesse an Kleinasien verloren; ursprünglich hatten sie ja dieses Gebiet als zweitrangig eingestuft, denn lukrativer erschienen ihnen die südlichen Länder — die Eroberung des reichen Kalifats war das primäre Ziel gewesen. Doch wie das Schicksal es nun wollte, man hatte sie praktisch zwei Generationen lang in Ruhe gelassen, und in jener Zeit war die griechische Bevölkerung sozial völlig umstrukturiert worden — nicht zuletzt auch durch Massenübertritte zum Islam. So ging ein Großteil dieses riesigen Landes für Byzanz für immer verloren. Alexios machte zwar einige kleinere Vorstöße in Kleinasien, doch sie brachten keine entscheidenden Erfolge. Nach Alexios' Tod im Jahr 1118 trat sein Sohn

Gottesmutter mit Johannes II. Komnenos und Kaiserin Irene, Mosaik in der Südgalerie der Hagia Sophia, Konstantinopel, um 1120.

Johannes II. die Nachfolge an, doch da seine intrigante Schwester Anna unbedingt ihren Gemahl Nikephoros als Thronfolger etablieren wollte, ging der Thronwechsel nicht gerade glatt vonstatten; der neue Kaiser sah sich sofort mit einer Verschwörung konfrontiert, der er aber in überlegener Manier Herr wurde.

Alexios Komnenos war ein überaus tatkräftiger, intelligenter und couragierter Herrscher, vielleicht der einzige, der damals in der Lage war, die von seinen Vorgängern zu verantwortenden chaotischen Verhältnisse einigermaßen in den Griff zu bekommen. Als er starb, stand das Reich in sich geschlossener und kräftiger als zur Zeit Kaiser Basileios' II. da. Es ist jedoch nicht zu übersehen, daß weder er selbst noch die Vertreter der ihn stützenden Schicht jene sozialintegrative Wirkung entfalten konnten, wie etwa die Ikonoklastenkaiser. Im Innern hatte die Vermehrung der großen Feudalgüter eine übermäßige Privatisierung der Produktionsmittel ergeben, so daß der Staat an chronischem Geldmangel litt und dauernde Rekrutierungsprobleme bestanden. Auch hatten sich die Rahmenbedingungen geändert, innerhalb derer sich Politik betreiben ließ. Der Westen, das Reich der Deutschen, Frankreich, Normannen und Ungarn waren ernstzunehmende Faktoren geworden, auch mit einigen italienischen Stadtstaaten mußte man jetzt rechnen. Früher eine konkurrenzlose Supermacht, fiel Byzanz jetzt zurück und wurde zu einem Staat unter anderen, der keineswegs mehr den allesbestimmenden Einfluß ausüben konnte. Doch liebgewordene Gewohnheiten läßt man höchst ungern fallen; deshalb haben im Jahr 1118 wohl nur wenige Zeitgenossen in Konstantinopel begriffen, daß in Europa und bei den Byzantinern selbst eine neue Ära angebrochen war. Man könnte auch sagen, jene Seeleute befuhren einen neuentdeckten, bisher unbekannten Ozean mit völlig veralteten Karten.

Der Thronwechsel bereitete keine größeren Schwierigkeiten, da die von der Familie Johannes' II. angezettelte Verschwörung in der Öffentlichkeit nicht die nötige Unterstützung fand. Auch war sein Schwager Nikephoros erklärtermaßen nicht willens, die ihm angetragene Kandidatur durch persönlichen Einsatz zu bekräftigen, vielmehr blieb er zeitlebens ein loyaler Mitarbeiter des Kaisers. Die außenpolitische Lage des Reiches allerdings erwies sich als durchaus bedrohlich. In Sizilien wie Antiochia gebärdeten sich die Normannen weiterhin feindselig. Die Ungarn waren darauf aus, mit serbischer Unterstützung die südlicheren Balkanslawen dem Einfluß Konstantinopels zu entziehen. Wohl versuchte Johannes mit Hilfe seiner ungarischen Gemahlin eine byzanzfreundliche Partei am ungarischen Hofe zu fördern, ebenso bei der höheren Geistlichkeit, um so auch bei der Nachfolgefrage in Ungarn ein Wort mitreden zu können, doch die Interessengegensätze blieben letztlich unüberbrückbar. Fast ganz Kleinasien war in türkischer Hand. Ein armenisches Königreich, nach der Schlacht von Mantzikert in Kilikien gegründet, verfolgte zusammen mit den Kreuzfahrerstaaten der Levanteküste eine strikt antibyzantinische Politik und die Venezianer spielten sich weiterhin als Herren des byzantinischen Handels auf. Für Johannes II. war es von Anfang an eine Existenzfrage, auf diplomatischem Wege eine Koalition der Gegner des Reiches zu verhindern. Einzelheiten seiner Aktivitäten in dieser Richtung kennen wir nicht, da entsprechende zeitgenössische Berichte fehlen. Sofort nach seiner Thronbesteigung wurde Johannes II. von Venedig gedrängt, den Vertrag, den man mit Alexios fast vierzig Jahre zuvor abgeschlossen hatte, zu bestätigen. Lange zögerte der Kaiser und speiste Venedig mit leeren Versprechungen ab, da er die wirtschaftlichen Gefahren sehr wohl sah und außerdem zu der Zeit nicht auf militärische Unterstützung angewiesen war. Kaum verhüllte Drohungen waren die Antwort, und im Jahr 1126 plünderten die Venezianer einige ägäische Inseln, um ihren Wünschen Nachdruck zu verleihen. Der Kaiser sah sich endlich gezwungen, alle Punkte des Vertrages von 1082 zu garantieren, was die byzantinische Wirtschaft vollends dem Ruin entgegentrieb.

Militärische Erfolge der Byzantiner auf dem Balkan gegen serbische Fürstentümer führten zum Bruch mit Ungarn. Um das Jahr 1128 eroberte König Stephan die Donaufestungen Belgrad und Braničevo (nahe der Mündung der Morava in die Donau), doch mußte er sich auf byzantinischen Druck hin wieder zurückziehen. Zehn Jahre nach Regierungsantritt hatte Johannes die byzantinische Vormachtstellung im nördlichen Balkan gefestigt und jeden Versuch der Normannen, auf Reichsgebiet Fuß zu fassen, abgeblockt, so daß er sich nun Aufgaben im Osten hätte zuwenden können. Unerwartete Entwicklungen im Westen hielten ihn jedoch zunächst davon ab. 1130 kam es zu einer Vereinigung der beiden Normannenreiche Sizilien und Unteritalien unter Roger II., ein nicht nur Byzanz, sondern auch das Hl. Römische Reich alarmierender Vorgang, denn dessen Interessen in Ober- und Mittelitalien waren unmittelbar berührt. Eine byzantinisch-deutsche Allianz zur Eindämmung der normannischen Ambitionen im zentralen Mittelmeerraum ergab sich fast zwangsläufig; der Vertrag wurde auf deutscher Seite von Kaiser Lothar abgeschlossen, später von dessen Sohn Konrad III. bestätigt und gab Johannes II. die Rückendeckung, um endlich im Osten aktiv werden zu können.

Das Sultanat Rum war in zahlreiche kleinere Fürstentümer zerfallen. Als erstes nahm Johannes die Eroberung des Emirats Melitene (Malatya) in Angriff, dessen Ausläufer sich nach Kilikien und Syrien hinein erstreckten. 1135 hatte er nach mehreren erfolgreichen Feldzügen dieses Ziel erreicht. Nun konnte er darangehen, das von Armeniern beherrschte kilikische Königreich zu zertrümmern — seine Stoßrichtung zielte auf die Kreuzfahrerstaaten, nicht auf die seldschukischen Fürstentümer in Kleinasien. In glänzender Manier überquerte er 1137 das Taurusgebirge, Stadt auf Stadt, Festung auf Festung ergaben sich den überlegenen und gutgeführten byzantinischen Truppen; der Armenierfürst Thoros ging ins Exil. Nachdem auch Tarsos, Adana und Mamistra gefallen waren, stand der Kaiser im Spätsommer vor Antiochia. Raimund von Poitiers, der Schwiegersohn des Normannen Bohemund, sah seine Stellung inmitten einer mehrheit-

Christus krönt den Normannenkönig Roger II. von Sizilien, Mosaik in der Martorana, Palermo. Die Darstellung der Investitur stammt vom byzantinischen Hofzeremoniell; sie ist vielleicht das Werk byzantinischer Künstler.

lich griechisch-orthodoxen Bevölkerung nun äußerst gefährdet, übergab die Stadt und schwor Johannes den Treueid. Im Jahr 1138 hielt der Kaiser mit großem Pomp seinen Einzug in Antiochia, Symbol für das wiedererstarkte Byzanz und ein deutlicher Fingerzeig für die syrische Bevölkerung wie für die Kreuzfahrerstaaten, wer der legitime Herrscher in dieser Region sei. Auch die wenigen erhaltenen Schriften der byzantinischen Panegyriker zeigen überdeutlich jenes Überlegenheitsgefühl, mit dem der geradezu selbstverständliche Herrschaftsanspruch Konstantinopels über andere Völker begründet wurde. So einfach lagen die Dinge natürlich nicht. Seit 1138 verschlechterten sich die Beziehungen zu den Kreuzfahrerstaaten merklich. Die lateinische Kirche wurde zur treibenden Kraft einer anti-byzantinischen Bewegung, die mit der Zeit die byzantinischen Besatzungstruppen in Kilikien und Nordsyrien gehörig in Bedrängnis brachte, so daß Raimund im Jahr 1142 sogar seinen Treueid widerrief und dem byzantinischen Einfluß südlich des Taurusgebirges ein Ende setzte. Johannes II. betrachtete den Abfall Antiochias nur als kleineres Mißgeschick; ein neuer Feldzug würde die Dinge schon wieder ins Lot bringen, den byzantinischen Einfluß darüber hinaus im Westen Syriens und auch in Palästina erneut durchsetzen können — bei dieser offiziellen Zielsetzung muß man allerdings unterscheiden zwischen rhetorischen Leerformeln und der tatsächlich praktizierten Politik. 1143 befand er sich wieder bei seinen Truppen in Kilikien, wo ihn am 8. April während der Jagd ein vergifteter Pfeil traf und tödlich verwundete. Kurz vor seinem Tod konnte er noch seinen jüngsten Sohn Manuel als Nachfolger nominieren, der sich damals in seinem Gefolge befand. Es ist ein ungelöstes Rätsel, wie der Kaiser wirklich zu Tode kam, doch die Vermutung einer direkten Beteiligung Manuels an einem Komplott ist nicht ganz von der Hand zu weisen. Johannes II. Komnenos war ein erfolgreicher Soldat und tatkräftiger Herrscher. Aufrichtigkeit und Fairness im persönlichen Umgang gewannen ihm viele Freunde, sein Kampf gegen die Korruption wird rühmend hervorgehoben. Leider ist die Quellenlage zur Innenpolitik seiner Regierung zu lückenhaft, um einzelnen Fragen genauer nachgehen zu können; wir wüßten z. B. gerne, ob er wirklich versuchte, einige Krebsübel seiner Zeit, etwa die übermäßige Besteuerung der Bauern, zu lindern. Er baute eine schlagkräftige Armee auf, bestehend aus Söldnern, Bauernsoldaten und Kriegsgefangenen und führte sie taktisch klug als brillanter General, gegen Ende seiner Regierungszeit aber überschätzte er wohl die militärischen Kräfte des Reiches. Die Möglichkeit, einen durchschlagenden Erfolg im Osten zu erzielen, war zudem sehr von den unsicheren Verhältnissen im Westen abhängig: der Vertrag mit dem Hl. Römischen Reich allein konnte keine dauerhafte Rückendeckung bieten. So blieb der Bestand des Reiches weiterhin gefährdet.

Der neue Kaiser, Manuel I., war wie sein Vater und Großvater ein äußerst fähiger, energischer Herrscher, seine Charaktereigenschaften und politischen Konzeptionen aber lassen ihn höchst widersprüchlich erscheinen. Von Supermachtvorstellungen ausgehend, beanspruchte er alle früher einmal zu Byzanz gehörigen Gebiete, zudem beeinflußten ihn ›westlerische‹ Ideen sehr. Mit wechselndem Erfolg suchte er in Italien, auf dem Balkan und im Osten die byzantinische Autorität durchzusetzen, doch gelang dies nur mit Hilfe von Verträgen mit den Weststaaten, was den universalen Machtanspruch Konstantinopels ad absurdum führen mußte. Sein Plan einer Restauration des römischen Reiches im Westen hätte nur aufgrund einer Kirchenunion gelingen können, angesichts der politischen Verhältnisse an sich schon ein unmögliches Unterfangen; die durch die Förderung der Westler und den 2. Kreuzzug aufkommende anti-westliche Stimmung, dazu das selbstherrliche Auftreten vieler Weststaaten im Verkehr mit Byzanz verurteilten eine solche Politik erst recht zum Scheitern. Manuel benötigte auch zu viele Finanzmittel seines wirtschaftlich relativ schwachen Staates zur Aufrechterhaltung einer Militärmacht, welche die eigenen Grenzen schon nicht mehr schützen konnte. Und bei seinem Interesse an der Westpolitik vernachlässigte er eindeutig vorbeugende Maßnahmen gegen die Türkengefahr in Kleinasien. Seine Regierungszeit sah viele glänzende Erfolge, allesamt waren sie aber nur von kurzer Dauer. Sie endete mit der Katastrophe von 1176, die mit der von 1071 vergleichbar ist, nur daß Byzanz danach keine Kraft, auch nicht den Willen besaß, diese Niederlage wettzumachen.

Nach dem Tod des Vaters brach Manuel sofort den Feldzug ab und kehrte nach Konstantinopel zurück. Nicht nur mußte er sich mit seinem älteren Bruder Isaak arrangieren, der seine Thronfolgerhoffnungen dahinschwinden sah, es galt auch, den unbesetzten Stuhl des Patriarchen neu zu besetzen, um die Kaiserkrönung vollziehen zu können. Manuel verbannte den Bruder zunächst in ein Kloster der Hauptstadt, später kam es zur Versöhnung, wonach Isaak sogar zu militärischen Führungsaufgaben herangezogen wurde. Ein zeitgenössischer Historiker berichtet, daß Manuel zu Lebzeiten seines Bruders aus Furcht vor seiner Ermordung eine Metallplatte auf der Brust getragen habe.

Von Normannen ging nach Manuels Einschätzung die gefährlichste Bedrohung des Reiches aus. Dementsprechend war zunächst die deutsch-byzantinische Allianz der Eckstein seiner Außenpolitik; auch die Hochzeit mit der Schwägerin Kaiser Konrads III., Berta von Sulzbach, symbolisierte die Zielrichtung seiner Absichten. Der 2. Kreuzzug machte ihm jedoch einen Strich durch die Rechnung, denn dieser konnte nur den nach byzantinischer Ansicht illegalen Kreuzfahrerstaaten nützen, falls er erfolgreich verlaufen sollte. Da sich Kaiser Konrad an die Spitze des Kreuzzuges stellte, blieb die Unterstützung der byzantinischen Interessen im Westen durch das Heilige Römische Reich eine Illusion. Als die Kreuzfahrer 1146 byzantinisches Territorium erreicht hatten, verstärkten die nun folgenden Ausschreitungen und Exzesse wesentlich schon vorhandene Ressentiments der

Sieg der Türken über den deutschen Kaiser Konrad, den Schwiegersohn Kaiser Manuels I., bei Dorylaeum in Phrygien 1146. Er bedeutete das Ende des Kreuzzuges für den Deutschen. Aus einer westlichen Handschrift.

byzantinischen Bevölkerung gegen die Lateiner. Wie sein Großvater Alexios I. verlangte und erhielt Manuel von den führenden Rittern den Treueid und das Versprechen, erobertes Gebiet an das Reich zurückzugeben; der Kaiser war allerdings in dieser Beziehung offensichtlich weniger optimistisch. Jedenfalls sah er darauf, daß die unwillkommenen Gäste möglichst rasch ans asiatische Ufer übergesetzt wurden; ob er seinen Schwager Konrad getroffen hat, bleibt unklar. Das deutsche Kontingent wurde bald darauf am 25. Oktober bei Dorylaeum in Phrygien von den Seldschuken vernichtend geschlagen und zählte seitdem militärisch kaum noch. Inzwischen waren auch die französischen Kreuzritter unter der Führung König Ludwigs VII. in Konstantinopel angekommen und nach kurzem Aufenthalt nach Asien übergesetzt. Die Beziehungen Manuels zu Frankreich kann man als korrekt, doch nicht gerade als freundschaftlich bezeichnen, denn der Kaiser wußte um den Ratschlag eines französischen Bischofs an Ludwig, er solle sich gegen die heimtückischen Byzantiner mit den Normannen in Sizilien verbünden, da die Griechen sich mit den Seldschuken arrangiert hätten. Entlang der Militärstraße nach Attaleia (Antalya) kam es zu Übergriffen vorrückender Kreuzritter gegen die Zivilbevölkerung, auch vertrug man sich mit dem Häuflein der geschlagenen Deutschen, welche noch mitzogen, überhaupt nicht. Von Attaleia segelte Ludwig mit seinen Rittern nach Syrien und überließ die Deutschen, auch große Teile des eigenen Trosses, gnadenlos der Rache der Seldschuken und Byzantiner. Kaiser Konrad, der verwundet worden war, kehrte nach seiner Genesung mit den Überlebenden nach Konstantinopel zurück, wo er sehr ehrenvoll empfangen wurde. Denn er blieb weiterhin ein wertvoller Verbündeter, jetzt um so mehr, da er den Kreuzzug abgebrochen hatte. Sozusagen als Gegenleistung für den freundlichen Empfang erklärte sich Konrad zu einem Zug gegen die Normannen in Sizilien bereit, doch Roger II. hatte seine Chance schon wahrgenommen und, während Manuel mit den Kreuzritterheeren beschäftigt war, 1147 Korfu, Theben und Korinth attackiert. Einwohner der Städte wurden verschleppt und zum Teil im eigenen Machtgebiet neu angesiedelt, besonders Handwerker und Facharbeiter, so z. B. viele Seidenweber. Im Jahr 1149 erfolgte ein Gegenangriff der verbündeten Byzantiner, Deutschen und Venezianer, wodurch man die Normannen wieder vertrieb. Eine schon geplante Invasion Siziliens fand nicht statt, da die Normannen diplomatisch erfolgreich reagierten: Mit Unterstützung Frankreichs kam es zu einer antistaufischen Allianz, auch gelang es ihnen, Ungarn und Serben in einen Krieg mit Byzanz zu treiben; die Feindseligkeiten auf dem Balkan sollten noch lange andauern. Europa zerfiel damals, vielleicht zum erstenmal, in zwei feindliche Lager, auf der einen Seite Byzanz, das Hl. Römische Reich und Venedig, auf der anderen die Normannen, Frankreich, einige norditalienische Städte, Ungarn mit den serbischen Fürstentümern und der Papst. Nichts zeigt deutlicher, das Byzanz damals nur eine Macht unter vielen war, seine universalen Ansprüche bestanden nur auf dem Papier. Beide Seiten suchten Rußland zum Verbündeten zu gewinnen, indem sie jeweils rivalisierende Thronanwärter in Kiew unterstützten. Zuletzt setzte sich der Kandidat Konstantinopels durch, was aber Byzanz faktisch keinen Machtzuwachs brachte. Manuel führte nebenher einen ausgedehnten Briefwechsel mit König Heinrich II. von England, dem Erzrivalen Frankreichs, ein handgreiflicher Erfolg blieb jedoch auch hier aus.

1152, kurz vor seinem Tod, traf Konrad II. erneut Anstalten, gegen die Normannen vorzugehen. Sein Nachfolger Friedrich Barbarossa war jedoch nicht geneigt, den byzantinischen Anspruch auf Süditalien und Sizilien zu unterstützen. Die Allianz zerbrach und schlug bald um in offene Feindschaft. Manuel hatte zu diesem Zeitpunkt die militärische Schwäche des Reiches durch den Neuaufbau einer Söldnerarmee überwunden, was ihn in die Lage versetzte, nun ohne fremde Hilfe die byzantinischen Interessen auf dem Balkan durchzusetzen.

1154 folgte in Sizilien auf Roger II. sein Sohn Wilhelm I., für Manuel der Anlaß, in Italien aktiv zu werden. Seine Flotte belagerte Ancona. Nachdem die Stadt gefallen war, marschierten byzantinische Truppen südwärts, und bald kontrollierte Byzanz die ganze Ostküste Italiens bis zum Golf von Tarent; die Soldaten wurden häufig als Befreier vom Normannenjoch begrüßt. Zeitgenössische Preislieder sahen in Manuel schon den neuen Justinian, vielleicht hatte der Kaiser auch wirklich vor, dessen Westpolitik nachzuahmen. Was auch immer seine genaueren Pläne gewesen sein mögen, es war im ganzen gesehen ein schier unmögliches Unterfangen. Justinian hatte das Wandalenreich, dann das Reich der Ostgoten erobert und damit sein Hauptziel erreicht. Im 12. Jahrhundert war kaum anzunehmen, daß so kraftvolle Staaten wie Frankreich und das Hl. Römische Reich einer Verschiebung des Mächtegleichgewichts tatenlos zusehen würden, auch Venedig war erklärter Gegner einer solchen Politik. Für Byzanz wäre die aktive Unterstützung durch die Landbevölkerung und die Städte Italiens unbedingt erforderlich gewesen, ohne päpstliches Placet konnte man dies niemals erreichen. Die Parteinahme des Papstes hätte man aber um den Preis der Kircheneinheit nach lateinischer Form erkaufen können — für die Ostkirche wiederum eine unmögliche Vorstellung. Das in Konstantinopel vorherrschende Ressentiment gegenüber den Lateinern verbot jede Politik des Ausgleichs, sie wäre auch kaum von der Bevölkerung des Reiches hingenommen worden. Doch der Italienfeldzug der Byzantiner hatte aus anderen Gründen verheerende Folgen. 1156 schlug Wilhelm I. von Sizilien die Byzantiner bei Brindisi entscheidend, so daß sie sich bald aus ganz Italien zurückziehen mußten; Friedrich Barbarossa, zunächst noch ein reservierter Beobachter der Szene, wandte sich nun ganz von Byzanz ab. Manuel zog die Konsequenz, verzichtete darauf, weitere Luftschlösser im Westen zu bauen und besiegelte diese Kehrtwendung seiner Politik 1158 durch einen Vertrag mit dem Normannenreich. Kaiser Manuel wandte sein Interesse nun den Kreuzfahrerstaaten zu. Und hier, wo er sich schwachen, untereinander zerstrittenen Gegnern gegenübersah, die zudem dauernd von den Türken bedrängt wurden, feierte er spektakuläre Siege. 1158, an der Spitze eines riesigen Aufgebots, zwang er das wiedererstandene armenische Königreich in Kilikien ohne Schwierigkeiten, ihn als Souverän anzuerkennen, desgleichen beeilte sich Rainald von Antiochia, dem Kaiser ergebenst Reverenz zu erweisen. Barfüßig begab er sich im Büßergewand vor seinem Gefolge einherschreitend bei Mamistra ins Heerlager Manuels und warf sich ihm zu Füßen. Der Kaiser nahm eine Weile keine Notiz von ihm, er wurde aber gnädig aufgenommen, als Rainald versprach, eine byzantinische Besatzung in Antiochia zu dulden, Hilfstruppen zu stellen und den katholischen Patriarchen seiner Stadt durch einen orthodoxen Geistlichen zu ersetzen. Auch König Balduin von Jerusalem, kein Freund von Rainald, begab sich bereitwillig unter byzantinische Schutzherrschaft.

Im Frühling des folgenden Jahres hielt Manuel glänzenden Einzug in Antiochia, Symbol für die neue Einheit zwischen Byzanz und den Kreuzfahrerstaaten. Mit seinen doppelaxtbewehrten varangischen Garden, die ihm vorausgingen, erschien der Kaiser zu Pferde, angetan mit der Purpurrobe über dem goldbestickten Mantel, eine juwelenbesetzte Krone auf dem Haupt. Rainald von Antiochia ging neben ihm einher, die Zügel des Pferdes in der Hand. Hinter Manuel, unbewaffnet und ohne Krone, der König von Jerusalem zu Pferde, es folgte die Schar der Würdenträger in festlichen Gewändern. Der farbenprächtige Zug über die teppichbelegten, blumenübersäten Straßen ging vom Stadttor zur Kathedrale, dann zum Palast. Eine glänzende Festwoche mit Turnierspielen und anderen Feiern schloß sich an, in der sich Manuel durch große Freigebigkeit die Herzen aller eroberte — ein hervorragend inszeniertes Schauspiel also, das den Erwartungen des Volkes entsprach; doch es fiel kein Wort vom Krieg gegen die Ungläubigen. Als die Festlichkeiten zu Ende gingen, begab sich Manuel an die türkische Grenze, um mit den Abgesandten des Sultans einen Vertrag abzuschließen. Es sollte keinen großen Feldzug gegen die islamischen Eroberer geben, und doch waren die Kreuzfahrerstaaten nun von Byzanz abhängig — man fühlte sich trickreich hintergangen.

Manuel hatte keinerlei Interesse daran, einen verlustreichen Türkenkrieg vom Zaun zu brechen, da auch andere Grenzgebiete gefährdet waren, besonders im unruhigen Nord-Balkan. Der schwebende Konflikt mit Ungarn konnte jederzeit in Krieg ausarten. Als König Geza von Ungarn 1161 starb, unterstützte Manuel dessen Brüder gegen den Thronfolger Stephan III. und konnte so die byzanzfreundliche Partei, der auch viele Geistliche angehörten, in seinem Sinne beeinflussen; ein Erfolg, der sich sichtbar im Vertrag von 1164 niederschlug, welcher die Lage an der Nordgrenze stabilisierte. In jenen Jahren relativer Ruhe sah Konstantinopel den Sultan der Seldschuken Kilidj Arslan in seinen Mauern zu Gast. Feierlichkeiten und byzantinische Prachtentfaltung zu Ehren des hohen Besuchs müssen den Führern der christlichen Kreuzfahrerstaaten wie glatter Hohn vorgekommen sein. Was von den Byzantinern als Beweis und Symbol der eigenen Staatsmacht angesehen wurde, galt ihnen als erneute Bestätigung der Doppelzüngigkeit byzantinischer Politik.

1167 schien für Manuel die Gelegenheit günstig, in einem Feldzug nicht nur Dalmatien, Kroatien und Bosnien zu annektieren, sondern offenbar auch ganz Ungarn. Während das erste Ziel militärisch gelöst wurde, glaubte er der Lösung der Ungarnfrage durch die Eheschließung seiner Tochter Maria mit Bela-Alexios, dem präsumptiven Erben des Ungarnreiches, näherzukommen. Darüber hinaus proklamierte er öffentlich seinen Schwiegersohn, der in Konstantinopel als Geisel lebte, zum Erben und Nachfolger auf dem byzantinischen Thron. Ob dieser Schachzug ernstgemeintes politisches Kalkül oder lediglich ein taktisches Manöver war, um byzantinische Interessen in Ungarn zu dokumentieren, entzieht sich unserer Kenntnis. Schon im nächsten Jahr wurde Manuels zweiter Gemahlin Maria von Antiochia ein Sohn geboren und Bela-Alexios von der Thronfolge ausgeschlossen. Er kehrte später nach Ungarn zurück, um die Nachfolge Stephans III. anzutreten, blieb aber weiterhin ein verläßlicher Freund Konstantinopels.

Von den ungarisch-byzantinischen Querelen hatte ein serbischer Fürst, Stephan Nemanja, insoweit profitiert, als es ihm gelang, ein einheitliches serbisches Staatswesen zu begründen. Nach dem Friedensschluß der beiden Mächte widersetzte er sich energisch dem byzantinischen Druck, doch vergebens. Im Jahr 1172 mußte er den Traum von einem unabhängigen Serbien begraben und die — freilich eher formale — Oberhoheit des Kaisers anerkennen. Das serbische Königreich erhielt jedoch niemals den Status einer einfachen byzantinischen Provinz wie noch hundert Jahre zuvor Bulgarien.

Das Ende der Allianz mit Venedig und dem Reich der Deutschen machte erneut den ruinösen Einfluß der privilegierten Venezianer im Handel mit Byzanz offenkundig. Manuel versuchte, diesem Mißstand durch Verträge mit Genua 1169 und Pisa 1170 abzuhelfen, doch beiden Städten gelang es nicht, Venedig einen größeren Handelsanteil abzujagen. Manuel änderte seine Taktik und ging zu einer Politik der Nadelstiche gegen venezianische Bürger über, was die Beziehungen enorm belastete. Den ersten Höhepunkt der Krise markierte eine Aktion am 12. März, als alle Venezianer im Reichsgebiet plötzlich festgenommen und ihre bewegliche Habe konfisziert wurde, ein Beweis zwar für die den westlichen Staaten damals weit überlegene Effizienz der byzantinischen Zivilbehörden, nur war das alles ein Schlag ins Wasser. Im Gegenzug plünderten die Venezianer die Inseln Chios und Lesbos, ohne daß die byzantinische Flotte, die seit der Einnahme von Ancona sehr heruntergekommen war, den Galeeren der *Serenissima Repubblica* ernsthaften Widerstand leistete. Die Beziehungen blieben bis nach Manuels Tod unterbrochen, während das antiwestliche Ressentiment in Konstantinopel beständig zunahm. Teilweise aufgrund der Spannungen mit Venedig unterstützte Manuel hinfort das antistaufische Bündnis der lombardischen Städte, denn Friedrich Barbarossa stand mit Venedig auf gutem Fuß. Rein machtpolitisch konnte Byzanz jedoch in Italien kaum entscheidenden Einfluß ausüben, dazu hatte es sich selbst zu sehr isoliert. Und diese Tatsache bestärkte Konstantinopel zusätzlich in seiner Frontstellung gegen den Westen. Man unterschied nicht mehr Freund oder Feind, sondern alle Westler wurden nun als gleichermaßen arrogant, unzuverlässig und hinterhältig abqualifiziert. Was diese nicht daran hinderte, ihrerseits die Byzantiner als den Inbegriff von Verschlagenheit und Verrat zu apostrophieren.

Inzwischen erkannte Sultan Kilidj Arslan, daß man die Isolation Konstantinopels ausnutzen müsse. Diplomatisch unterstützt von Friedrich Barbarossa, griff er 1175 nach vielen Friedensjahren byzantinisches Gebiet in Kleinasien an, worauf sich Manuel im folgenden Jahr mit praktisch dem gesamten Heeresaufgebot, das Byzanz damals zur Verfügung stand, nach Kleinasien begab. Während Barbarossa wohl hoffte, der Seldschukenangriff würde den türkischen Druck auf die Kreuzfahrerstaaten vermindern, hatte Manuel vor, die Türken endgültig aus ganz Kleinasien hinauszudrängen; sein taktisches Ziel war die Seldschukenhauptstadt Konja. Als seine Armee das Mäandertal aufwärts in Richtung Sultan Dagh marschierte, mußte sie eine Paßhöhe überwinden, auf deren anderer Seite die verlassene byzantinische Festung Myriokephalon lag. Die Türken konnten die Paßstrecke von den umgebenden Hügeln aus gut einsehen, was den Byzantinern auch bewußt war, und man diskutierte heftig, ob man im Angesicht des Feindes, dazu relativ ungeschützt, vorrücken sollte. Die Heißsporne gaben den Ausschlag, man postierte einen

Flankenschutz, und die Armee marschierte weiter, ohne daß die Türken ernsthaft den Weg zu verlegen suchten. Doch plötzlich stürmten die Seldschuken von den Hügeln herab, bedrängten die Byzantiner an den Flanken hart, setzten der Nachhut kräftig zu, so daß die lange Linie der Heeresabteilungen dichter zusammenrückte, sich aber weiter stetig vorwärts bewegte. Als Kaiser Manuel aus irgendeinem taktischen Grund oder weil er die Nerven verlor, plötzlich kehrtmachte, und das ihm folgende Hauptkontingent entgegen der ursprünglichen Marschrichtung auf den Troß stieß, war die Verwirrung vollkommen, denn auf dem schmalen Weg blockierte man sich gegenseitig. Gnadenlos nutzte der Feind nun seine Chance, erst die Nacht setzte dem Gemetzel ein Ende. Manuel akzeptierte bald darauf des Sultans Waffenstillstandsangebot und zog mit den Resten seiner geschlagenen Armee ab. Kilidj Arslan war sich wohl über die Bedeutung seines Sieges nicht im klaren, lag sein Hauptinteresse doch wesentlich im Osten und Süden. Manuel hingegen wußte, was er verloren hatte: Er selbst verglich die vernichtende Niederlage bei Myriokephalon mit der bei Mantzikert hundert Jahre zuvor. Die durch große Opfer der Bevölkerung aufgebaute Armee existierte nicht mehr, das Reich, von beutegierigen Feinden umgeben, war bar jeden wirksamen Schutzes, der Traum von der Supermacht endgültig zu Ende, und auch in Italien mußte man die letzten byzantinischen Stützpunkte als endgültig

Portraits von sechs Kaisern, aus einer Handschrift des 14. Jhs. Beginnend links oben Johannes II., Manuel I., Alexios II., Andronikos I., Isaak II. und Alexios III.

verloren ansehen. Ungarn und Serben wurden wieder an der Nordgrenze aktiv, ohne daß der Kaiser die Mittel gehabt hätte, ihnen entgegenzutreten – Byzanz war zu Tode erschöpft. Söldnerarmeen hatten die durch sorgsame Finanzpolitik des Vaters angehäuften Mittel vollständig aufgezehrt, die militärische Führung war unheilvoll gespalten in ›Byzantiner‹ und ›Westler‹, der Effekt aller militärischen Anstrengungen blieb letztlich gleich Null.

Manuel starb 1180, vier Jahre nach der Katastrophe bei Myriokephalon. Für den zwölfjährigen Sohn Alexios II. übernahm seine Mutter Maria von Antiochia die Regentschaft. Da sie eine dem Westen gegenüber freundliche Politik verfolgte, hatte sie bei der anti-lateinischen Einstellung der übrigen Kaiserfamilie und der hohen Würdenträger einen schweren Stand, außerdem akzeptierte man in Konstantinopel höchst ungern die Herrschaft einer Ausländerin. Alle Komnenenkaiser sorgten dafür, daß Mitglieder der eigenen Familie einflußreiche Posten in Militär und Verwaltung erhielten, so daß sicherlich erfahrene politische Führungskräfte zur Verfügung standen – wäre man sich nur einig gewesen. Der Tod einer energischen, zupackenden Persönlichkeit vom Schlage Manuels hinterließ daher ein Vakuum, in das dann ausgerechnet das schwarze Schaf der Familie, Andronikos Komnenos, hineinstoßen sollte.

Die Nachricht von Manuels Tod erwies sich als Stichwort für die beutelüsternen Nachbarn des Reiches, nun ihre schon seit Myriokephalon gehegten Pläne in die Tat umzusetzen. 1181 eroberte König Bela von Ungarn Dalmatien, einen Großteil Kroatiens sowie die wichtige Festung Sirmium an der alten Militärstraße nach Konstantinopel. Auch Serbien schüttelte wieder einmal die lästige byzantinische Oberhoheit ab – fast der gesamte westliche Balkan entglitt so der Kontrolle Konstantinopels. Zwei Jahre später marschierten Ungarn und Serben gemeinsam weiter nach Süden entlang der Militärstraße; Belgrad, Braničevo, Niš, Sofia und andere Städte wurden 1183 nahezu völlig in Schutt und Asche gelegt. (Glücklicherweise entgingen, sei es aus Gründen der Pietät oder weil die Truppen zu rasch vorrückten, zahlreiche frühbyzantinische Kirchen in Sofia der Zerstörungswut.) Im Westen ließen sich die Normannen bis zum Jahr 1185 Zeit, dann aber nahmen sie Dyrrhachium im Sturm, die Inseln Korfu, Kephallonia und Zakynthos fielen ohne Gegenwehr in ihre Hand. Damit nicht genug; im August mußte auch Thessaloniki nach neuntägiger Belagerung durch die normannische Flotte aufgeben – militärische Führung und Verteidiger der Stadt zeigten allerdings weder Widerstandsgeist noch fachliche Kompetenz. Der Eroberung der reichen Stadt, der zweiten großen Metropole des byzantinischen Reiches, stellte die Normannen vor Probleme, die in ihren Augen offenbar nur durch brutalsten Terror und das wahllose Hinschlachten eines Großteils der gefangenen Bürger gelöst werden konnten. Schließlich gelang es Eusthatius, dem Erzbischof der Stadt, mit den Eroberern in Verhandlungen einzutreten. Früher Lehrer am Theologischen Seminar in Konstantinopel und ein geachteter Wissenschaftler, wurde er damals zum Augenzeugen des grauenhaften Ereignisses. Sein Bericht erhellt bereits überdeutlich den beginnenden Zusammenbruch der Verwaltung und die allmähliche Auflösung des byzantinischen Staates.

Von Thessaloniki aus rückte das Heer der Normannen zu Lande in Richtung Konstantinopel vor, doch die Disziplin ließ rasch nach, da Beutemachen und Plündern weiterhin an erster Stelle standen, zudem wurden viele Soldaten Opfer von Seuchen. Ein aus der Hauptstadt entsandtes byzantinisches Korps hatte kaum Mühe, die verwilderten Haufen zu schlagen und in alle Winde zu zerstreuen. Ohne Frage waren die Normannen nicht in der Lage, eine größere Kraftprobe zu Lande erfolgreich zu bestehen.

Inzwischen überschlugen sich die Ereignisse in Konstantinopel. Die oppositionelle Gruppe um Rainier von Monferrat und seine Gemahlin Maria (eine Stieftochter der Regentin) versuchte, Maria von Antiochia durch einen Mordanschlag auszuschalten, hatte damit aber keinen Erfolg. Zwistigkeiten der Verschwörer untereinander ließen die Regentin ihren Schwager Bela III. von Ungarn um Hilfe angehen, für diesen eine willkommene Einladung.

Andronikos Komnenos, ein Sohn von Manuels Onkel Isaak, Neffe von Anna Komnena, der Historikerin, war etwas jünger als Manuel. Wie dieser war er ein Mann der Tat, äußerst intelligent und von gewinnendem Charme. Sein Mangel an Regierungserfahrung und ein Hang zum Sich-gehen-lassen bestimmten außerdem das Verhältnis zu Manuel, was man am besten als eine Mischung von Herzlichkeit gepaart mit Mißtrauen charakterisieren kann. Andronikos hatte in den Türkenkriegen große Umsicht und Tapferkeit bewiesen. 1151 gab ihm Manuel die Kommandogewalt in Kilikien, ein wichtiger Posten auch für die Beziehungen zu den Kreuzfahrerstaaten, er tat sich hier aber etwas schwer. Zwei Jahre später wurde er Befehlshaber der Kreise Nîs und Braničevo. Seine Stellung nutzte er zu Geheimverhandlungen mit dem König von Ungarn, die an Hochverrat grenzten, so daß er 1154 in der Hauptstadt gefangengesetzt wurde. Als dort ein zweiter Ausbruchsversuch gelang, begab er sich heimlich nach Galizien, wo ihn Fürst Jaroslaw gastfreundlich empfing; hatte er doch unverhofft ein diplomatisches Druckmittel in die Hand bekommen: Man konnte nun legitimerweise Andronikos' Rückkehr nach Konstantinopel militärisch unterstützen. Von Manuel amnestiert, kam Andronikos 1165 jedoch friedlich in die Hauptstadt und erhielt erneut den Gouverneursposten in Kilikien. Anstatt dort seinen Charme in der Auseinandersetzung mit widerspenstigen Armeniern sinnvoll zu nutzen, verführte er lieber Prinzessinnen aus den Kreuzfahrerstaaten. Erstes Opfer war Philippa von Antiochia, die Schwester des Fürsten Bohemund; sie beschwerte sich heftig bei ihrem Schwager Manuel, was zur Abberufung Andronikos' aus Kilikien führte. Klug genug, nicht nach Konstantinopel zurückzukehren, bereiste er daraufhin lieber die Kreuzfahrerstaaten auf Kosten der Steuerzahler Kilikiens. Zu Akron scheute er sich nicht, sein zweites Opfer, Theodora, die verwitwete Königin von Jerusalem, als Mätresse zu halten. Als Manuel auf dringende Bitten des Königs Amalrich hin versuchte, des schwarzen Schafes habhaft zu werden, entwich er mit seiner Geliebten über die Grenze ins moslemische Damaskus, freudig begrüßt von Emir Nur-el-Din. Nach Jahren unsteten Wanderns — auch in Bagdad tauchte das Paar für kurze Zeit auf — ließ sich Andronikos mit seiner Theodora in einer Burg Paphlagoniens, nahe der byzantinischen Grenze nieder. Während der letzten Regierungsjahre Manuels wurde es ihm immer schwerer, die byzantinische Politik nur als Beobachter zu verfolgen; zuletzt warf er sich mit wohleinstudierter Theatralik — er war ein sehr guter Schauspieler — in Konstantinopel dem Kaiser zu Füßen. Er erreichte eine erneute Amnestie und wurde zum Gouverneur von Pontus am Schwarzen Meer ernannt. Hier erhielt er die Nachrichten vom Tod Manuels und der angespannten Lage in der Hauptstadt.

Andronikos erkannte seine Chance. Als Mitglied der kaiserlichen Familie wie als krasser Außenseiter war er schon zu Lebzeiten zur legendären Figur geworden. Als er von den andauernden Querelen hörte, entschloß er sich zum Handeln. Anfang 1182 marschierte er an der Spitze eines kleinen Heeres nach Westen auf Konstantinopel zu und erhielt unterwegs starken Zulauf von der armen Bauernbevölkerung, die sich durch ihn eine Verbesserung ihrer Lebensbedingungen erhoffte. Bei der Ankunft in Chalcedon im Mai 1182 verfügte er so über eine beträchtliche Streitmacht. In der Hauptstadt kam es plötzlich zu blutigen anti-lateinischen Ausschreitungen — zweifellos waren Andronikos' Agenten hierbei nicht untätig geblieben —, in deren Verlauf fast alle Parteigänger der Regentin entweder umkamen oder über See flüchten mußten. Nach dem Massaker öffnete man dem heranrückenden Andronikos die Stadttore, das Volk jubelte auf den blutgetränkten Straßen seinem neuen Helden zu.

Zunächst machte sich Andronikos zum Regenten und Beschützer des jungen Alexios II. Die Kaiserinwitwe und frühere Regentin Maria wurde des verräterischen Briefwechsels mit dem König von Ungarn überführt, für schuldig befunden und zum Tode verurteilt. Man übermalte ihre Portraits auf öffentlichen Plätzen, so daß sie, statt als schöne junge Frau, als häßliche Hexe erschien. Im September 1183 wurde Andronikos zum Mitkaiser gekrönt, im November ließ er Alexios aus dem Weg räumen. Andronikos heiratete wenig später die 13jährige Verlobte seines früheren Schützlings, Agnes-Anna, die Tochter Ludwigs VII. von Frankreich.

Der neue Kaiser hatte eine klar umrissene Politik. Er glaubte, daß die Militäraristokratie, die während des vorhergehenden Jahrhunderts geherrscht hatte, das Reich ruiniert habe und wollte eine seinem Gefühl nach gerechtere Gesellschaft aufbauen; auch sollte die Westpolitik auf Sparflamme gehalten werden. Unter diesem Aspekt entließ er viele adelige Stelleninhaber und ersetzte sie durch Männer niederen Standes. Der Korruption versuchte er mit eisernem Besen ein Ende zu setzen, z. B. indem er das Sportelnunwesen und den Ämterkauf verbot. Auch der Ämtermißbrauch, den die Steuereinnehmer trieben, war ihm ein Dorn im Auge. Beamte sollten eine angemessene Bezahlung erhalten und streng bestraft werden, wenn sie Bestechungsgelder annähmen. Nicht zuletzt versuchte er, der Seeräuberplage in der Ägäis Herr zu werden. Es waren an sich bewundernswerte Maßnahmen, doch sie konnten nur von bleibender Dauer sein, wenn sie von einer radikalen Umstrukturierung der sozioökonomischen Struktur begleitet wurden. Dazu reichte die Machtstellung des Kaisers nicht aus. Zwar suchte er Unterstützung bei den Kaufleuten, deren Lebensunterhalt durch das lateinische Monopol im Außenhandel bedroht war, auch bei den von Feudalherren unterdrückten und ausgebeuteten Bauern — Andronikos hatte etwas von einem Populisten an sich; so ließ er sich in einer der Kirchen von Konstantinopel nicht in der juwelenbesetzten Robe oder der vergoldeten Rüstung eines Kaisers malen, sondern im Bauernkittel mit einer Sichel in der Hand — aber im 12. Jahrhundert waren weder die Kaufleute von Konstantinopel noch die Bauern auf den Latifundien eine wirksame politische Kraft. Andronikos mußte sich sputen. Er hatte nie die Kunst gelernt, eine Gruppe gegen die andere auszuspielen und auf den günstigen Augenblick zu warten. Die vertriebenen Aristokraten wurden wieder aktiv: es gab viele Attentate auf den Kaiser. Andronikos antwortete auf Gewalt mit neuer Gewalt. Es entwickelte sich eine Art Untergrund-Bürgerkrieg; die Intrigen seiner Gegner beantwortete er mit einem immer rücksichtsloser werdenden Terrorregime. Schließlich hatten auch die Gruppen, die seine Machtergreifung begrüßten, von seinen Willkürakten genug: Sie liefen zur Gegenpartei über. Besonders galt dies von der Bevölkerung in Konstantinopel, die als erste unter seiner krankhaften Grausamkeit zu leiden hatte. Durch die Vertreibung

Ein Steuerbeamter bei seiner damals wie heute recht unpopulären Tätigkeit. Aus einer Handschrift des 12. Jhs.

der Militäraristokratie war das Reich unfähig, den Bedrohungen der Nachbarn zu begegnen, selbst hochverräterischen Aufrührern mußte man tatenlos zusehen. Im Jahre 1183 nahm Isaak Komnenos, der Enkel von Manuels älterem Bruder Isaak, Zypern ein und machte es zu einem unabhängigen Staat. Andronikos konnte nur noch Isaaks Freunde in Konstantinopel verhaften und hinrichten lassen. Schließlich verlor der Kaiser bis auf seine Leibwache jede Unterstützung in der Hauptstadt, wahrscheinlich auch in der Provinz. Was seinen Untergang noch beschleunigte, war der erbarmungslose Vernichtungskrieg der Normannen gegen Byzanz. Im Herbst 1185 wandte sich die geballte Volkswut gegen ihn; er wurde festgenommen und vom wütenden Mob bestialisch umgebracht.

Andronikos diente eine Zeitlang als Ventil für die aufgestaute Unzufriedenheit vieler Byzantiner. Er erkannte die Krebsübel der Zeit sehr klar, konnte aber auf Dauer kein Heilmittel für die Leiden des Reiches finden. Ungeschickt und ungeduldig wie er war, hinderte ihn seine vorschnelle Entschlossenheit zu brutaler Gewalt daran, wenigstens einen Aufschub der Krise zu erzwingen, was einem klügeren und weniger arroganten Herrscher vielleicht geglückt wäre.

Der Mob, der Andronikos hinschlachtete, war unfähig, das Reich zu regieren und wandte sich wegen eines Führers sofort an die Militäraristokratie. Man erhob Isaak Angelos, Mitglied einer unbedeutenden Familie, die unter den Komnenen zu großem Ansehen und Wohlstand gekommen war, zum Kaiser. Alle Reformdekrete des Andronikos wurden widerrufen oder einfach nicht ausgeführt. Die alten Mißbräuche wucherten krasser als vorher, offene Korruption war an der Tagesordnung. Sofort nach der Thronbesteigung Isaaks II. kam es zu einem Aufstand zweier vom neuen Kaiser gekränkter bulgarischer Magnaten; die bulgarischen Provinzen schlossen sich der Revolte an. Der damals proklamierte unabhängige Staat Bulgarien sah sich als Erbe des ersten bulgarischen Reiches unter Boris, Symeon und Samuel. Trotz zweier Feldzüge 1186 und 1187 war Isaak unfähig, die byzantinische Herrschaft wiederherzustellen; er mußte in einem Vertrag den neuen Staat sogar anerkennen. Dies bedeutete ein für allemal das Ende der byzantinischen Vorherrschaft auf dem Balkan. Fortan verblieben nur die Halbinsel Griechenland, Südmakedonien und Ostthrakien in byzantinischer Hand.

Der dritte Kreuzzug gegen Ende der 80er Jahre stellte das Reich vor die üblichen Probleme, es konnte allerdings die Schwierigkeiten weniger schnell überwinden als 1096 und 1146. Im Vertrag von Nürnberg 1188 garantierte Isaak den Kreuzfahrern freien Durchgang durch byzantinisches Territorium. Franzosen und Engländer nahmen dann doch die Seeroute, berührten die Interessen des Reiches also kaum. Nur Richard I. von England nahm 1191 Zypern dem Rebellen Isaak Komnenos ab, um eine Kränkung seiner Verlobten, Berengaria von Navarra, zu rächen. Wenig später gab er die Insel Guy de Lusignan, dem früheren König von Jerusalem. Die deutschen Kreuzfahrer, die über Land kamen, und besonders ihr Führer Kaiser Friedrich Barbarossa, waren Byzanz nicht freundlich gesonnen. Auf dem Balkan wurde die Armee 1189 von Serbien und Bulgarien willkommen geheißen. Mit beiden Staaten schloß der Kaiser ein Bündnis gegen Byzanz. Es bleibt eine offene Frage, ob er Isaak II. bedrohen und so den Durchzug zum Heiligen Land sichern wollte, oder ob er bestrebt war, eine längst überfällige Korrektur der Machtverhältnisse auf dem Balkan durchzusetzen. Wie dem auch sei, Friedrich besetzte Philippopolis, als ob es Feindesland wäre. Mit Gewalt nahm er auch Adrianopel ein, denn die Bürger weigerten sich, ihm die Stadttore zu öffnen. Als die deutsche Armee auf Konstantinopel zu marschierte, und Barbarossa Gesandte in die Hauptstadt vorausschickte, ließ Isaak sie verhaften und weigerte sich, mit Friedrich zu verhandeln. Daraufhin eroberte der deutsche Kaiser Didimotichon in Thrakien und befahl seinem

Sohn Heinrich, Schiffe zu besorgen und vom Papst die Einwilligung für einen Kreuzzug gegen die Griechen einzuholen, deren Winkelzüge und Falschheit sie *de facto* zu Bündnispartnern der Ungläubigen machte. Angesichts dieser Bedrohung ließ Isaak die Botschafter frei und entschuldigte sich in aller Form bei Friedrich. Man schusterte sich einen Vertrag zurecht, nach dem Byzanz den Deutschen Geiseln stellen, die Deutschen dafür über die Dardanellen, nicht über die Bosporus nach Asien ziehen sollten. Bis zu dieser Überfahrt im Frühjahr 1190 fragten sich die Byzantiner mit Besorgnis, ob der deutsche Kaiser seine Meinung ändern würde.

Die öffentliche Demütigung, die Byzanz auferlegt worden war, hätte kaum größer sein können und wurde auch nicht durch die Erleichterung wettgemacht, mit der die Byzantiner im Sommer darauf erfuhren, daß Barbarossa vom Pferd gefallen und im Kalykadnos in Kilikien ertrunken war.

Nach dem Tod des Deutschen versuchte Isaak, den byzantinischen Einfluß auf dem Balkan wieder zur Geltung zu bringen. 1190 besiegte er Stephan Nemanja von Serbien und zwang ihn, ein Stück seines Territoriums herauszugeben, wurde aber selbst von den Bulgaren besiegt. 1194 mußte er erneut eine bittere Niederlage durch die Bulgaren bei Arkadiopolis einstecken. Die Unzufriedenheit gerade der Gruppen, die ihm zur Macht verholfen hatten, wuchs, man versuchte behutsam, sich vom schwachen Regiment Isaaks zu distanzieren. Im April 1195 wurde Isaak II. nach einer Palastrevolte abgesetzt, geblendet und ins Gefängnis geworfen. Die Wahl der Verschwörer fiel auf seinen älteren Bruder Alexios III. Angelos, der sich nach seiner Großmutter lieber ›Komnenos‹ nannte. Wenn Isaak auch wenig als Administrator leistete, so war er doch zumindest ein mutiger und tatkräftiger Soldat. Alexios III. galt als vergnügungssüchtige Null, er wurde zudem von seiner zielstrebigen, aber unverständigen Frau Euphrosyne beherrscht. Euphrosynes Schwager Michael Stryphnos, der Oberkommandierende der Flotte, tat sich durch den Verkauf von Schiffen hervor. Das Geld steckte er in die eigene Tasche zu einem Zeitpunkt, als die venezianische Flotte im Jahr 1203 schon unterwegs war, um Konstantinopel anzugreifen.

Die acht Jahre der Regierung Alexios' III. sind eine traurige Chronik des Mißerfolgs. Stephan Nemanja, der Gründer des serbischen Königreiches, dankte 1196 ab und zog sich in ein Kloster zurück. Sein Nachfolger wurde der jüngere Sohn Stephan, der mit einer Tochter von Alexios III. verheiratet war. Byzanz war zu schwach, um die Gelegenheit zu nutzen und den byzantinischen Einfluß auf den Balkan auszudehnen. Als sich Stephans älterer Bruder Vukan gegen ihn erhob, wandte sich der serbische Monarch an Ungarn, nicht an Byzanz um Unterstützung. Alexios' Versuche, den Krieg mit Bulgarien durch Verhandlungen zu beenden, scheiterten. Mehrere Jahre lang zogen sich die Feindseligkeiten hin. Bulgarische Armeen marschierten ungehindert sengend und plündernd durch Makedonien. Nach komplizierten diplomatischen Verhandlungen — auch mit Unterstützung zweier bulgarischer Rebellen, die eigene Herzogtümer errichtet hatten — fiel ein großer Teil Makedoniens an Bulgarien. Vom Westen her drohten inzwischen Gewitterwolken. Heinrich VI., der neue deutsche Kaiser und Erbe des normannischen Königreiches Sizilien, träumte davon, die ›Weltherrschaft‹ zu erringen. Sein Bruder Philipp von Schwaben war mit einer Tochter des früheren byzantinischen Kaisers Isaak II. verheiratet, eine Beziehung, die Heinrich ausnützte, um seine feindseligen Absichten gegenüber

Byzanz zu rechtfertigen. Alexios III. war nicht geneigt, den Kampf mit der neuen Supermacht im Westen aufzunehmen. Durch Zugeständnisse suchte er Zeit zu gewinnen, u. a. erklärte er sich zur Zahlung von 1600 Pfund Gold jährlich bereit. Dieses Geld wurde durch eine drückende Sondersteuer erhoben, das ›Alamanikon‹. Sogar die Gräber früherer Kaiser in der Apostelkirche wurden ihrer Schmuckstücke beraubt, um Heinrichs Forde-rungen zu erfüllen. 1197 starb der deutsche Kaiser plötzlich. Die von Heinrich und seinem Vater geschaffene Bündnisstruktur begann sich aufzulösen, da die verschiedenen Machthaber getrennte Ziele verfolgten. Alexios III. konnte das verhaßte ›Alamanikon‹ abschaffen, aber selbst jetzt gelang es ihm nicht, durch diplomatische Initiative die Lage des Reiches zu verbessern. Statt dessen schlug er ein Bündnis mit dem Papst vor, den er nach dem Zerfall der deutschen Kaisermacht zu Recht für den entscheidenden Faktor in Italien hielt. Doch der Preis wäre die Kirchenunion gewesen; sie kam bei den in Konstantinopel vorherrschenden anti-lateinischen Gefühlen jedoch nicht in Frage. Der Patriarch Johannes Kamateros widersetzte sich allen Zugeständnissen an die Westkirche, so daß die von Alexios vorgeschlagene Union stillschweigend aufgegeben werden mußte. Um 1198 folgte auf Papst Celestin III. der tatkräftige und unbeugsame Innozenz III., dessen Pläne für einen weiteren Kreuzzug die nachhaltigste Unterstützung fanden. Innozenz betrachtete das byzantinische Reich sozusagen als Vorhut des Abendlandes. Nach der notwendigen Kirchenunion sollte es voll in den Kreuzzug integriert werden und mithelfen, die Moslems ein für allemal aus dem Heiligen Land zu vertreiben. Der Doge von Venedig, Enrico Dandolo, der offenbar eine vor Jahren in Konstantinopel erlittene Kränkung nicht verwinden konnte, war allerdings nicht im geringsten an der Vertreibung der Moslems interessiert, da Venedig mit ihnen einen lebhaften und einträglichen Handel betrieb. Er setzte alles daran, das byzantinische Reich zu liquidieren – das letzte Hindernis auf dem Weg zur venezianischen Oberhoheit im Ostmittelmeergebiet. Außerdem befand er sich in einer starken Position, da die Kreuzfahrer ihm Geld schuldeten. Philipp von Schwaben, der Bruder Heinrichs VI., fühlte sich verpflichtet, den Mann zu besiegen, der seinen Schwiegervater entthront und geblendet hatte, war also auch nicht abgeneigt, im Trüben zu fischen. Das Zusammentreffen dieser verschiedenen Interessen machte den geplanten Kreuzzug fast zwangsläufig zu einem Instrument für die Eroberung des christlichen Ostens, daß es auch feindliche Moslems gab, vergaß man fast völlig.

Die byzantinische Regierung war sich der Gefahr wohl bewußt, konnte aber wenig tun, um sie abzuwenden. Der kleinste Schritt auf eine Kirchenunion hin, die das Reich unter den mächtigen Schutz des Papstes gestellt hätte, wurde von den byzantinischen Kirchenführern mit unnachgiebiger Feindschaft aufgenommen. In diesem Augenblick kristallisierten sich hier die fast krankhaften anti-lateinischen Gefühle des Volkes.

Das Kreuzfahrerheer versammelte sich 1201 in Venedig. Die Venezianer stellten Schiffe nur unter der Bedingung zur Verfügung, daß Hafen und Festung Zara (Zadar) des christlichen Ungarn erobert würden, was die Kreuzritter denn auch pflichtschuldigst taten. In der Zwischenzeit konnte Alexios, der Sohn Isaaks II. Angelos, aus seinem Gefängnis ausbrechen und in den Westen fliehen. Er wandte sich zunächst an Papst Innozenz, der ihm einen höflich zurückhaltenden Empfang bereitete. Dann begab er sich zu seinem Schwager Philipp von Schwaben, welcher sich bei Venedig und den Kreuzfahrern für Alexios einsetzte. Alexios hatte nichts zu verlieren, deshalb versprach er bereitwillig nicht nur ungeheure Geldsummen, sondern auch die Kirchenunion, falls man ihn zum Kaiser mache. Im Mai 1203 erklärten sich die Kreuzfahrer bereit, Konstantinopel ›en passant‹ einzunehmen und Alexios zum Kaiser von Byzanz zu erheben – als Geblendeter war Isaak II. unfähig zu regieren –, dann wollte man ins Heilige Land weitermarschieren. Im Juni erschien die venezianische Flotte mit der Kreuzfahrerarmee an Bord in der Nähe von Konstantinopel, nahm Galata auf der anderen Seite des Goldenen Horns ein und begann mit der Belagerung der Stadt. Konstantinopel fiel am 17. Juli, obwohl die varangische Garde und eine Handvoll byzantinischer Truppen mutig Widerstand leisteten. Alexios III. floh mit den Kronjuwelen, Isaak II. wurde aus dem Gefängnis freigelassen und als Titularkaiser wieder eingesetzt, obgleich sein Sohn, als Alexios IV. zum Mitkaiser ausgerufen, der eigentliche neue Herrscher war.

Das neue Kaisertum war von Anfang an machtlos, da die Venezianer für erwiesene Dienste Zahlungen verlangten, die Stadtbevölkerung aber nichts mit einem Kaiser zu tun haben wollte, der seinen Thron den Lateinern verdankte. Während die Kreuzfahrer außerhalb der Stadtmauern lagerten, gärte es in der Stadt, bis es im Januar 1204 zu einem Volksaufstand kam, der Alexios und seinen Vater hinwegfegte, ohne daß sich irgend jemand für sie einsetzte.

Da kein Besserer zu finden war, proklamierten die Führer des Aufstandes Alexios Dukas Murtzuphlos (mit den buschigen Augenbrauen), den Schwiegersohn von Alexios III. zum Kaiser. Für kurze Zeit regierte er als Alexios V. Die Kreuzfahrer sahen sich nun einem schwierigen Problem gegenüber. Sollten sie zum Heiligen Land weiterziehen und einen erklärten Feind der Lateiner in Konstantinopel gewähren lassen, oder sollten sie die Stadt ein zweites Mal erobern? Allmählich herrschte die Ansicht vor, daß das byzantinische Reich ausgeschaltet werden müsse. Im März 1204 entschied man sich auf einer Konferenz, das Reich unter den verschiedenen Kreuzfahrergruppen aufzuteilen, daneben sollte

Kaiser Alexios V., dessen dreimonatige Regierungszeit mit dem Fall Konstantinopels 1204 endete. Aus einer Handschrift des 14. Jhs.

ein westlicher Kaiser und ein lateinischer Patriarch in Konstantinopel etabliert werden. Am 13. April fiel die Stadt ein zweites Mal an die Kreuzfahrerarmeen. Drei Tage lang durfte die Soldateska ungehemmt plündern. Obwohl damals im Vergleich zu früheren Zeiten verarmt, war Konstantinopel immer noch die reichste Stadt der westlichen Welt; zumindest in den Augen der rauhbeinigen Soldaten aus Frankreich und Deutschland erschienen seine Straßen mit Gold gepflastert; sie verhielten sich nach dem Urteil eines modernen Historikers etwa so, wie die Wilden angesichts einer wertvollen Armbanduhr. Niemand kann berechnen, was in diesen Tagen an unersetzlichen Werten fortgetragen oder zerstört wurde, in seinen Ausmaßen ist der Vorgang nur mit der Plünderung Roms durch König Geiserich 455 vergleichbar. Viele Bürger wurden nicht nur ihrer Habe beraubt, sondern auch erbarmungslos hingemordet, andere verließen fluchtartig die Hauptstadt für immer. Als sich die Führer der Kreuzfahrer zur Kaiserwahl trafen, setzte sich der Kandidat Venedigs durch, Graf Balduin von Flandern. Am 16. Mai 1204 wurde er als erster lateinischer Kaiser von Byzanz in der Hagia Sophia gekrönt. Inzwischen marschierten die Kreuzfahrer wieder nach Westen durch Thrakien, man hatte jeden Gedanken an das Heilige Land aufgegeben. Der Marquis von Montferrat machte sich zum König von Thessaloniki, andere Kreuzritter wandten sich weiter nach Süden. Der burgundische Baron Othon de la Roche erhielt Athen und Böotien als Lehen, verschiedene lateinische Kleinstaaten entstanden gleichzeitig in Zentralgriechenland. Die Peloponnes fiel an Gottfried von Villehardouin, während Venedig Kreta, Euböa und einige andere Inseln besetzte. Nahezu das ganze Territorium des Reiches war den Kreuzrittern zugefallen, allein in Epirus, im nordwestlichen Kleinasien und im fernen Pontus blieben noch größere Gebiete unter griechischer Herrschaft. Das byzantinische Reich aber hatte aufgehört zu existieren.

Tradition und Erneuerung

Die von der Thronbesteigung Alexios' I. 1081 über die Herrschaft des Andronikos bis zur Eroberung Konstantinopels durch die Kreuzritter 1204 reichende Periode war eine janusköpfige Zeit. Der kräftige Aufschwung byzantinischer Macht endete in völliger Desintegration. Obwohl die Seldschuken das eigentliche Herzland des Reiches in Kleinasien besetzt hielten, wandten sich die militärischen Anstrengungen des Reiches vorwiegend nach Westen. Die Führungselite des Reiches verdankte ihre Position wesentlich diesen militärischen Aktivitäten, sie konnte dennoch nicht verhindern, daß die Verteidigungskraft dauernd sank. Zentralismus hieß das Losungswort der Zeit, trotzdem boten letztlich gerade jene Gebiete, die sich selbstherrlich von der zentralen Staatsmacht abgekoppelt hatten, den entschiedensten Widerstand gegen die Eroberungsgelüste der Lateiner. Die ältere Geschichtsschreibung suchte den Gang der Dinge mehr psychologisch mit der Frage nach der moralischen Qualität der einzelnen Herrscher zu erklären, obwohl über die Beurteilungskriterien keinerlei Einigkeit herrschte. Für manche Historiker waren Alexios I. ein grausamer Tyrann, Johannes II. und Manuel I. dagegen aufgeklärte Herrscher; andere sahen die Interessen des einfachen Volkes bei Alexios und Johannes gewahrt, Manuel erscheint bei ihnen als selbstsüchtiger, unfähiger Potentat. Nichts erhellt diese Uneinigkeit besser als die krassen Unterschiede bei der Beurteilung des rätselhaften Andronikos. Langsam kam man zu der Einsicht, daß der jeweilige Herrscher den Verlauf der Geschichte nicht immer allein beeinflussen konnte, so stellte man auch die Bedeutung der einzelnen gesellschaftlichen Gruppen mehr und mehr heraus. Dann untersuchte man die wechselnden wirtschaftlichen Interessen verschiedener Gruppierungen und bezog neben den erzählenden Quellen auch andere Quellengattungen mit ein. Verschiedene Historiker untersuchten auch die Interdependenz zwischen ökonomischen Interessen und der politischen Aktion; sie stellten z. B. die Frage, wie sich die Handelsprivilegien Venedigs praktisch auswirkten, und ob sie etwa die Wirtschaftsentwicklung der byzantinischen Städte positiv oder negativ beeinflußten; wer Andronikos Komnenos unterstützte und aus welchen Motiven heraus dies geschah, was letztlich zu seinem Sturz beitrug; ob der Militäradel eher als geschlossene Gruppe handelte, oder ob nicht vielleicht das Eigeninteresse doch stärker war als die Wirkung gemeinsamer Aktionen. Es wird deutlich, daß der fortschreitende Feudalisierungsprozeß nicht hinreicht, den Verfall von Byzanz zu erklären, zumal die westlichen Eroberer demselben Feudalsystem angehörten. Was interessant wäre zu wissen, ist, wie sich die Feudalbeziehungen in der byzantinischen Gesellschaft entwickelten und worin der Unterschied zur Entwicklung im Westen lag — schwer zu beantwortende Fragen angesichts des Totalverlusts der Bestände in byzantinischen Archiven, einige Klosterbibliotheken ausgenommen. Doch man kann wohl noch tiefer in die Problematik der byzantinischen Geschichte im 12. Jahrhundert eindringen als es bisher möglich war, vielleicht ist die Zeit reif für eine gründliche Aufarbeitung der Komnenenzeit. Die letzte dieser Periode gewidmete Studie, ein kurz nach 1900 von F. Chalandon veröffentlichtes Werk, ist in vielerlei Hinsicht überholt; sie beschäftigte sich auch fast nur mit der politisch-militärischen Geschichte des Zeitalters.

Im vorangehenden Kapitel wurden einige Erklärungsversuche unternommen, freilich sind sie nicht mehr als Arbeitshypothesen. Insgesamt ist die Kulturgeschichte dieser Zeit weniger problembeladen als das politisch-ökonomische Umfeld. Es gibt viele Texte aus dem 12. Jahrhundert, ebenso bieten die Kunstwerke eine gute Anschauung. Wir verfügen auch über viele detaillierte Berichte über Byzanz von Ausländern, z. B. von Chronisten der Kreuzzüge, von dem jüdischen Reisenden Benjamin von Tudela, von russischen Pilgern oder von arabischen Geographen. Wir müssen aber immer gewärtig sein, in unserer Analyse nicht ganz den Kern der Dinge zu treffen, da zu vieles bis heute im Dunkel der Geschichte verharrt. Als klar umrissen bietet sich trotz alledem das Bild dar, das die Byzantiner vom Westen hatten. Das Schisma von 1054 hatte vorrangig die Theologen betroffen, von der Masse der Laien war es kaum bemerkt worden. Immerhin entwickelte sich im Anschluß daran eine neue Literaturform, die antilateinische Streitschrift. Die frühen Abhandlungen wandten sich an Theologen und behandelten z. B. das Problem des ungesäuerten Brotes oder den Zölibat. Allmählich wurden daraus aber polemische Attacken, die theologische Irrtümer der Westler auf moralische Verderbtheit zurückführten. So ist die stereotype Verleumdung der Lateiner, die als dumm, barbarisch und bösartig hingestellt werden, bei Klerikern und Laien des Ostens zur literarischen Kunstform geworden, den Hauptanteil daran hat aber die Ostkirche, deren hervorragendes Kommunikationssystem für die Verbreitung solcher Vorurteile sorgte. Hatte man früher die Christen im Westen noch herablassend, sogar mitleidsvoll betrachtet als Leute, die leider nicht die Gelegenheit haben, zur Ostkirche zu gehören, charakterisierte man nun die Westler als durchaus fremdartig, wenn nicht sogar als potentielle Gegner.

Als 1089 die Normannen in Süditalien zum Angriff übergingen, schien sich die Meinung der byzantinischen Theologen über die Westchristen nur zu bestätigen. Der stereotypen Verurteilung fügte man nun noch die Variante bei, die Westler allgemein, besonders aber der Papst, seien aggressive Eroberer, und jene Meinung schien wiederum bestätigt, als die Kreuzfahrer in Konstantinopel erschienen. Negativ fiel den Byzantinern weiterhin auf, daß die Kreuzfahrerarmeen kein einheitliches Kommando und nur geringe Disziplin besaßen, außerdem erachteten sie die zahlreichen Geistlichen als Führer einer Militärabteilung als schlechterdings unmöglich. Seit der Zeit des Kaisers Justinian trennte die byzantinische Gesetzgebung klar das geistliche Amt vom zivilen Bereich; kriegerische Unternehmungen waren Sache des Kaisers, während der Klerus sich um den rechten Glauben, also in anderer Weise um die Wohlfahrt des Reiches bemühen sollte. Die Kreuzfahrer erschienen den Byzantinern entsprechend als im wesentlichen vom Papst gelenkt, z. B. äußerte sich die übrigens sehr weltgewandte Historikerin Anna Komnena mit Abscheu über diese Papstarmee. Besonders war der Anblick von Klerikern in Ritterrüstung den Byzantinern peinlich, weil ihr eigenes kanonisches Recht dem Geistlichen das Blutvergießen ausdrücklich verbot. Vor Zeiten war ein Dorfgeistlicher in Kappadokien exkommuniziert worden, als er gegen die arabischen Invasoren zu den Waffen griff; auf diesen Fall wiesen Historiker des 12. Jahrhunderts ausdrücklich hin.

Als die Führer des 1. Kreuzzuges in den vom Islam gewonnenen Gebieten unabhängige Staaten errichteten, statt sie an den rechtmäßigen Souverän, also den Kaiser, zurückzugeben, interpretierten die Byzantiner dieses Verhalten als Verrat. Hatte man nicht die Kreuzfahrer mit Transportmitteln und Verpflegung unterstützt, als diese sich anschickten, verlorenes Reichsgebiet zurückzugewinnen? In Konstantinopel fragte man sich, ob die Kreuzzüge nicht ein gigantischer Bluff seien, welcher die wahren Absichten der Ritter und ihres pseudochristlichen Führers, des Papstes, beschönigen sollte — nämlich die Eroberung und Inbesitznahme aller Gebiete der östlichen Christenheit? Man registrierte auch betroffen, wie wenig Unterstützung diese Christen den durch die ägyptischen

Fatimiden hart bedrängten eigenen Truppen angedeihen ließen — auch die Fatimiden hatten Pilgerreisen ins Heilige Land behindert — oder daß die Kreuzritter die Besetzung fast ganz Kleinasiens, eines christlichen Landes, durch die Seldschuken nahezu völlig ignorierten.

Die Kritik an den Kreuzzügen erhielt zusätzlich Nahrung durch das herrische Auftreten der Kreuzfahrer, die sich auf Reichsgebiet oft als die wahren Herren aufspielten. Der Bauer oder Stadtbürger, dessen Habe geraubt und dessen Frau vergewaltigt wurde, konnte absolut keinen Unterschied zwischen dem christlichen Ritter und dem ›ungläubigen‹ Moslem sehen; dieser gab wenigstens nicht vor, die Christenheit verteidigen zu wollen. Die Erfahrungen des 2. und 3. Kreuzzuges bestätigten den Eindruck, den man vom 1. Kreuzzug gewonnen hatte.

Sodann gab es die Probleme mit Venedig, später auch mit Pisa und Genua. Die Steuerfreiheit gewährte den Ausländern nicht unbeträchtliche Vorteile, sicherlich gingen viele kleinere byzantinische Unternehmen wegen des Wettbewerbsvorteils der anderen zugrunde. Außerdem sahen die Handelsverträge keinen Daueraufenthalt der Ausländer auf byzantinischem Territorium vor, entsprechend kehrten russische oder bulgarische Kaufleute nach Beendigung ihrer Geschäfte in ihr Heimatland zurück. Die Venezianer dagegen machten sich in Konstantinopel und anderen Städten breit, sie brachten ihre Familien, selbst ihre Priester mit, orientierten sich nach ihrer eigenen Rechtsprechung und benahmen sich überall so, als ob sie einen Staat im Staate bilden wollten. Es muß mehr als nur das berühmte Körnchen Wahrheit in den Geschichten der Byzantiner gelegen haben, wenn sie von der penetranten venezianischen Arroganz erzählten, denn in Byzanz lag schließlich die Heimat des ›auserwählten Volkes‹, nirgendwo sonst.

Die Konfrontation mit dem katholischen Westen auf nahezu allen wichtigen Gebieten führte mit der Zeit zu einer übersteigerten antilateinischen Psychose, die sich qualitativ von der früheren für Byzanz zeitweise typischen Xenophobie unterschied, denn sie resultierte klar aus einem Gefühl der Unterlegenheit. Konflikte auf den Straßen der Hauptstadt und in anderen Städten mehrten sich, im Jahr 1182 kam es zu einem sinnlosen blutigen Pogrom in Konstantinopel, bei dem Tausende von Lateinern hingeschlachtet wurden. Die Situation wurde nicht einfacher durch die Tatsache, daß Byzanz ganze Kompanien von Söldnern aus dem Westen benötigte, einige dieser Leute dann auch in Kommandopositionen der Armee aufstiegen und damit in die byzantinische Führungsschicht hineinwuchsen. Wir wissen nicht, ob dies häufig der Fall war, doch registrierte man den Einfluß der Westler mit Aufmerksamkeit. Ein Bischof von Ephesus schrieb um 1150 einem Enkel der Anna Komnena, er solle stolz darauf sein, ein echter Hellene zu sein und kein lateinischer Bastard. Manuel I., der nacheinander mit zwei Prinzessinnen aus dem Westen verheiratet war, versuchte die Gegensätze abzubauen. Das steife byzantinische Hofzeremoniell, von dem Liudprand von Cremona zweihundert Jahre zuvor so beeindruckt war, wurde westlichen Vorbildern gemäß abgeschwächt. Das Hippodrom, früher Schauplatz der Wagenrennen zwischen den Blauen und Grünen, erdröhnte nun von den Kampfspielen Tjost oder Buhurt, und der Kaiser — unvorstellbare Idee — nahm selbst daran teil. Daß der westliche Einfluß am Kaiserhof scheinbar oder tatsächlich zunahm, ließ das Volk in seiner Loyalität zur rechtmäßigen Regierung schwankend werden, es war mit ein Grund auch dafür, daß in den Provinzen das Mißtrauen gegen die Herrschenden in Konstantinopel kurz vor 1200 rapide wuchs und die Unabhängigkeitsbestrebungen der Magnaten breite Unterstützung fanden.

Obwohl die byzantinischen Kaiser und ihre Beamten sich über die Vielgestaltigkeit der politischen Landschaft Westeuropas im klaren waren, obwohl man mit vielen dieser Staaten diplomatisch verkehrte und oft den einen gegen den anderen auszuspielen suchte, warf man im Sprachgebrauch des Alltags alle in einen Topf. Was diese ›Lateiner‹ von den Byzantinern unterschied, war ihre Rom-Hörigkeit, wobei es keine Rolle spielte, ob sie nun Italiener, Deutsche oder Franzosen waren. Die Fehler einer Nation, ob real vorhanden oder nicht, wurden auf alle anderen übertragen, mit Ausnahme von Ungarn und Engländern. Jene galten als Sondergruppe der Lateiner, als *sui generis*, diese dienten teilweise in der varangischen Garde. Ein anderes Paradoxon kann man darin sehen, daß eine im Haß gegen die Lateiner einige Gesellschaft die Sicherheit des Staatsoberhauptes einer Leibwache anvertraute, die größtenteils aus lateinischen Söldnern bestand. Freilich war die varangische Garde zur Zeit des Kaisers Basileios II. aufgestellt worden, als die Beziehungen fremder Staaten zu Byzanz noch normaler waren, sie bestand ursprünglich aus Russen, die man — theoretisch — zur Orthodoxie bekehrt hatte.

Betrachtete man die Aktivitäten der Normannen und Kreuzfahrer mit Feindseligkeit, entlud sich der ganze Haß, dessen man fähig war, gegenüber dem Papsttum. Daß der Papst der Antichrist sei, hatten byzantinische Kleriker schon Jahrhunderte, bevor die Engländer des 17. Jahrhunderts oder die Protestanten von Ulster im 20. Jahrhundert sich dieser Frage zuwandten, festgestellt. Obwohl die verschiedenen Päpste zum Teil ganz unterschiedlichen politischen Maximen folgten, nahm Byzanz davon praktisch keine Notiz. Jeder Papst war ein Feind des ›auserwählten Volkes‹, jeder stand irgendwie mit den Feinden des Reiches in Verbindung. Bei diesem eingefahrenen Denkschema war jedes Bemühen um ein kirchenpolitisches *Rapprochement* von vornherein zum Scheitern verurteilt, selbst wenn die Regierung einmal versuchte, einen entschlossenen Kurs in dieser Richtung zu steuern.

Im 10. Jahrhundert warnte Konstantin VII. seinen Sohn, sich in eine Heiratspolitik mit Ausländern — die Franken ausgenommen — verstricken zu lassen, und dies geschah zu

Adam und Eva bei der Feldarbeit, Elfenbeinplatte des 11. oder 12. Jahrhunderts.

einer Zeit, als die beiden Kirchen keine großen Probleme miteinander hatten. Zweihundert Jahre später, lange nachdem sich die Kirchenführer gegenseitig exkommuniziert hatten, waren solche Heiratsverbindungen etwas ganz Normales. Johannes II. heiratete eine Ungarin, Manuel I. war nacheinander mit einer Ungarin und mit einer Normannen-Prinzessin aus Syrien verheiratet. Manuels Schwester Maria hatte einen normannischen Söldner zum Mann, und drei Nichten Manuels waren mit Heinrich II. von Österreich, Balduin III. von Jerusalem und Wilhelm von Montpellier verheiratet. Die Tochter Kaiser Isaaks II. heiratete nacheinander König Roger von Sizilien und Philipp von Schwaben. Nichts könnte besser den Wandel der ›offiziellen Politik‹ gegenüber ausländischen Fürsten demonstrieren; die vorherrschende unterschwellige Propaganda gegenüber den Westlern erhält hierdurch eine seltsame Ambivalenz.

Ohne Frage verursachten die Handelsprivilegien Venedigs irreparablen Schaden, sowohl im Hinblick auf die byzantinische Wirtschaft wie auf die Steuereinnahmen des Reiches, doch man darf die Auswirkungen nicht nur negativ beurteilen. Die Wirtschaftstätigkeit vieler Provinzstädte wurde zweifellos durch die Einbeziehung in den internationalen Handel entscheidend angeregt, was wiederum der Prosperität auch des Hinterlandes zugute kam. Der Wohlstand sollte nicht lange währen, doch das ändert nichts an der Tatsache an sich. Die Beziehungen des byzantinischen Reiches zum Westen waren demnach, wie unsere Beispiele zeigen, durchaus komplexer Natur. Im Zeitalter der Komnenen sollte sich der Kontakt noch wesentlich intensivieren.

Da sich die Byzantiner gezwungen wähnten, beständig gegen die Lateiner Front zu machen, mußten sie auch ihre eigene Identität neu definieren. Die Christianisierung Bulgariens und die anschließenden kriegerischen Auseinandersetzungen mit diesem Staat setzte die simple Formel ›Byzanz ist das christliche Reich‹ schon früh außer Kraft, und seitdem man auf vielfältige Berührungspunkte mit den Staaten des Westens hingewiesen wurde, klang die These vollends absurd. Es gab nun zwei Möglichkeiten. Man konnte leugnen, daß die Westler echte Christen seien; tatsächlich kam vieles in der Polemik des späten 12. Jahrhunderts einem solchen Versuch nahe. Die Byzantiner wurden das Gefühl von dem zweitklassigen Christentum der Lateiner nicht los, obwohl die römische Kirche streng genommen nie als ketzerisch, sondern immer als schismatisch charakterisiert wurde. Eine andere Möglichkeit bestand darin, die klassizistische Kultur der Makedonenkaiser hervorzuheben und sich selbst als Griechen zu feiern, als das einzige Kulturvolk mit direktem Zugang zu den grundlegenden Schriften der frühen Kirche wie auch zu dem literarischen und philosophischen Erbe der griechischen Klassik — die Lateiner verließen sich ja auf einige wenige Übersetzungen, die zudem teilweise sogar durch arabische Hände gegangen waren. Dieser zweite Weg setzte sich mit der Zeit nicht nur in Kreisen der Gebildeten, sondern auch im Bewußtsein des Volkes als angemessen durch. Die Ur- und Frühgeschichte des griechischen Nationalismus kann demnach ohne weiteres bis auf die schmerzhafte Konfrontation mit dem lateinischen Westen im 12. Jahrhundert zurückgeführt werden.

Auf diesem Weg lauerten selbstverständlich auch Gefahren. Wenn man ihn logisch zu Ende führte, waren Konflikte mit der Kirchenführung nicht auszuschließen, auch war die zur Zeit der Kirchenväter erreichte Synthese des Christentums mit der hellenischen Kultur gefährdet, und einen Bruch mit dieser Tradition konnte sich keine Regierung in Byzanz leisten, schon um der persönlichen Legitimation willen. Denn gerade jenes Zusammenwirken uralter politisch-kirchlicher Traditionen hob nach eigener Einschätzung Byzanz aus der Vielfalt aller anderen Staaten heraus. So sehen wir, daß einerseits, teilweise sogar unter dem Patronat der Kaisertochter Anna Komnena, wieder Kommentare zu Aristoteles geschrieben wurden (eine Kunst, die lange in Vergessenheit geraten

war), daß man sich außerdem auch mit dem letzten großen Neuplatoniker Proklos beschäftigte, auf der anderen Seite ist jedoch ein deutliches Zögern nicht zu verkennen, wenn es um die Auseinandersetzung mit der griechischen Philosophie als Ganzes geht. Als Michael von Anchialos, der spätere Patriarch, um 1165 von Manuel I. zum Professor der Philosophie bestellt wurde, erklärte er bei seiner Antrittsvorlesung, er wolle nur Aristoteles lehren und ließ durchblicken, daß man um Plato besser einen Bogen machen sollte, da seine Lehren dem christlichen Dogma zuwiderliefen. Ungefähr in der Mitte des 12. Jahrhunderts verfaßte Nikolaus von Methon, einer der führenden Theologen seiner Zeit, eine lange Widerlegung des Proklos, die eine meisterhafte Argumentation unter Beweis stellte. Er beklagte, daß sich viele seiner Zeitgenossen durch das Studium des Proklos zur Ketzerei hätten verleiten lassen. Die Streitschrift des Nikolaus unterschied sich vollkommen von den nihilistischen, antiintellektuellen Angriffen auf weltliche Gelehrsamkeit, wie sie bisweilen aus klösterlichen Kreisen kamen; sie wurde noch Jahrhunderte später während des Konzils von Trient erneut kopiert und studiert. Obgleich sich eine ›Affäre Johannes Italos‹ — damals wurde eine bedeutende Gestalt des byzantinischen Geisteslebens wegen Ketzerei verurteilt — nicht wiederholte, gab es doch während des ganzen 12. Jahrhunderts eine Reihe von Ermittlungen wegen Verdachts auf Ketzerei, in die auch Lehrer verwickelt waren. Man befaßte sich dabei nicht so sehr mit den herkömmlichen sektiererischen Häresien, wie dem Montanismus oder dem neuen ›populären‹ Ketzertum der dualistischen Bogomilen (sie sprachen offensichtlich jene Volkskreise an, welche mit der bestehenden politischen und sozialen Ordnung unzufrieden waren), sondern man untersuchte mehr die ›intellektuelle‹ Ketzerei mit gediegener philosophischer Basis, die aber kaum publikumswirksam war. Jene ›gedankliche Häresie‹ muß als Symptom der fortdauernden Spannung zwischen der kühnen Erforschung der griechischen Geisteswelt einerseits und den Beschränkungen der hellenisch-christlichen Synthese andererseits interpretiert werden. Es bleibt noch anzumerken, daß die höhere Bildung mehr der direkten Kontrolle der Kirche unterstand als im Jahrhundert zuvor. Die Schulen für Philosophie und Recht, von Konstantin IX. 1054 gegründet, mögen weiter bestanden haben. Aber das wichtigste Bildungszentrum war nun die Patriarchenschule, mit der sich sehr viele Schriftsteller und Gelehrte des 12. Jahrhunderts verbunden fühlten. Ende des 11. Jahrhunderts begann man damit, das Bildungswesen neu zu organisieren. Es gab Professoren für Theologie, Grammatik und Rhetorik, den Unterricht verlegte man in die Kirchen der Hauptstadt. Es gab regelmäßige Gehälter und ein bestimmtes Beförderungssystem, in das auch der Kaiser eingriff. Erfolgreiche Lehrer der Patriarchenschule konnten mit einer Ernennung zum Provinzbischof rechnen. Eine solche Bildungseinrichtung für Laien und zukünftige Kleriker gestattete es, die intellektuelle Tradition der Griechen in spezifisch byzantinische Formen zu gießen, gleichzeitig aber achtete sie darauf, daß der Intellektualismus nicht zu sehr ausuferte.
Trotz dieser Einschränkungen entwickelten Literatur, Philosophie und Kunst in Byzanz die klassischen Traditionen lebhaft weiter. Manchmal führte das Bestreben, die Klassik zu imitieren, zu eigenartigen Manierismen. Doch viele Gelehrte zeigen auch ein solches Vertrauen in die eigene Originalität, daß man meint, sie fühlten sich als gleichberechtigte Partner der Klassiker und nicht als Epigonen; insgesamt ist die Literatur der Zeit eine Literatur der intellektuellen Elite. Die byzantinische Literatur des 12. Jahrhunderts entging nicht immer der Gefahr, die Realitäten der sie tragenden Gesellschaft zu ignorieren. So wirken viele Preislieder, Grabgesänge und dergleichen mit ihren dauernden Wiederholungen von bombastischen Vergleichen, mit der fast hysterischen Deklamatorik auf den modernen Leser geradezu abstoßend. Allerdings weisen jene oft äußerst bizarren Übertreibungen auf die Kluft zwischen der eingebildeten Größe und der bitteren

Realität des byzantinischen Lebens hin. Der aufmerksame Leser findet auch hier viel Anschauungsmaterial für den geistigen Zustand der Zeit.

Auch nur die wichtigsten Literaten des Zeitalters namentlich aufzuzählen, ist hier nicht möglich. Daher sollen einige wenige Hinweise genügen. Im philosophisch-theologischen Bereich wurde ganz plötzlich im frühen 12. Jahrhundert das Vorbild der großen Kommentatoren wieder aktuell, etwa das Werk des Proklos und der Neuplatoniker, für deren Plato-Bearbeitungen man sich interessierte, oder die Schriften des Peripatetikers Alexander von Aphrodisias (um 200 n. Chr.), des Johannes Philoponos (6. Jahrhundert) oder das Werk von David und Elias (frühes 7. Jahrhundert), die sich vor allem mit Aristoteles beschäftigt hatten. So verfaßte der Bischof Eustratios von Nikäa, ein Schüler des Johannes Italos, einen großen Kommentar zur Ethik des Aristoteles; Michael, der Bischof von Ephesus, beschäftigte sich mit dessen Ethik, dem *Organon* und den zoologischen Werken. Obgleich beide Männer der Kirche waren, versuchten sie nicht, Aristoteles mit dem christlichen Dogma in Übereinstimmung zu bringen. Eustratios ist auch der Autor mehrerer antilateinischer Streitschriften, bei einer Disputation 1112 trat er auf Vorschlag von Kaiser Alexios I. gegen den lateinischen Prälaten Pietro Grossolano an. Als Theologe stritt er weniger mit Zitaten aus den Kirchenvätern oder der Bibeln, sondern eher logisch rational. Eines seiner Hauptarbeitsgebiete war die Trinitätslehre, die er mit vorwiegend philosophischen Mitteln zu erklären suchte, weswegen er den Zorn der Traditionalisten auf sich zog, die ihn 1117 vor das Kirchengericht brachten. Trotz der Fürsprache des Kaisers und des Patriarchen Agapetos wurden seine Lehren verurteilt. Der Fall erhellt immerhin die Folgewirkung der Tätigkeit eines Psellos oder Italos; trotz Repressionen ließ sich die Aufklärung nicht unterdrücken.

Um 1150 stritten sich die byzantinischen Theologen wegen der problematischen Beziehung zwischen dem Vater und dem Sohn, erneut also um Einzelfragen der Trinitätslehre. Ausgangspunkt war die Überlegung, daß wenn der Sohn schon dem Vater geopfert worden sei, das Meßopfer, also die Darbringung des Leibes und Blutes Christi, allein dem Vater gelte. Gegen diese ›modernistische‹ Meinung wandte sich Nikolaus von Methone, der Autor der *Refutatio* des Proklos, mit der Behauptung, die Neuerer hätten logische Fehler gemacht. Nikolaus setzte sich durch, die neue Lehre wurde als häretisch verdammt. Kurze Zeit darauf kam es 1166 zum Disput wegen der Bibelstelle Johannes 14,28 »der Vater ist größer als ich«. Der neuen *cause célèbre* fielen wiederum einige führende Intellektuelle zum Opfer. Der Streit mit der lateinischen Kirche hatte ebenfalls einen philosophischen Aspekt, denn die Beziehung des ›Heiligen Geistes‹ zu den anderen Personen innerhalb der Trinität wurde hier und dort gänzlich verschieden erklärt, und viele polemische Schriften gegen die Westkirche wandten sich speziell dieser Frage zu. Der byzantinische Theologe des 12. Jahrhunderts kam allgemein nicht mehr mit fundamentalistischen Anschauungen allein in Berührung, es wurden ihm zusehends mehr an philosophisch-logischer Denkschulung und Argumentationstechnik abverlangt.

Ähnlichkeiten mit dem Geistesleben des Westens sind unverkennbar, denn auch dort führte die philosophische Bearbeitung theologischer Probleme häufig zur Konfrontation mit den führenden Persönlichkeiten der Kirche. Ob hier direkte Interdependenzen bestehen, ist nicht klar zu erkennen, doch fraglos intensivierte sich der geistige Austausch in jener Periode trotz des gegenseitigen Mißtrauens. Nur ganz nebenbei erfahren wir aus einer Grabrede, daß der Bruder des Nikephoros Basilakes, ein Professor der Patriarchenschule, der wegen seiner häretischen Ansichten über die Eucharistie zum Ketzer erklärt worden war, ein guter Kenner des Westens war und fließend Lateinisch sprach, weswegen er öfters zu Verhandlungen mit dem Papst entsandt wurde: Der Redner charakterisierte ihn als »Hellene bei den Römern und Römer bei den Hellenen«.

Die Geschichtsschreibung hatte ebenfalls von dem wieder erwachten Interesse an den Klassikern profitiert. Michael Psellos schlug in seiner *Chronographie* sogar persönliche Töne an, wenn er etwa in Nebenbemerkungen mit dem Leser Kontakt aufzunehmen versucht oder sich selbst in dieser Geschichte seiner Zeit beschreibt. Das Resultat war, daß in dieser Art von Historiographie die Person des Historikers viel deutlicher hervortritt. Obwohl altgriechische Vorbilder wie etwa Polybius insgesamt zurückhaltender waren als Psellos, galt er dennoch als Lehrmeister der folgenden Historikergenerationen.

Nach dem Tod ihres Vaters verfaßte die älteste Tochter Alexios' I., Anna Komnena, eine umfangreiche Geschichte der Herrschaft des Alexios. Die Historikerin schreibt sehr selbstsicher und zeigt ihre Bildung gern; außerdem beobachtet sie scharf und hat einen ausgeprägten Sinn für Detailfragen. Haß und Bewunderung zeigt sie immer sehr deutlich, ihre Leidenschaft verhehlt sie kaum. Ihr Vater Alexios ist der gefeierte Held der Geschichte, Bohemund den Normannen kann sie nicht ausstehen, obwohl man trotz ihrer scharfen Attacken gegen ihn eine gewisse Bewunderung für den skrupellosen Westler herauslesen kann. Anna bemühte sich viel zu sehr, lupenreines, klassisches Griechisch zu schreiben, in dieser Beziehung muß man sie klar als snobistisch kennzeichnen. Trotzdem ist das Werk intelligent, leidenschaftlich und — besonders in den deskriptiven Passagen — mit Einfühlungsvermögen geschrieben: es ist eines der großen Werke der Literatur des Mittelalters.

Ihr Gemahl Nikephoros Bryennios erzählte die Geschichte von Alexios' Machtergreifung. Sorgfältig ausgewogen, doch ohne schriftstellerische Höhepunkte ist sein Werk mit dem seiner Gattin nicht zu vergleichen. Johannes Kinnamos, ein auch in Staatsgeheimnissen gut bewanderter Beamter, schrieb eine Geschichte der Kaiser Johannes II. und Manuel I., die nur als Epitome erhalten ist. Sie gibt wertvolle Hinweise vor allem zur Militärge-

Niketas Choniates, der vielleicht bedeutendste byzantinische Historiker. Aus einer Handschrift des 14. Jahrhunderts.

schichte. Obwohl sie nur Bruchteile des Geschehens berichtet, versucht der·Autor doch die Motivation der handelnden Personen deutlich herauszustellen.

Der letzte große Historiker der Zeit, Niketas Choniates, beschrieb Anfang des 13. Jahrhunderts die glanzvolle Regierung Manuels I., die verheerende Politik seiner Nachfolger und, als Höhepunkt, die Eroberung Konstantinopels durch die Kreuzritter 1204. Niketas benutzt oft seltene klassische Worte und Satzkonstruktionen, um Parallelen oder Unterschiede zu Situationen und Personen des klassischen Altertums zu illustrieren. Sein Thema ist bewegend, denn es handelt vom dauernden Niedergang des ehedem so ruhmreichen Kaisertums. Nach seiner Meinung sind persönliche Unfähigkeit und Korruption die Hauptursachen des Verfalls. In seinem Urteil bemüht er sich in ungewöhnlicher Weise um Fairness auch gegenüber den Seldschuken und den Kreuzrittern. Trotz einiger Strukturschwächen und einer etwas übertriebenen Vorliebe für Nebenschauplätze (seine Chronologie ist deswegen nicht immer klar erkennbar) ist Niketas vielleicht der größte byzantinische Historiker.

Bei der Beantwortung der Frage, welche Literatur in Byzanz zu jener Zeit vorherrschte, müßte man jedoch rhetorische Schriften vor der Geschichtsschreibung nennen. Die öffentliche Rede spielte eine ähnliche Rolle wie der Journalismus heutzutage. Jedes kleine Jubiläum war der Anlaß zu feuerwerkartigen Worttiraden. Es gab Schulen und Moderströmungen der Beredsamkeit, Nikephoros Basilakes, vergöttert und imitiert von seinen Anhängern, war Leiter einer solchen Schule. Lediglich das winzige Bruchstück eines Oratoriums aus der Komnenenzeit ist uns noch erhalten, aber selbst dieses Fragment ist noch eine beachtliche Sammlung. Meist in aller Eile verfaßte Gelegenheitsdichtungen, die zum Teil nur blind den Regeln des Rhetoriklehrbuches folgten, bildeten den Hauptteil dieses Werkes. Die Redner selbst weisen oft auf diese Regeln hin, aber auch auf ihre eigene hervorragende Technik, damit umzugehen. Der fast hysterisch lobpreisende Ton vieler dieser Produkte geht dem modernen Leser auf die Nerven. Es wäre jedoch unklug, diese Redner als bloße Schwätzer abzutun. Es waren erfahrene Kunsthandwerker, deren Können von Hörern und Lesern kritisiert und genossen wurde. Sie dienten als Sprachrohr der Gesellschaft, z. B. wiesen sie auf Spannungen zwischen einzelnen Gruppen hin. Da nie zuvor so viel Bereitschaft zur Kommunikation vorhanden war, dienten diese vergänglichen Reden den Historikern jener Zeit als wichtige Quellen. Als Gefangene der literarischen Tradition lehnten jene Rhetoren das Konkrete und Besondere ab und konzentrierten sich in ihrer fast krankhaften Sucht nach linguistischem Purismus vorwiegend auf Abstraktionen. Daß so viele von ihnen trotzdem informativ und anschaulich blieben, zeugt von ihrem Einfallsreichtum und glänzender Beherrschung aller Stilmittel.

Auch Gelegenheitsdichtung, die reichlich entstand, war von den Regeln der Rhetorik durchdrungen. Allerdings ließ nur Theodor Prodromos gelegentlich einen Hauch von Inspiration durchblicken. Er war wahrscheinlich eine Zeitlang Rhetoriklehrer an der Patriarchenschule, erhielt wegen seines Dichtertalents viele Aufträge von einflußreichen Leuten, sogar von den Kaisern Johannes II. und Manuel I. Die Gedichte flossen ihm förmlich aus der Feder, eine vollständige Liste seiner Werke wurde noch nicht erstellt. Diese würde Zyklen sehr kurzer Gedichte zu Kirchenfesten oder über Heilige usw. enthalten bis zu langen ›historischen‹ Gedichten und Epitaphien auf Zeitgenossen. Sie sind alle im klassischen oder im byzantinischen zwölfsilbigen Versmaß geschrieben, einer leicht veränderten Form des klassischen jambischen Trimeters. Eine andere umfangreiche Gruppe von Gedichten im fünfzehnsilbigen byzantinischen Versmaß sollte wohl während des höfischen Zeremoniells von den *Demen*, den farblosen Epigonen der spätantiken Zirkusparteien, vorgetragen werden. Prodromos schrieb auch mehrere Versromane, ein dramatisches Gedicht über den *Krieg der Katzen und Mäuse*, ein weiteres über Astrologie, das einer Nichte Johannes' II. gewidmet war, Prosaskizzen der Dialoge von Lukian, Grammatiken, einen langen Kommentar zu den liturgischen Gesängen des Johannes von Damaskus und seines Bruders Cosmas von Maiuma, eine Anzahl von Briefen und Reden. In dieser Aufzählung sind einige Punkte besonders interessant: zunächst das faktische Aufgehen der Poesie in der Rhetorik und der mangelnde Sinn für den Unterschied zwischen Poesie und Prosa. Weder in Byzanz noch im Westen war dies eine Zeit wirklich großer Dichter. Prodromos war elegant, klug, ironisch, aber es fehlte ihm an Spannung und Gefühlstiefe. Sodann fällt auf, daß er, wie viele seiner Zeitgenossen, Dichter von Beruf war und nicht Beamter, Kleriker oder Lehrer, der zufällig schrieb. Vor der Erfindung der Buchdruckerkunst hing das Gedeihen der Philologie eher von Gönnern als von einer großen Leserschaft ab. Es muß dennoch ein reges literarisches Interesse bestanden haben, selbst wenn es nur auf einen relativ kleinen Kreis von Kennern beschränkt blieb.

Es gibt eine kleine Gedichtsammlung in einer ziemlich holprigen Imitation der griechischen Alltagssprache. Sie wird einem gewissen Ptochoprodromos (Armer Prodromos) zugeschrieben. Ob Theodor Prodromos damit zu tun hat, können wir nicht entscheiden. Wir haben hier kurze, teilweise dramatische Genrestücke vor uns: der gehörnte Ehemann einer reichen Gattin, der wegen seiner Oberen grollende Mönch, der Kluge, welcher sieht, wie der Dumme viel besser lebt als er selbst usw. Sie wurden wahrscheinlich zur Erheiterung höfischer Kreise unter Manuel I. geschrieben und sind schriftstellerische Glanzleistungen, da es keine Regeln zum Notieren der gesprochenen Sprache gab. Keinesfalls bedeuten sie aber einen Durchbruch zugunsten der Sprache des Volkes. Wahrscheinlich sind sie solchen hellenistischen Genrestudien verpflichtet wie Theokrits Gedicht von den zwei Damen auf dem Fest des Adonis.

Eine der interessantesten Entwicklungen in der Literatur jener Zeit ist das Wiederaufleben von Romandichtung in Vers und Prosa. Die literarische Theorie und Praxis der Klassik hatte dafür wenig Sinn, obgleich einige nachklassische Mythendichtungen dem Roman nahekamen. Es gab auch attische Tragödien mit völlig frei erfundenen Themen, die alle verschollen sind. Nur von den griechischen Romanschriftstellern Chariton, Xenophon von Ephesus, Heliodor, Longus und Achilles Tatius existieren noch Werke mit fiktiver Handlung. Sie alle erzählen von einem Liebespaar, das gewöhnlich durch einen Schicksalsschlag getrennt wird. Die Autoren vermeiden das Wunderbare, Übernatürliche, haben aber keine Skrupel, höchst unwahrscheinliche Begebenheiten zu berichten. Mitte des 12. Jahrhunderts erschienen nun Imitationen in großer Anzahl. Zentralthema sind immer Abenteuer und Zusammenführung eines Liebespaares in klassischer, zeitloser Landschaft. Keinesfalls halten sich jene Erzählungen sklavisch genau an die klassischen Romane. Obwohl alle griechischen Romanciers in Prosa schrieben, gab es jetzt auch Versromane. Die Charaktere sind zwar ziemlich hölzern, eine reiche Phantasie und ein gewisses psychologisches Verständnis muß man den Autoren jedoch zubilligen. Auch Theodor Prodromos schrieb einen solchen Versroman, ebenso sein Schüler und Freund Niketas Eugenianos, ein Rhetoriklehrer, und sein Zeitgenosse Konstantin Mananes, der Autor einer Weltgeschichte in Versen. Der sonst unbekannte Eumathios Makrembolites schrieb einen ähnlichen Prosaroman, der noch an Realismus gewinnt, da er sich der Ich-Form bedient. Literarhistoriker, die diese mittelbyzantinischen Romane oft nicht gelesen hatten, charakterisierten sie lange Zeit als künstlich und langweilig, doch heutzutage widerfährt dieser Literatur mehr Gerechtigkeit. Prosa- und Versromane sollten vor allem die Oberschicht der byzantinischen Gesellschaft erfreuen, eine neue Aufgabe für den seriösen Literaturbetrieb.

Die Kunst des Briefeschreibens stand in Byzanz schon immer hoch im Kurs, doch nicht nur als Mittel, eine Nachricht weiterzugeben. Vom Überbringer des Briefes wurde sie sogar oft mündlich übermittelt. Ein Brief sollte Ausdruck der tiefsten Gefühle des Schreibers sein und auch ästhetisches Vergnügen bereiten. Man empfand ihn als noch engeres Bindeglied zwischen Schreiber und Adressaten als ein persönliches Gespräch, da es auf eine sorgfältige Satzwahl und die kritische Selbstanalyse des Schreibers ankam. So bemerkt Michael Psellos: »Wir können im persönlichen Gespräch oder − über eine Entfernung hinweg − in Briefen miteinander reden. Rede und Brief haben ihre Entsprechung in Vereinigung und Trennung. Obwohl die Redekunst höher steht, bin ich mehr für den Brief, denn er vermittelt das beste Bild eines Freundes und zeigt seinen Seelenzustand. Die Alltagssprache wird vom Zufall bestimmt und kennzeichnet den Sprechenden nicht wahrheitsgemäß. Ein Brief jedoch offenbart die innere Struktur des Schreibers. Wo finden wir in der Alltagssprache eine elegante Satzkonstruktion oder den Ausdruck von schöner Harmonie? . . . Briefe dringen tiefer in die Seele ein, als wenn der Schreiber die Nachricht selbst überbrächte.«

Mehr noch als im 11. Jahrhundert wurde der Brief als Kunstform zur Zeit der Komnenen kultiviert. Viele Briefsammlungen wurden von Schreibern selbst oder von Freunden nach deren Tod veröffentlicht. Interessante Briefschreiber sind z. B. Theophylakt, Erzbischof von Ochrid (gest. 1108), Michael Italikos, der Lehrer des Theodor Prodromos, Prodromos selbst, Nikephoros Basilakes, Johannes Tzetzes, Theodor Balsamon, der Kirchenrechtler, Eusthatios, der Metropolit von Thessaloniki, Georg Tornikes, Lehrer in der Patriarchenschule und Metropolit von Ephesus, Euthymios Malakes, Bischof von Neopatras, Michael Choniates, Metropolit von Athen, und sein Bruder Niketas Choniatas, der Historiker. Die Themen sind recht verschieden: sie reichen von reinen Stilübungen bis zu ernsthaften theologischen Diskussionen, von herkömmlichen Freundschaftsbekundungen bis zum detaillierten Bericht der Tätigkeiten des Schreibers und seiner Freunde.

Literarische Kunstformen, die in einer Zeit gepflegt oder vernachlässigt werden, sind immer bezeichnend für eine Periode. Liturgische Dichtung und Heiligenviten waren während des Makedonischen Zeitalters und einige Zeit danach en vogue, im 12. Jahrhundert praktisch nicht mehr. Dafür gab es natürlich einen technischen Grund. Die liturgischen Gesänge waren schon im 11. Jahrhundert nahezu fixiert, so daß es für neue Melodien oder Texte keinen Spielraum mehr gab. Das erklärt jedoch das völlige Verschwinden zweier wichtiger literarischer Formen nicht ganz. Wahrscheinlich empfanden der Rationalismus und das ästhetische Empfinden der Komnenenzeit diese oft geschraubten und schlecht komponierten Werke als unbefriedigend.

Wenn klassische Tradition nur konserviert und imitiert wird, ist es nicht immer einfach, eine Trennungslinie zwischen Literatur und Wissenschaft zu ziehen. Viele Philologen des 12. Jahrhunderts betätigen sich in beiden Sparten, doch viele Schriftsteller galten als reine Literaturwissenschaftler. Gregorios Pardos, der Metropolitanbischof von Korinth, studierte eifrig die griechische Sprache in der klassischen Form, er verfaßte z. B. eine lange Abhandlung zur Grammatik und ein Handbuch der literarischen Dialekte im klassischen Griechenland. Beide Werke zeichnen sich durch große Sorgfalt und einen − allerdings zeitbedingten − Mangel an adäquaten grammatikalischen Konzeptionen aus. Bei seinem Versuch, die Syntax einzuordnen, kam er kaum über die Analyse einzelner Wörter hinaus. Johannes Zonaras, ein hoher Statsbeamter des frühen 12. Jahrhunderts, schrieb eine Universalgeschichte, die wertvolle, heute verlorengegangene Quellen bearbeitete, außerdem eine lange Abhandlung über kanonisches Recht und Kommentare zu liturgischen Kirchengesängen. Das umfangreiche Lexikon, das seinen Namen trägt − es enthält über 19 000 Stichworte −, wurde wahrscheinlich kurz nach der Plünderung Konstantinopels durch die Kreuzfahrer 1204 erarbeitet.

Die Beamtenlaufbahn des Johannes Tzetzes (ca. 1110–80) wurde durch einen Justizirrtum, in den auch die Frau eines Provinzialgouverneurs verwickelt war, vorzeitig abgebrochen. Seinen Lebensunterhalt in Konstantinopel verdiente er sich als Lehrer und Schriftsteller. Häufig legte er seine Werke einer Kommission von Gönnern vor. Ein äußerst regsamer, rasch zupackender Geist, rühmte er sich allerdings in übertriebener Weise seines phänomenalen Gedächtnisses. Seine philologischen Kommentare zur klassischen griechischen Dichtung basieren wie andere Kommentare auch auf gesammelten Fragmenten der alexandrinischen Wissenschaft. Sein Urteil ist jedoch sehr unabhängig; wenn er traditionelle Interpretationen für falsch hält, lehnt er sie jederzeit ab. Er fühlt sich aber der Antike in mancher Hinsicht geradezu ebenbürtig. Für die Damen des kaiserlichen Hofes, die eine einfache Einführung in die Welt der klassischen Literatur suchten, schrieb er Bücher, z. B. lange allegorische Kommentare zu *Ilias* und *Odyssee*; die wichtigsten davon im fünfzehnsilbigen ›politischen‹ Versmaß, um sie einprägsamer zu machen. Teilweise wurden sie auf Verlangen von Bertha von Sulzbach, der Gemahlin Manuels I., geschrieben. Sie förderten aber anscheinend das Interesse der Dame an Homer nicht sehr, da Tzetzes sich beklagt, sie habe nach der ersten Rate das Honorar nicht mehr bezahlt. Die ›*Theogonie*‹, eine Art Enzyklopädie der griechischen Mythologie, war auch im ›politischen‹ Versmaß geschrieben. Lange Gedichte in Hexametern erzählten die Geschichte des trojanischen Krieges, seiner Ursprünge und Folgen als leichte Kost für Laien. Alle diese Werke zeigen an, welches Interesse für die Antike auch bei literarisch nicht sehr gebildeten Lesern oder Hörern bestand. Wie viele seiner Zeitgenossen sammelte Tzetzes seine Briefe. Er versah sie mit einem gigantischen Kommentar von nahezu 13 000 Zeilen im politischen Versmaß als Zeugnis seines vielseitigen Wissens. Seinen Kommentar versah er später mit einer weiteren Sammlung von Prosatexten: eine Gelehrsamkeit ohne Objekt, eine mächtige Maschine, die ein Nichts bewegt. Tzetzes war gewissermaßen ein exzentrischer Eigenbrötler. Immenser Aufwand an Energie und Gelehrsamkeit für triviale Zwecke finden sich auch an anderer Stelle in der Literatur des 12. Jahrhunderts. Sie deuten in ihrem Mißverhältnis zwischen Zielen und Mitteln ebenfalls auf den Verfall der byzantinischen Gesellschaft hin.

Ein unmittelbarer Zeitgenosse von Tzetzes war der gelehrte Eustathios, der Metropolit von Thessaloniki, als Persönlichkeit weitaus attraktiver. Er lehrte viele Jahre lang Literatur und Rhetorik an der Patriarchenschule, bevor er 1175 beim Bischof von Thessaloniki angestellt wurde. Dort entfaltete er sein Organisationstalent und die Gabe, Wichtiges von Unwichtigem zu unterscheiden (die Gelehrte nicht immer besitzen), außerdem versuchte er energisch, Mißstände beim Klerus abzuschaffen. Als die Normannen Thessaloniki 1185 plünderten, geriet er in Gefangenschaft und schrieb in wenigen Monaten einen anschaulichen Bericht über die Plünderung der Stadt. Etwa 1195 ist er gestorben.

Eustathios' gelehrte Werke wurden nicht auf Befehl von Gönnern, sondern auf Verlangen von Freunden geschrieben. Es sind außerordentlich lange Kommentare zur *Ilias* und *Odyssee* erhalten, zu Dionysios Periegetes, zur Pfingsthymne des Johannes von Damaskus, außerdem eine Einführung zu einem Pindar-Kommentar; sein Kommentar zu Aristophanes ist verloren. Seine Schriften sind wahrscheinlich aus Vorlesungsmanuskripten hervorgegangen. Detailreich, ausgewogen, hochgelehrt, macht er auf den Leser öfter den Eindruck einer assoziativen Arbeitsweise, wofür auch die vielen kaum zum Thema

Elfenbeinrelief (Teil eines Buchdeckels?) aus dem späten 11. Jh. In den Medaillons Johannes der Täufer (Mitte), Philipp und Stephanus (oben), Andreas und Thomas (unten).

gehörenden Bemerkungen sprechen. Eustathios war — wie kaum einer seiner Kollegen — das Gegenteil des Gelehrten im Elfenbeinturm, sein Werk strotzt von zufälligen Beobachtungen im Bereich der Folklore, des Handwerks; von Redensarten der Straße, von Bemerkungen über den Volks-Aberglauben. Dies alles wird oft bewußt in der Alltagssprache des Volkes illustriert. Für Eusthatios ist Literatur Teil des Lebens, kein Mittel, um aus der Welt zu fliehen.

Neben seinem wissenschaftlichen Werk und seinem Bericht über den Fall von Thessaloniki existieren noch zahlreiche Reden, die er als Erzbischof gehalten hat, sodann Predigten und eine Briefsammlung. Für einen Rhetoriklehrer ist sein Stil häufig recht persönlich gehalten, bisweilen wirkt er auch hölzern und kantig. Trotzdem ist er einer der interessantesten Gestalten der byzantinischen Geistesgeschichte jener Zeit. Manchmal wird er geradezu als Heiliger verehrt; in der Kirche zu Gračanica in Serbien (13. Jahrhundert) ist er sogar in einem Fresko verewigt.

Der kurze Hinweis auf jene Gelehrte möge hier genügen. Sie und andere stehen mit ihrem Werk in einer Zeit des Übergangs, als Rationalismus und Dogma, Tradition und Aufbruch zu neuen Ufern, hohe Erwartungen und bittere Realitäten das Geistesleben facettenreich durchwirkten.

Die Komnenenkaiser waren großzügige Kunstmäzene. Manuel I. ließ »ungeheuer lange, säulengeschmückte Säle« im Großen Palast, aber auch im neuen kaiserlichen Domizil, dem Blachernae-Palast am Goldenen Horn erbauen. Ein Historiker erfreut sich an den »glänzenden Goldmosaiken, die farbenprächtig und kunstfertig seine Taten illustrieren, sowohl die gegen die Barbaren als auch seine Wohltaten für die Rhomäer.« [12] Wahrscheinlich ließ er auch die Apostelkirche mit vielen bewundernswerten Mosaiken schmükken, deren Beschreibung noch erhalten ist. Andronikos I. restaurierte die Kirche der 40 Märtyrer, auf dem Platz vor der Kirche befand sich ein Mosaik, das ihn selbst als Bauern mit Sense darstellte. Ein Verwandter dieses Kaisers baute St. Panteleimon in Nerezi bei Skopje, ein wahres Kleinod u. a. auch wegen seiner Fresken aus dem Jahr 1167. Auch Isaak Angelos und selbst Alexios III. waren große Förderer der Künste.

Erhalten ist aus jener Zeit nur wenig, da die Eroberung der Hauptstadt 1204, dann 1453 große Schäden anrichtete; dem Wiederaufbau zur Zeit der Ottomanen fiel ebenfalls vieles zum Opfer. Die neuen politischen Konstellationen brachten jedoch lebhaften internationalen Verkehr auch auf dem Sektor des Kunstschaffens mit sich, und obwohl Byzanz militärisch angeschlagen war, erwies es sich in künstlerischer Hinsicht immer noch als richtunggebende Weltmacht mit größtem Prestige. Viele Beispiele der ›exportierten Kunst‹ sind erhalten geblieben, wobei es oft nicht einfach ist, die original-byzantinische Arbeit und das Produkt der Eleven in der Provinz auseinanderzuhalten. In Einzelfällen läßt die überragende Qualität der Arbeit keinen Zweifel daran, daß Künstler aus Konstantinopel die Hersteller waren. Die Mosaiken der Sophienkathedrale zu Kiew gehören der vorangehenden Periode an; die aller Erdenschwere entrückten Darstellungen russischer Herrscherfamilien stammen wahrscheinlich von einheimischen Künstlern. Die Fresken der Kiewer Michaelskirche von 1108 sind dagegen wohl von Malern aus Konstantinopel angefertigt worden. In Sizilien wirkten selbst zur Normannenzeit viele erstklassige Künstler aus Konstantinopel, Mosaiken in der Kathedrale von Cefalù und in der Capella Palatina zu Palermo legen davon beredtes Zeugnis ab. Weniger sicher ist die Frage der Urheberschaft bei den Mosaiken der Martorana-Kirche in Palermo (1143—1154) oder des Doms zu Monreale (ca. 1180), hier könnten auch einheimische Schüler der Meister aus

Beweinung Christi, Teil des Passionszyklus in der Panteleimonskirche in Nerezi bei Skopje, Jugoslawien.

Konstantinopel am Werk gewesen sein. Die Fresken der winzigen Georgskirche in Kurbinowo/Jugoslawien sind, obwohl sichtlich beeinflußt von dem benachbarten Nerezi, anscheinend das Werk verschiedener makedonischer Künstler. Deren Spuren lassen sich auch im nahen Kastoria in Griechenland nachweisen. Künstler aus der Hauptstadt schufen zusammen mit bodenständigen Malern die herrlichen Fresken in den kleinen Kirchen in Asinou und Lagoudera auf Zypern.

Die Kleinkunst überlebte besser als die Monumentalkunst. Daher stützt sich die Stilanalyse der byzantinischen Kunst des 12. Jahrhunderts vorrangig auf Buchillustrationen, Ikonen, Elfenbeinschnitzereien u. ä.. Auch für die bildende Kunst war jene Zeit eine Epoche der Konflikte und der Experimente. Was die Künstler im makedonischen Zeitalter von klassischen Modellen gelernt hatten, war nun Allgemeinbesitz geworden, aber dieses Wissen wurde unterschiedlich angewendet. Die Kaiserportraits z. B. bleiben immer eher konservativ. Sie sollten nicht so sehr das Individium darstellen als eine Institution symbolisieren. Auf dem Mosaik Johannes' II. und der Irene in der Galerie der Hagia Sophia wird das Kaiserpaar in steifer Haltung von vorne, mit unmöglich kleinen Händen und Füßen dargestellt. Die ganze Sorgfalt des Künstlers gilt allein den kostbaren juwelenbesetzten Roben. Doch selbst hier haben die Gesichter eine bisher unbekannte Weichheit und Plastizität. Im Licht der konservativen Tradition muß das Portrait Andronikos' I. im Bauerngewand eine sensationelle Wirkung gehabt haben. Weitere Beispiele für die konservative Richtung in der Kunst des 12. Jahrhunderts sind das Miniaturmosaik des Christus Pantokrator, jetzt im Museo Nazionale Florenz, das an die Mosaiken der Klöster von Daphni und Hosios Lukas (Griechenland, Anfang des 11. Jahrhunderts) erinnert, oder die Miniatur von Christus und den Aposteln in einem Manuskript der Apostelgeschichte aus der Zeit Alexios' I.[13]

Viele Werke dieser Zeit sind elegant und subtil stilisiert mit übergroßen Figuren und verzichten bewußt auf die hehre Erhabenheit der konservativen Tradition. Ein ausgezeichnetes Beispiel dafür ist das Elfenbeinrelief Johannes des Täufers im Victoria and Albert Museum in London, ebenso die Reliefs auf einem Elfenbeinsarg im Museo Nazionale von Florenz. Den gleichen eleganten, leicht distanzierten Stil kann man auch bei einer Miniatur in einem Evangeliar (Vatikan, um 1122) finden, das die Krönung Johannes' II. und seines ältesten Sohnes Alexios durch Christus darstellt.[14]

Wichtiger noch war die Entwicklung eines mehr gefühlsbetonten Stils, der nicht die Glorie religiöser Figuren, sondern mehr ihre menschlichen Empfindungen darzustellen suchte. Die Fresken im Passionszyklus von Nerezi (1164), besonders die Grablegung und Beweinung Christi sind hervorragende Beispiele für diese neue Richtung. Man findet eine ähnliche Kunstauffassung in Kurbinovo (1191) sowie in Asinou und Lagoudera auf Zypern. Auf diesen Gemälden werden nun auch Figuren wichtig, die bisher lediglich Statisten waren. Die hohe Kunst der Darstellung menschlicher Gefühle wird deutlich auf der Ikone der Jungfrau von Wladimir, die in Konstantinopel um 1130 für einen russischen Auftraggeber angefertigt wurde und jetzt in der Tretjakow-Galerie in Moskau zu bewundern ist. Das Gesicht des Kindes schmiegt sich an die Mutter, seine winzigen Hände versuchen sie zu umarmen, während sie das Kind zärtlich und traurig anblickt. Hier entwickelt sich zugleich mit dem neuen Stil auch eine neue Ikonographie. Die herkömmliche byzantinische Darstellung Marias war die Hodigetria (die den Weg weist): Die Gottesmutter deutet auf das Kind auf ihrem Schoß, sie sehen aber beide einander nicht an; beide sollen ein Dogma veranschaulichen, kein Gefühl. Viele Buchillustrationen zeigen den ›zarten‹ oder emotionalen Stil, z. B. die Miniatur der Hl. Thekla in einem Sammelband von Heiligenviten im Britischen Museum[15] oder das Wunder von Chonae[16] (in derselben Handschrift), das Portrait der Hl. Lukas und Theophilos – letzterer trägt ungehörigerweise das Gewand eines byzantinischen Kaisers – in einem Neuen Testament der Bodleian Library in Oxford.[17] Ein Elfenbeinrelief mit Bibelszenen im Londoner Victoria and Albert Museum zeigt das gleiche ›moderne‹ emotionale Engagement.

Gleichzeitig mit dieser hohen Kunst, die von reichen Auftraggebern lebte, finden wir auch volkstümliches Kunsthandwerk. Die Unter-Glasurmalerei auf Steingutgeschirr mit religiösen, aber auch fantastischen Tiermotiven war weitverbreitet. Man hat sie noch wenig studiert, aber vielleicht zeigt sich, daß sie östlichen und westlichen Einflüssen gegenüber noch aufgeschlossener war als die hohe Kunst. Bunte Keramikplatten wurden häufig als Dekoration benützt. Das mächtige, karikaturhafte Haupt eines Mannes mit Hut, das man bei amerikanischen Grabungen in Korinth fand, beweist, wie vielfältig die byzantinische Kunst des 12. Jahrhunderts wirklich war, wie wenig wir andererseits wegen des leicht verderblichen Materials wissen. Es war eine Zeit, in der man nicht nur die Tradition perfektionierte, sondern auch viel Neues wagte. Es wäre töricht, wollte man einen allzu engen Zusammenhang zwischen bildender Kunst und Literatur suchen. Sie verfolgten ganz unterschiedliche, doch keine konträren Ziele.

Auf dem Gebiet der Literatur, Philosophie und bildenden Kunst war Byzanz in Europa immer noch führend. Man schuf Modelle für andere Völker, kopierte aber nur wenig. Im 12. Jahrhundert entdeckten westliche Gelehrte, die aufgrund der theologischen Diskussionen zwischen Ost- und Westkirche nach Konstantinopel kamen, daß die Byzantiner durch ihre Kenntnis der griechischen Sprache und der klassischen Texte Zugang zu einer reichen geistigen Tradition hatten, von der der Westen nur vereinzelte Bruchstücke kannte. Jakobus von Venedig übersetzte im frühen 12. Jahrhundert Aristoteles' gesamte *Logik* direkt aus dem Griechischen; bis dahin kannte man sie im Westen nur aus der antiken Version des Boëthius oder in Übersetzungen arabischer Gelehrter. Burgundio von Pisa übersetzte die theologischen Schriften des Johannes von Damaskus, viele Predigten des Johannes Chrysostomos, das merkwürdige Werk des Nemesios von Emesa über die *Natur des Menschen*, das christliches Dogma, neuplatonische Philosophie und griechische Medizin vermischt, daneben auch einen Teil der medizinischen Schriften des Hippokrates und des Galen. So überbrückte man allmählich die geistige Kluft, die im frühen Mittelalter zwischen Ost- und Westeuropa entstanden war.

Bildende Kunst läßt sich leichter exportieren als Literatur und Philosophie, da sie nicht an die Sprache gebunden ist. Leicht transportable byzantinische Kunstwerke wie Ikonen, Elfenbeinschnitzereien, textile Gestaltungen und illustrierte Manuskripte standen im Westen in hohem Ansehen. Durch die Plünderung Konstantinopels 1204 kamen viele byzantinische Kunstwerke nach Europa. Den Einflüssen im einzelnen nachzugehen, würde den Rahmen dieses Buches sprengen. Es ist vielleicht interessant, darauf hinzuweisen, daß sich in Italien damals ein ziemlich steifer, hieratischer, manchmal hölzerner Stil entwickelte, den Vasari in seinem *Leben der Maler* als ›maniera greca‹ bezeichnete.

In politischer Hinsicht angeschlagen und kaum fähig, sich militärisch zur Wehr zu setzen, war Byzanz trotzdem eine Schatzkammer der Kultur, aus der andere Völker eifrig schöpften und damit oft die Grundlage für eine eigenständige Entwicklung legten. Das hervorragende Beispiel dafür ist zwar nicht Westeuropa, sondern Rußland, doch auch im Westen begann der Einfluß Konstantinopels, trotz des während der Kreuzzüge weitverbreiteten Ressentiments, reiche Früchte zu tragen.

5
Der Verfall des Byzantinischen Reiches 1204-1453

Bemalter Teller mit Zeichnung eines byzantinischen Schiffes, 13. Jh.

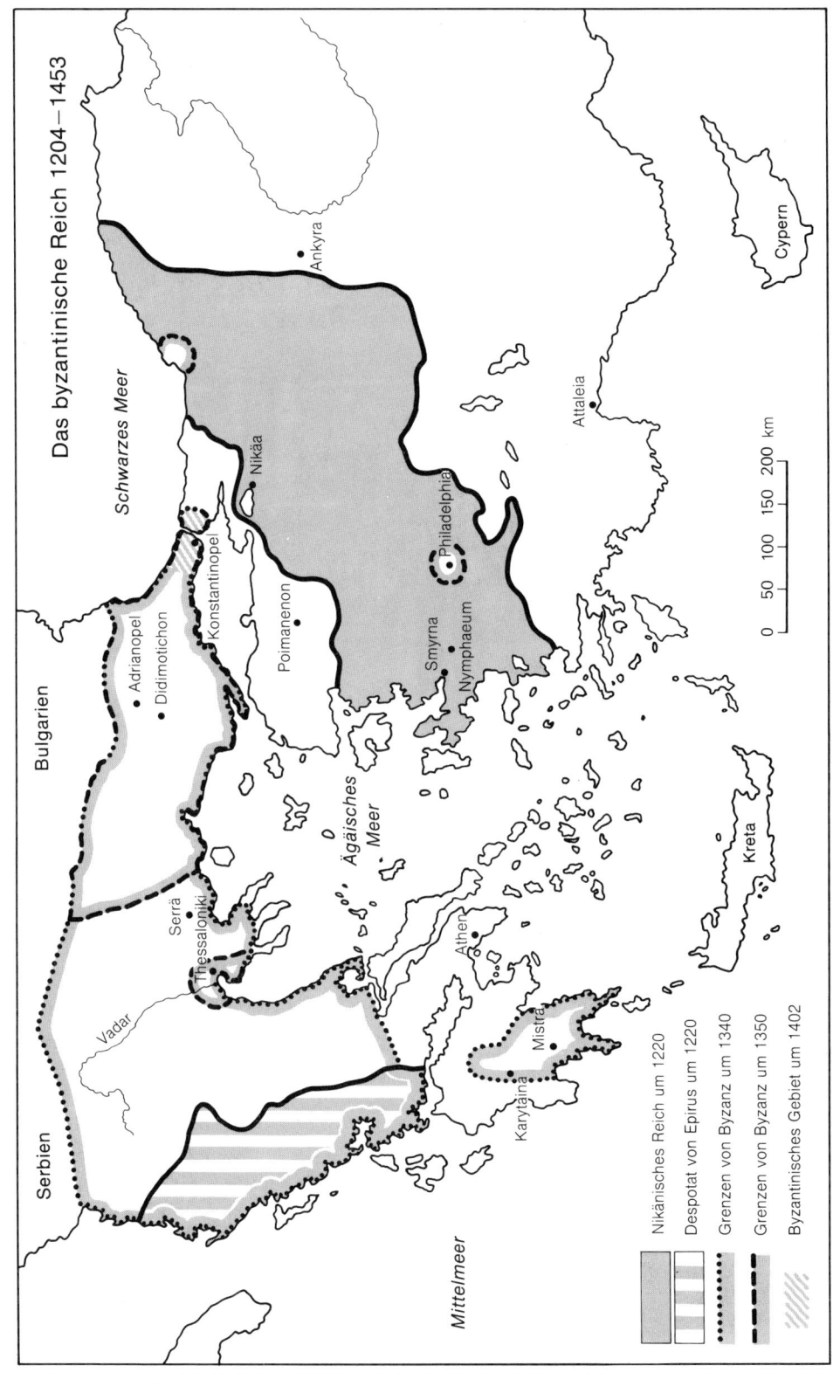

Das byzantinische Reich 1204–1453

Schwarzes Meer

Ankyra

Nikäa

Philadelphia

Smyrna
Nymphaeum

Poimanenon

Konstantinopel

Adrianopel
Didimotichon

Bulgarien

Serbien

Vadar

Serrä
Thessaloniki

Ägäisches
Meer

Athen

Mistra

Karytaina

Mittelmeer

Kreta

Attaleia

Cypern

0   50   100   150   200 km

Nikänisches Reich um 1220
Despotat von Epirus um 1220
Grenzen von Byzanz um 1340
Grenzen von Byzanz um 1350
Byzantinisches Gebiet um 1402

Der lange Niedergang

Mit mathematischer Präzision teilten die Eroberer Konstantinopels das Reich unter sich auf. Ein Viertel wurde dem Kaiser zugewiesen. Drei Achtel gingen an Venedig als Entgelt für die Gestellung der Transportmittel und die Sorge für den Nachschub. Drei Achtel sollten an die Kreuzfahrer als Lehensgut verteilt werden. Konstantinopel selbst wurde zu gleichen Teilen dem Kaiser und den Venezianern überlassen. Die Wirklichkeit sah jedoch etwas anders aus. Die Lateiner waren nicht in der Lage, das ganze von ihnen beanspruchte Territorium zu kontrollieren. In vielen Gegenden der europäischen Provinzen gab es Untergrundkämpfer, die von früheren byzantinischen Beamten oder lokalen Größen angeführt wurden. Teilweise wurden sie im Kampf vernichtet, andere einigten sich mit den Lateinern auf einen *modus vivendi,* doch viele unterwarfen sich niemals. Wichtiger war aber, daß die Lateiner nur einen kleinen Streifen Kleinasien, der an den Bosporus und die Dardanellen grenzte, kontrollierten. Der Rest dieses riesigen Gebietes lag jenseits ihrer Einflußsphäre.

Als unmittelbares Ergebnis der Eroberung fielen Thrakien und die Nordwestspitze Kleinasiens an den Kaiser Balduin. In Makedonien und Thessalien errichtete Bonifatius von Montferrat ein Königreich mit Thessaloniki als Hauptstadt. Mittelgriechenland wurde an viele Interessenten aufgeteilt. Als bedeutender ist nur das Herzogtum Athen anzusehen. Die Peloponnes wurde zum Fürstentum Moräa des Gottfried von Villehardouin umfunktioniert, während Kreta, Euböa, die ionischen und viele ägäische Inseln samt einigen Häfen an Venedig fielen. Michael Angelos, ein Vetter Isaaks II., konnte sich in Epirus behaupten. Den fernen Nordosten Kleinasiens beherrschten Alexios und David Komnenos, zwei Enkel Andronikos' I. (sie hatten sich schon vor 1204 von der Zentralgewalt unabhängig erklärt), mit Unterstützung der Königin Thamar von Georgien. Schließlich gelang es Theodor Laskaris, einem Schwiegersohn Alexios' III., einen großen Teil Westkleinasiens zu gewinnen. Nikäa wurde seine Hauptstadt. Drei kleinere griechische Nachfolgestaaten blieben also vom Byzantinischen Reich übrig. Das nordöstliche Reich von Trapezunt war zu weit entfernt, um größere Bedeutung zu erlangen, Epirus und Nikäa wurden aber für die Stabilität und den Fortbestand des lateinischen Kaiserreiches zu einer echten Bedrohung.

Theodor Laskaris hatte Mühe, seine Macht in Kleinasien zu festigen; die lateinische Armee, der Widerstand lokaler Magnaten, die nicht unbedingt eine Zentralgewalt befürworteten, und die Feindschaft des seldschukischen Sultans von Ikonium waren Grund genug. Die Herrscher von Epirus sahen sich von den lateinischen Staaten in Nordgriechenland, der Seemacht Venedig und dem Expansionsdrang der Serben bedroht. Die Situation änderte sich jedoch dramatisch, als einige Grundbesitzer in Thrakien in Sorge um ihre Feudalrechte den König Kalojan von Bulgarien um Hilfe baten, welcher hocherfreut nach Süden marschierte. Am 4. April 1205 schlug er bei Adrianopel die lateinischen Streitkräfte entscheidend und nahm Kaiser Balduin gefangen. Die Schwäche und Uneinigkeit des lateinischen Reiches lag klar auf der Hand, den griechischen Nachfolgestaaten in Europa und Kleinasien wurde so eine Ruhepause vergönnt. In Asien baute Theodor

Laskaris rasch ein Verwaltungssystem nach byzantinischem Muster auf. Als sein Kandidat Michael Autoreianos 1208 von der Kirche als Patriarch anerkannt wurde, ließ er sich von ihm in Nikäa feierlich krönen; aus dem erfolgreichen Heerführer wurde ein legitimer Herrscher.

Obgleich der Staat Byzanz völlig zerschlagen war, hatte die byzantinische Kirche Bestand, ihr Einfluß erstreckte sich auf alle Orthodoxen einschließlich der Bürger im lateinischen Kaiserreich. Daher stellte die Kirche ein Element der Kontinuität und Einheit dar. Die Kirche konnte nur das Reich und den Herrscher anerkennen, der nicht nur vorübergehend Herrscher war, sondern Gottes Instrument. Daher machte die Krönung von Theodor Laskaris durch den neuen Patriarchen Nikäa zum politischen und kirchlichen Zentrum der orthodoxen Welt, es wurde zu einer Art Konstantinopel im Exil.

Die Lateiner reagierten auf die neue Situation durch einen Geheimvertrag mit dem türkischen Sultan. In den Grenzgebieten Kleinasiens gab es häufig Gefechte. Aber Theodor Laskaris besiegte 1211 die Türken in einer Schlacht, in der Sultan Kai-Chosrow I. fiel. 1214 unterzeichneten die Lateiner bei Nymphaion einen Vertrag mit Theodor, der den Grenzverlauf der beiden Staaten regelte und den Verzicht der Lateiner auf byzantinisches Gebiet besiegelte. Die Lage des nikänischen Reiches, wie die Historiker es seither nennen, war jetzt relativ gesichert und stabil. Durch Unterzeichnung eines Vertrages mit Theodor 1219 erkannten die realistischen Venezianer seinen neuen Status an, erhielten sie doch dasselbe Recht auf zollfreien Handel wie früher im byzantinischen Reich.

In Europa nutzten Angelos und sein Sohn Michael die lateinische Schwäche, um ihre Macht auszudehnen und zu festigen. Um 1215 schlug Theodor eine lateinische Streitmacht und nahm den neuen lateinischen Kaiser Peter de Courtenay gefangen. Einige Jahre später belagerte er Thessaloniki mit Erfolg (1224). So waren innerhalb von zwanzig Jahren auf dem Gebiet des früheren Reiches zwei griechische Staaten entstanden. Das lateinische Reich war am Rande des Zusammenbruches, obwohl seine Freunde in Mittelgriechenland und der Peloponnes und seine venezianischen Verbündeten immer noch ungestört ihre Macht genossen. Ein Konflikt zwischen den zwei griechischen Staaten wegen des byzantinischen Erbes schien unvermeidbar. Aber auch die Bulgaren, die jedem der beiden griechischen Staaten wechselweise Bündnisse anboten, hätten gerne Zar Symeons Traum eines bulgaro-griechisch-orthodoxen Reiches wahrgemacht.

Im Jahr 1225 errang Johannes III. Vatatzes, der auf Theodor Laskaris gefolgt war, bei Poimanenon südlich von Kyzikos einen entscheidenden Sieg über die lateinischen Streitkräfte. Die Lateiner wurden gezwungen, ihr ganzes Gebiet in Kleinasien bis auf ein kleines Areal gegenüber von Konstantinopel abzutreten, während Vatatzes' Truppen nach Europa übersetzten und Adrianopel einnahmen. Die Nikäner hatten jetzt auf beiden Seiten der Dardanellen festen Fuß gefaßt. Fünf Jahre später wurde die epirotische Armee von Johannes II. Asen von Bulgarien bei Klokotnica nahe Philippopolis geschlagen. Theodor Angelos geriet in Gefangenschaft und wurde geblendet, ein großer Teil des epirotischen Gebietes fiel an Bulgarien. Der eigentliche Sieger aber war Johannes Vatatzes von Nikäa, der nun seinen westlichen Rivalen nicht länger fürchten mußte. Eine Zeitlang machte Nikäa mit Bulgarien gemeinsame Sache gegen die Lateiner in Thrakien, 1236 begannen sie, miteinander Konstantinopel zu belagern. Ihre widerstreitenden Interessen hätten leicht zu offener Feindseligkeit führen können, im folgenden Jahr jedoch zwangen politische Unruhen den bulgarischen König, in seine Hauptstadt zurückzukehren und den Kampf um Konstantinopel aufzugeben.

Unfähig, oder unwillig, auf eigene Faust eine Belagerung Konstantinopels zu unternehmen, konzentrierte Johannes Vatatzes seine Anstrengungen gegen den epirotischen Rivalen. 1242 begann er einen Feldzug gegen Thessaloniki, mußte ihn jedoch wegen des

Mongolischer Bogenschütze zu Pferde, aus einer persischen Handschrift. Der Mongoleneinfall in Kleinasien schwächte die Türken, was dem Nikänischen Reich im Westen zugute kam.

Einfalls der Mongolen in Kleinasien abbrechen. Zwischen dem nikänischen Reich und dem Sultanat von Ikonion gab es ein kurzes Einvernehmen. Aber die Ereignisse jagten sich derart, daß die Türken noch vor Jahresende von den Tataren geschlagen und tributpflichtig gemacht wurden. Da die Mongolen weiterzogen, um Bagdad zu erobern, konnte sich das nikänische Reich, nun nicht länger von Osten her bedroht, auf Europa konzentrieren. Johannes Vatatzes ergriff sofort die gebotene Gelegenheit. 1246 errang er einen überwältigenden Sieg über die vereinigten epirotischen und bulgarischen Truppen. In Europa dehnte er sein Reich bis zur Maritza und dem Vardar aus und zog ohne Widerstand in Thessaloniki ein, um sich dort feiern zu lassen. Ein oder zwei Jahre später konnte er die Grenze noch weiter nach Westen verlegen.

Die Nikäner konnten nun darangehen, die Lateiner aus Konstantinopel zu verdrängen und das byzantinische Reich zu erneuern. Doch gab es Probleme. Die Befestigungsanlagen der Stadt waren ein berüchtigtes Hindernis. Die Venezianer konnten, wenn sie nur wollten, die Stadt ungehindert mit Nachschub versorgen. Es bestand zudem die Gefahr, daß die Westmächte durch die Vernichtung des lateinischen Imperiums zu einem massiven, kreuzzugsähnlichen Gegenschlag veranlaßt werden könnten. Johannes suchte also im Westen Freunde, und bald gelang der Abschluß eines Bündnisses mit dem deutschen Kaiser Friedrich II., der als Herrscher von Sizilien eine bedeutende Rolle im Mittelmeerraum spielte. Die Beziehungen waren herzlich, doch für die Nikäner ergab sich keine sichtbare Hilfe. Mit dem Papst verhandelte Johannes wegen der Einheit der Kirche. Er hoffte natürlich, daß dieser nicht gegen ihn zu Felde ziehen werde, falls es gelänge, die Spaltung zwischen Ost- und Westkirche zu überwinden. Aber von keiner Seite aus wurden die Verhandlungen mit dem nötigen Nachdruck geführt. Der Papst wollte auch die lateinischen Herrscher in Griechenland nicht verletzen. Vatatzes war es zufrieden und wartete auf seine Chance.

Aber diese Chance kam nie. 1254 starb Johannes. Von Untertanen und Feinden gleichermaßen geachtet, wurde er später von der orthodoxen Kirche heiliggesprochen. Während seiner Regierungszeit gesundete das nikänische Reich vor allem wirtschaftlich. Ohne die Last Konstantinopels mit seinem Heer von unproduktiven Höflingen und Beamten, konnte die Bevölkerung Westkleinasiens das Ackerland verbessern und Handel und

Industrie fortentwickeln. Wieder einmal wurden Bauernsoldaten im Grenzland zum türkischen Sultanat angesiedelt, welche die Landesverteidigung garantierten und dabei neues Land kultivierten. Der Hof lebte relativ bescheiden und verwertete die Staatsgüter in rationeller Weise. Einmal schenkte Johannes Vatatzes seiner Gemahlin eine goldene Krone, die mit Eiern aus einer staatlichen Geflügelfarm bezahlt war. Obgleich sich Johannes und seine Minister bemühten, das byzantinische Reich im kleinen wiederaufzubauen, legten sie doch die Grundlage für ein anderes Staatswesen und eine anders strukturierte Gesellschaft.

Sein hochgebildeter Nachfolger Theodor II. Laskaris war ein autoritärer Befürworter des Zentralismus, ein Feind der aristokratischen Grundherrschaft und ein heftiger Gegner der Kirchenunion. Die Flexibilität und Geduld seines Vaters gingen ihm ab. Während der kurzen Regierungszeit von vier Jahren fand er keine Gelegenheit zu größerer Konfrontation mit dem lateinischen Reich. Als er 1258 starb, war sein Sohn und Nachfolger Johannes IV. Laskaris sieben Jahre alt. Kurz darauf erkämpfte sich Michael Paläologos, Sohn einer begüterten Familie, die unter den Komnenen bekannt geworden war, die Herrschaft. Noch vor Jahresende hatte er sich als Michael VIII. zum Mitkaiser gemacht. Er sah sich sofort mit einer schwierigen Situation konfrontiert. Friedrich II. war gestorben, sein Sohn und Nachfolger Manfred hatte die anti-byzantinische Politik der früheren Herrscher Sizilien wieder aufgenommen, Korfu, Dyrrhachium und andere Stellungen am Ostufer der Adria besetzt. Ein Bündnis Manfreds mit Epirus und Villehardouins Herzogtum Achäa zielte klar darauf ab, die Nikäner aus Europa zu vertreiben und das lateinische Reich zu stärken. Obwohl Serbien formell nicht Mitglied dieses Bundes war, schloß es sich dem Angriff an und besetzte mehrere Städte in Makedonien.

Michael VIII. reagierte energisch und entschieden. Seine Armee traf 1259 in der Ebene Pelagonia, nahe dem heutigen Bitola, auf die Streitkräfte des Dreibunds und schlug sie vernichtend, die Elite des Rittertums fiel oder wurde gefangengenommen. Unter den Gefangenen waren der Fürst von Achäa und viele andere lateinische Herrscher. Rasch evakuierten die Serben die eroberten Städte. Das nikänische Reich, jetzt eine Großmacht im östlichen Mittelmeer, fand den Weg nach Konstantinopel offen. Um der venezianischen Seemacht entgegenzutreten, unterzeichnete Michael einen Vertrag mit den Genuesen, der diesen selbst innerhalb des Schwarzen Meeres zollfreien Handel garantierte. Das Zugeständnis war überflüssig. Am 25. Juli 1261 bemerkte eine kleine nikänische Streitmacht, die in Thrakien die Bulgaren in Schach halten sollte, daß die venezianische Flotte zeitweilig abwesend war. Sie marschierte entschlossen nach Konstantinopel und nahm die Stadt fast ohne Gegenwehr ein. Drei Wochen später, am 15. August, wurde Michael mit allem Pomp, dessen man fähig war, in der Hagia Sophia gekrönt. Gleichzeitig rief man seinen dreijährigen Sohn zum Mitkaiser aus; der unglückliche Johannes IV., den man gefangengehalten hatte, wurde geblendet.

Das lateinische Zwischenspiel war damit beendet, das byzantinische Reich nach siebenundfünfzig Jahren wieder hergestellt. Aber mit dem Reich der Komnenenkaiser, das sich von der Adria zum Kaukasus, von der Donau bis zum Orontes erstreckte, hatte es wenig Ähnlichkeit. Viele Gebiete der Halbinsel Griechenland befanden sich in der Hand der Franken, Kreta, die Ionischen Inseln und ein großer Teil der Ägäis gehörten den Venezianern. In Zypern regierte eine französische Dynastie. Der Balkan war zwischen Serbien und Bulgarien aufgeteilt; beide waren darauf bedacht, ihr Territorium nach Süden auszudehnen. Die Fürsten des immer noch unabhängigen Epirus waren erfüllt von unversöhnlichem Haß auf die erfolgreichen Rivalen in Konstantinopel. Die Venezianer und Genuesen kontrollierten byzantinische Gewässer bis zu den Kaimauern der Hauptstadt. Ein großer Teil des thrakischen Hinterlandes lag durch die unaufhörlichen Kämpfe

Kaiser Michael VIII. Paläologos, der das Lateinische Kaiserreich für die Byzantiner zurückgewann. Aus einer Handschrift des 15. Jhs. im Katharinenkloster auf dem Berg Sinai.

verwüstet darnieder. Was an Schätzen noch vorhanden war, hatten die lateinischen Eroberer fast vollständig geplündert. Zerstückelt und verarmt, sah sich das wiedererstandene Reich Michaels VIII. noch größeren Problemen im außenpolitischen Bereich gegenüber.

Zunächst mußte man westlichen Eroberungsplänen entgegentreten, die besonders bedrohlich wurden, als Manfred von Hohenstaufen 1266 gestürzt und als Herrscher von Süditalien und Sizilien Karl von Anjou, ein Bruder Ludwigs IX. von Frankreich, eingesetzt wurde. Dieser genoß die volle päpstliche Unterstützung. Da er der Bedrohung widerstand, wurde Michael zu einer führenden Figur der mediterranen Politik. Das zweite Problem bestand darin, die byzantinische Macht in Europa zu festigen. Das hieß nichts anderes, als die Vertreibung der griechischen Herren von Epirus, um damit den Drang Serbiens und Bulgariens nach Süden aufzuhalten. Es war primär ein militärisches Problem, hatte aber auch einen diplomatischen Aspekt, da es dringend geboten schien, ein effektives Bündnis der slawischen Staaten mit Karl von Anjou zu vereiteln. Das dritte Problem war die dauernde Kontrolle Westkleinasiens, dem Kernland des nikänischen Reiches. Hier hatte die mongolische Invasion eine Wanderung der halbnomadischen Turkmenen nach Westen verursacht. Von ihren traditionellen Weidegründen vertrieben, lebten sie hauptsächlich von Raubzügen. Ihr unkoordinierter, aber schonungsloser Druck machte sie zu weit schwierigeren Gegnern als es das träge seldschukische Sultanat gewesen war.

Michael VIII. konnte bis zu einem gewissen Grad mit den ersten beiden Problemen fertig werden, aber nur dadurch, daß er jeden ernsthaften Versuch unterließ, auch das dritte zu lösen. Der kurzfristige Erfolg seiner Politik verschleierte die zukunftsträchtigen Versäumnisse, die sich schließlich für das Reich als verhängnisvoll erweisen sollten. Michael setzte nach dem Sieg über die Lateiner bei Pelagonia die Abtretung dreier bedeutender Festungen im fränkischen Herzogtum Achäa durch, sie dienten als Ausgangspunkt für die allmähliche Rückeroberung der Peloponnes. Viele Heeresverbände wurden aus dem Grenzgebiet Kleinasiens dorthin abgezogen. 1264 besiegte er den epirotischen Herrscher Michael II. Angelos, der daraufhin die byzantinische Lehnsherrschaft anerkannte. Aber das Erscheinen Karls von Anjou brachte die byzantinische Expansion in Europa zum Stehen, als Soldaten aus Anjou nach Epirus und in die Peloponnes verlegt wurden. Der Papst drängte Michael, die Kirchenunion in die Wege zu leiten, denn sonst, so ließ er erklären, sähe er sich außerstande, Karl von Anjou zurückzuhalten. Ein Verteidigungsbündnis mit Serbien und Bulgarien und die Kirchenunion, die dem Reich eine gewisse Sicherheit geboten hätten, wurden durch Michaels erklärte Absicht desavouiert, das Reich in den Grenzen des 12. Jahrhunderts wiederherzustellen. Eine Zeitlang schob die byzantinische Diplomatie das Problem vor sich her, nachdem sie Ludwig IX. von Frankreich überreden konnte, seinen ehrgeizigen Bruder auf die unselige Expedition gegen Tunis mitzunehmen. Doch Michael erkannte klar, daß letztlich der einzige Weg, die Ambitionen Anjous auf Wiederherstellung des lateinischen Kaiserreiches zu unterlaufen, eine Verständigung mit dem Papst war, obwohl er wußte, daß ihm jeder Vorstoß in dieser Richtung die heftige und langandauernde Feindschaft der Geistlichkeit und des byzantinischen Volkes eintragen würde. Georg Akropolites, Michaels VIII. wichtigster Minister, nahm 1274 an einem Konzil in Lyon teil und verpflichtete sich im Namen seines Herrn, den römischen Glauben anzunehmen und die päpstliche Oberhoheit anzuerkennen.

Papst Gregor X. nahm daraufhin Karl von Anjou das Versprechen ab, das Vorhaben einer Eroberung von Byzanz aufzugeben. Kleinere Landgewinne auf der Peloponnes kamen hinzu. Aber bei Michaels eigenen Untertanen wuchs die Opposition gegen die Vereinigung der Kirchen. Der Patriarch Joseph mußte mit Gewalt abgesetzt und durch den willfährigen Johannes Bekkos ersetzt werden. In den Straßen Konstantinopels kam es häufig zu Demonstrationen und Aufständen, die Michael mit der Festnahme der kirchenpolitischen Gegenspieler beantwortete. Zwischen Regierung und Volk tat sich eine gefährliche Kluft auf. Die Feinde Michaels flohen nach Bulgarien und Epirus, die zu Bollwerken der Antiunionspolitik wurden. Michael konnte sich zwar mit der Überlegung trösten, daß seine unpopuläre Politik dem Reich wenigstens ein nicht geringes Maß an Sicherheit eingebracht hatte, aber der anjoufreundliche Papst Martin IV., ein Franzose, entband Karl von seinem in Lyon gegebenen Versprechen. Sizilien ging mit Venedig und dem verbannten Kaiser Balduin II. ein Bündnis ein, dessen offenkundiges Ziel Michaels Politik der Kirchenunion zur Makulatur werden ließ. Im nächsten Frühjahr verschlimmerte sich die Lage sogar noch, denn Serbien ging mit der westlichen Koalition zusammen und nahm die Stadt Skopje ein. Auch in Bulgarien herrschte ein erbitterter Gegner Konstantinopels, Zar Georg I. Teter, so daß es den Anschein hatte, als ob das Reich einer Katastrophe noch größeren Ausmaßes als 1204 entgegenginge.

Doch Diplomatie und byzantinisches Gold erwiesen sich als wirkungsvoll. Den Sizilianern war die französische Herrschaft verhaßt, und byzantinische Agenten schürten den Groll. Eine von der Bevölkerung gestützte Verschwörung mit dem Ziel, König Peter von Aragon zum Herrscher von Sizilien zu machen, führte am 31. März 1282 zum Erfolg. Der Massenaufstand und das anschließende Massaker in der französischen Garnison sind als ›Sizilianische Vesper‹ in die Geschichte eingegangen. Die überlebenden Franzosen zogen sich eilends aus Sizilien zurück, einige Wochen später ließ sich Peter von Aragon in Palermo als König von Sizilien krönen: Der Plan Karls von Anjou, das lateinische Reich wiederherzustellen, war endgültig gescheitert. Michael VIII. hatte zwar Byzanz gerettet, aber er starb schon im Dezember 1282, gehaßt und verachtet von seinen Untertanen, die die Kirchenunion beharrlich ablehnten und ihrem Kaiser sogar ein christliches Begräbnis versagten. Während im Westen seine diplomatischen Intrigen zum Erfolg führten, drangen Banden türkischer *Ghazi*-Krieger tiefer in byzantinisches Territorium in Kleinasien ein, das weitgehend von Verteidigern entblößt war.

Auf Michael VIII. folgte sein Sohn Andronikos II., dessen lange Regierungszeit von einer traurigen Folge von Katastrophen und Demütigungen gekennzeichnet war, von denen hier nur die wichtigsten erwähnt werden sollen. Byzanz sah sich gezwungen, sich nun in seine neue Rolle als schwacher griechischer Kleinstaat hineinzufinden; die Großmachtattitüden Michaels VIII. gehörten endgültig der Vergangenheit an. Eine solche Schwächeperiode ist gewöhnlich von bitteren Erfahrungen begleitet, das Zeitalter Andronikos' II. bildet keine Ausnahme von dieser Regel. Trotzdem blieb die lebendige Entwicklung auf dem Gebiet der Literatur, Kunst und Philosophie ungebrochen, manche Beobachter erkennen hier schon eine Art Vor-Renaissance. Auch bei anderen Völkern läßt sich politischer und wirtschaftlicher Niedergang bei gleichzeitigem kulturellem Aufschwung beobachten. Andronikos begann, die politischen Maxime seines Vaters in vieler Hinsicht umzukehren. Es war nicht länger nötig, sich die Sicherheit im Westen um den Preis der Kirchenunion zu erkaufen. Der Kaiser widerrief als eifriger Anhänger der Orthodoxie sofort die verhaßte Union mit Rom. Patriarch Johannes Bekkos wurde abgesetzt und ins Exil geschickt, sein betagter Vorgänger Joseph wieder berufen, die Gegner der Kirchenunion aus den Gefängnissen entlassen. Eine innere Geschlossenheit der byzantinischen Gesellschaft hatte man dadurch jedoch nicht erreicht. Die *Arseniten*, die Michael VIII. als Usurpator und Mörder verdammt hatten, weigerten sich weiterhin, seinen Sohn als legitimen Herrscher anzuerkennen. Ihr Einfluß wuchs, und auch zahlenmäßig nahmen sie zu, vielleicht deshalb, weil die kirchliche Gruppe für die Gefühle der vielen Unzufriedenen einen institutionalisierten Rahmen von hohem geistigen Niveau bot.

Michael VIII. hatte die Finanzen des Reiches überstrapaziert und seine Reserven erschöpft. Andronikos begann seine Regierung neben einer Steuererhöhung mit einer Reduzierung der Truppenkontingente, außerdem schaffte er die Marine praktisch ab. Die Verteidigung zur See sollten die Genueser übernehmen — deren Stadt und Hafen Galata lagen Konstantinopel am Goldenen Horn gegenüber. Der Feudalisierungsprozeß auf dem Lande war weit fortgeschritten, so daß es praktisch keine freien Bauern mehr gab. Die Hauptlast der neuen Steuern trug eine unterdrückte, abhängige Landbevölkerung, die oft den ungleichen Kampf aufgab, massenweise in die Stadt zog und so die Zahl der verarmten, arbeitslosen Städter sprunghaft ansteigen ließ.

In der Außenpolitik setzte Andronikos mehr auf Diplomatie als auf militärisches Engagement. Mit Epirus und Serbien schloß er Frieden, scheute sich auch nicht, seine fünfjährige Tochter dem nicht mehr ganz jungen König Milutin von Serbien in die Ehe zu geben. Den Serben gewährte er als Mitgift die byzantinischen Provinzen, die sie schon erobert hatten. Auf der Peloponnes konnte er bei lokalen Scharmützeln das Byzantinische Reich auf Kosten des lateinischen Herzogtums Achäa weiter ausdehnen. Nur in Kleinasien lieferte er regelrechte Schlachten, doch gab es nur Mißerfolge. Um 1300 war fast das ganze byzantinische Kleinasien an die türkischen *Ghazi* verlorengegangen. Ein Heerführer mit Namen Osman errang 1302 während jener Gefechte in Bithynien einen Sieg — es war die Grundsteinlegung für ein mächtiges Reich. Den Menschen jener Zeit erschienen jedoch die Taten des Emirs von Aydin, der Ephesus und Smyrna 1304 einnahm, oder des Emirs von Menteshe, der um diese Zeit Rhodos besetzte, viel bedrohlicher.

Andronikos nahm wegen jener schmerzlichen Verluste eine Kompanie katalanischer Söldner in seine Dienste, etwa 6500 Mann, die in Sizilien schon für den König von Aragon gekämpft hatten. Die undisziplinierten Katalanen erwiesen sich für byzantinische Offiziere als schwere Belastung. Nach einigen bedeutungslosen Erfolgen in Kleinasien meuterten sie und begannen mit der Verwüstung ganz Thrakiens. Jahrelang zogen sie durch Nordgriechenland, bis sie 1311 die Armee des lateinischen Herzogs von Athen aufrieben und als Vasallen des Königs von Aragon das Herzogtum übernahmen. Ihre Raubüberfälle und der Terror, den sie verbreiteten, veranlaßte noch mehr Bauern, ihre Zuflucht in den Städten zu suchen; deren unproduktives Proletariat nahm weiter zu. Vergeblich suchte Andronikos Hilfe im Kampf gegen die Türken bei Genuesern, Mongolen und anderen. Seine Abhängigkeit von Genua führte dazu, daß sich das Reich auch noch in einen langen Seekrieg zwischen Genua und Venedig hineinziehen ließ, in einen Krieg, der die unmittelbaren Folgen des endgültigen Zusammenbruches der Kreuzfahrerstaaten in Syrien war, mit denen Venedig einen einträglichen Handel unterhalten hatte. Zuletzt sah sich der hilflose Kaiser gezwungen, beiden kriegführenden Mächten Schadenersatz zu zahlen, nachdem sie ihren Streit beigelegt hatten.

Im Laufe der Jahre wuchs die Unzufriedenheit mit der Regierung des Andronikos. 1320 starb sein Sohn und designierter Nachfolger Michael IX. Sein unfähiger Enkel Andronikos genoß die Freundschaft und Achtung vieler mächtiger Latifundienbesitzer, deren Interessen oft mit denen des Staates kollidierten. Als eines seiner Liebesabenteuer zum Tode seines jüngeren Bruders führte, enterbte ihn der alte Kaiser. Dies führte 1321 zu einer Revolte in Thrakien; damit begann eine Reihe von Bürgerkriegen, die das Reich im 14. Jahrhundert noch mehr schwächen sollten. Sie wurde von vielen Magnaten unterstützt, denen selbst noch die schwache Autorität Konstantinopels zuviel war. Nach einigen Jahren verlustreicher Kämpfe wurde ein Kompromiß geschlossen und der jüngere Andronikos zum Mitkaiser als Andronikos III. ausgerufen. Seinen Großvater zwang er 1328 zur Abdankung und zum Eintritt in ein Kloster. Inzwischen waren die osmanischen (oder ottomanischen) Türken auf der kleinasiatischen Seite bis in die Nähe der Hauptstadt vorgestoßen, 1326 nahmen sie Prusa (Bursa) ein und machten den Ort zu ihrer Hauptstadt, nur 100 km von Konstantinopel entfernt.

Der engste Mitarbeiter des neuen Kaisers, eine Art ›Graue Eminenz‹, war der tatkräftige und ungeheuer wohlhabende Grundbesitzer Johannes Kantakuzenos. Er führte 1329 eine Armee nach Kleinasien, in der Hoffnung, die Türken aus dem neugewonnenen Gebiet zu vertreiben, wurde bei Nikomedia geschlagen und floh Hals über Kopf in den sicheren Schutz des Bosporus. Danach hat sich die Regierung offenbar zur Aufgabe Kleinasiens entschlossen und sich der Reorganisation und Verteidigung der europäischen Besitzungen des Reiches zugewandt. Dem Zyniker wird nicht entgehen, daß die großen Ländereien des Kantakuzenos vor allem in Thrakien lagen. Die Türken nutzten die Chance: 1331 fiel Nikäa, 1337 Nikomedia. Außer einem winzigen Landstrich gegenüber von Konstantinopel ließen sie den Byzantinern nichts übrig. Deren neue ›europäische‹ Politik hatte zunächst beachtlichen Erfolg. Man nahm den Lateinern einen großen Teil der Peloponnes wieder ab. Mistra, die Hauptstadt des byzantinischen Griechenland, entwickelte sich zu einer wichtigen Stadt mit zahlreichen Palästen, Kirchen und Klöstern. In Nordgriechenland konnte man Thessalien 1333 besetzen, Epirus im Jahr 1340. Die neue Politik barg jedoch Risiken: Konflikte mit den beiden christlichen Slawenstaaten des Balkan, Bulgarien und Serbien, waren vorprogrammiert.

Die soziale Kluft innerhalb des Reiches, zwischen Großgrundbesitzern und wohlhabenden kirchlichen Institutionen einerseits und der verarmten Bauernschaft andererseits wurde immer tiefer. Die Gegensätze blieben nicht auf das flache Land beschränkt, denn ein großer Teil der Macht und des Wohlstandes der Städte war in den Händen derselben Familien konzentriert, die auch die Landgüter beherrschten. Handwerker und Kaufleute der Städte, natürlich auch die mittellosen Flüchtlinge, die sich in ihren ärmlichen Behausungen gegenseitig auf die Füße traten, saßen mit den unterdrückten Landarbeitern praktisch im gleichen Boot. Die sozialen Mißstände schufen eine explosive Stimmung.

170

Andronikos III. suchte durch eine Reform des Gerichtswesens die Unparteilichkeit des Staates wiederherzustellen. Man nahm den lokalen Beamten richterliche Funktionen und übergab sie hohen Staatsbeamten, die direkt vom Kaiser bestimmt waren. Selbstverständlich erwiesen sich die neuen Richter sehr bald als ebenso bestechlich wie die alten. Andronikos III. starb 1341. Er hinterließ einen sechsjährigen Sohn Johannes V. unter der Regentschaft der Kaiserinwitwe Anna von Savoyen. Noch vor Jahresende ließ sich Johannes Kantakuzenos, der gehofft hatte, offizieller Nachfolger zu werden, in Thrakien zum Gegenkaiser erheben. Es begann ein verheerender Bürgerkrieg, der bis 1347 ununterbrochen andauerte. Zeitgenossen berichten, daß die Reichen und Mächtigen Kantakuzenos unterstützten, während das Volk auf seiten Kaiser Johannes V. bzw. der regierenden Kaiserin stand. Wie andere Kämpfe um den Thron, war der Krieg natürlich auch ein Konflikt innerhalb der herrschenden Elite. Aber die sozialen Spannungen in dem geschrumpften, gedemütigten Reich führten wohl ebenso zum Interessenkonflikt zwischen Arm und Reich, Grundbesitzern und Abhängigen. In einigen Städten Thrakiens und Makedoniens bestritten Kaufleute und Handwerker die Autorität der Lokalaristokratie aus Loyalität zum legitimen Kaiser. Bürgerversammlungen, die bis dahin im allgemeinen den Vorschlägen der örtlichen Magnaten willig zugestimmt hatten, wurden nun zum Schauplatz heftiger Debatten und erbitterter Konfrontation. Einige Male sahen sich die Aristokraten gezwungen, für eine Weile ihre Sicherheit bei den Truppen des Kantakuzenos zu suchen.

In Thessaloniki, der zweiten Stadt im Reich, kam es 1342 zu einem Volksaufstand, als der Adel die Stadttore dem Kantakuzenos öffnen wollte. Anscheinend erfreuten sich die Aufrührer, die sich *Zeloten* nannten, der besonderen Unterstützung durch die Seefahrergilde, sie hatten aber auch Anhänger in der Oberschicht. Die Zeloten, wahrscheinlich eher eine Art Geheimbund als eine politische Partei im modernen Sinn, beherrschten Thessaloniki bis 1350 angeblich im Namen von Johannes Paläologos, führten die Stadt aber wie eine unabhängige Republik. Das Eigentum von Anhängern des Gegenkaisers wurde konfisziert, die Güter wurden zum Teil wieder verteilt. Ob die Zeloten tatsächlich ein sozialreformerisches Programm hatten, läßt sich kaum beantworten, denn während ihrer ganzen Regierungszeit befand sich die Stadt mehr oder weniger im Belagerungszustand, und solche Bedingungen fördern eine schablonenhafte Gleichmacherei. Die uns zur Verfügung stehenden Informationen über die Zeloten stammen von ihren Feinden. Die gebildeten Schriftsteller interpretierten die Zeloten und ihre Taten natürlich von der politischen Gedankenwelt der Antike her, denn mit ihr waren sie am besten vertraut. So hören wir viel von Sklaven, die die Stelle ihrer Herren einnahmen, von Schuldenerlaß, von Aufteilung des Besitzes usw., doch dies alles wird mit einer bemerkenswerten Verschwommenheit berichtet.

Daß die Ereignisse in Thessaloniki, dem großen Hafen mit seinen vielen westlichen Verbindungen, etwas zu tun hatte mit den etwa gleichzeitigen Vorgängen in Genua, liegt eigentlich auf der Hand. Dort hatte das Volk unter Führung von Simone Boccanegra die Feudalaristokratie verjagt und eine Kommune errichtet. Aber man darf die Parallele nicht zu eng ziehen, da die Bevölkerungsstruktur einer byzantinischen Stadt kaum mit den durch machtvolle Handelshäuser beherrschten italienischen Städten zu vergleichen ist. In Byzanz lag der gesamte Außen-, zum Teil auch der örtliche Handel in den Händen von Ausländern, die oft mit eigenen Gesetzen sozusagen exterritorial lebten. Vielleicht ahmten die Zeloten westliche Muster nach, ohne sich im einzelnen über den Unterschied zu den genueser Verhältnissen klar zu sein. Wahrscheinlicher ist, daß sie nur auf eine Reihe von unvorhergesehenen Ereignissen reagierten und eine gewisse Aktionsfreiheit für die Bürger zu erhalten suchten, während die großen Magnaten sich gegenseitig bis zur eigenen Handlungsunfähigkeit befehdeten. Auf jeden Fall bewiesen sie, daß eine byzantinische Stadt etwa acht Jahre lang ohne seine Aristokratie bestehen konnte.

Abgesehen von Partei- und Gruppenkämpfen ist ein anderer Aspekt des Bürgerkrieges von 1341 zu erwähnen. Die orthodoxe Kirche war traditionell der Mystik gegenüber sehr aufgeschlossen, die es dem Eingeweihten ermöglichen sollte, durch Meditation einen flüchtigen Schimmer des göttlichen Lichtes und einen Moment der Freude über die Einheit mit Gott zu erlangen, was nach Ansicht der orthodoxen Theologen jedem Christen erreichbar war. In den ersten Jahrzehnten des 14. Jahrhunderts ergänzten einige Mönche auf dem Berg Athos die Meditation durch Übungen wahrscheinlich indischen Ursprungs, die Ähnlichkeiten mit denen des Yoga haben; also etwa die Einnahme einer besonderen Körperhaltung, Atemkontrolle, endlose Wiederholung einer kurzen Gebetsformel usw. Die neue Technik der Meditation wurde von vielen Theologen höhnisch kommentiert. Der Wanderprediger Barlaam von Kalabrien, ein italienischer Grieche, war einer der führenden Gegner der neuen Praxis, die von ihren Anhängern *Hesychasmus* genannt wurde. Deren führender Vertreter Gregor Palamas verteidigte den *Hesychasmus* und lieferte die theoretische Begründung für die neue Art der Meditation. Das Ergebnis war ein Kirchenkampf. Auf zwei Konzilien 1341 wurden Barlaam und seine Anhänger verdammt, Palamas bestätigt. Johannes Kantakuzenos als Leiter des zweiten Konzils unterstützte den *Hesychasmus* aus tiefster Überzeugung. So vermischten sich Theologengezänk und politischer Konflikt, doch nicht alle Anhänger von Kantakuzenos waren *Hesychasten*, es unterstützten auch nicht alle *Hesychasten* den Usurpator. Aufgrund seiner dezidierten Stellungnahme gewann er aber an politischer Durchschlagkraft. Man muß im *Hesychasmus* mit seiner Konzentration auf individuelle Perfektion, seinem ausgesprochenen Antiintellektualismus und seiner Ablehnung jeder politischen Verantwortung eine Reaktion auf die offenbar unlösbaren Probleme eines zerfallenden Reiches sehen, wie dann auch die Kluft zwischen traditioneller Ideologie und der Realität immer größer wurde.

Die Krise in Byzanz war der Vorteil seiner Feinde. Während des Machtkampfes zwischen Johannes Kantakuzenos und Johannes Paläologos unterstützte der expansionsfreudige König Stefan Dusan von Serbien mal die eine, mal die andere Seite, wie es gerade opportun schien. Er kam zu beträchtlichen Landgewinnen in Makedonien, 1345 nahm er die wichtige Stadt Serres nordöstlich von Thessaloniki ein, 1346 ließ er sich zum König der Serben und Griechen krönen. So war er eine Zeitlang der dritte Thronaspirant. Wiederum stellte sich die Frage eines griechisch-slawischen-orthodoxen Reiches, wovon 400 Jahre vorher Symeon von Bulgarien geträumt hatte. Die Türken nutzten ebenfalls die Verwirrung im Reich. Johannes Kantakuzenos rief die türkischen Truppen des Emir von Aydin zu Hilfe, um Thrakien unterwerfen zu können. Einmal in Europa, waren die Türken wenig geneigt, wieder abzuziehen.

Kantakuzenos zog 1347 praktisch ohne Widerstand in Konstantinopel ein und wurde ein zweites Mal zum Mitkaiser gekrönt. In den Provinzen dauerten die Kämpfe an, auch Thessaloniki blieb noch zwei Jahre in den Händen der Zeloten. Kantakuzenos bemühte sich, dem Ansehen Byzanz' wieder Geltung zu verschaffen. Abgesehen von der Zerstörung des Landes zeigten sich jedoch verheerende Schäden im gesamten Volkskörper: die militärischen und politischen Mittel erwiesen sich als völlig unzureichend, um den Intentionen des Kaisers Nachdruck zu verleihen. 1347 erschien zudem ein anderer

rechts: Ikone des Erzengels Michael, erste Hälfte des 14. Jhs. Der Engel hält die Waage des Gerichts in einer Hand, der kleine schwarze Teufel versucht, die Waage in seinem Sinne zu beeinflussen.

ungebetener Gast. Ein genuesisches Schiff aus Kaffa (Krim) brachte Passagiere — oder Ratten —, die mit Beulenpest infiziert waren, nach Konstantinopel. Rasch breitete sich die Krankheit in der Hauptstadt und anderswo aus und wurde bald in die Hafenstädte Italiens übertragen, von dort aus suchte sie fast ganz Europa heim. Jene als ›schwarzer Tod‹ bekannte Seuche war bei weitem die schlimmste des Mittelalters. In England raffte sie etwa ein Drittel der Bevölkerung hinweg; für Byzanz kann man so genaue Berechnungen nicht anstellen, aber die physischen und moralischen Auswirkungen der Epidemie waren verheerend. Die Städte im Reich wurden dazu von der Pest empfindlicher getroffen als die Gegner, die mehr in bäuerlichen Gemeinschaften lebten.

1348 konnten die Serben Epirus und Thessalien fast ohne Gegenwehr besetzen. König Stefan Dusan schuf dort eine griechischsprachige Kanzlei, um seine Stellung als Kaiser der Serben und Griechen zu betonen. Zwischen Venedig und Genua brach 1350 erneut ein Krieg aus. 1352 unterstützte der klägliche Rest der byzantinischen Flotte die Venezianer in einer unentschiedenen Schlacht am Bosporus. Als die Venezianer den Kampf abbrachen und nach Kreta segelten, forderte Genua herrisch Schadenersatz von Byzanz. Im gleichen Jahr besetzten die Türken, die als Söldner während der fortdauernden Scharmützel im Bürgerkrieg teilgenommen hatten, ein Fort bei Gallipoli, zwei Jahre später eroberten sie die Stadt selbst. Nach solchen Mißerfolgen, welche natürlich eine wachsende Opposition im Innern nach sich zogen, dankte Johannes Kantakuzenos ab und zog sich in ein Kloster zurück. Von dort aus beobachtete er wachsam und kritisch seine Nachfolger bis zu seinem Tod dreißig Jahre später. Stefan Dusan starb 1355; mit ihm ging sein Traum von einem griechisch-serbischen Reich unter, da sein früheres Herrschaftsgebiet in eine Anzahl streitsüchtiger Kleinstaaten zerfiel.

Die Abdankung des Johannes Kantakuzenos bezeichnet das Ende einer Epoche — manche würden sagen, einer Epoche verpaßter Gelegenheiten. Von jetzt an hatte das Reich nur einen Feind, die ottomanischen Türken. Die folgenden Regierungen in Byzanz sahen sich mehr und mehr gezwungen, um jeden Preis ausländische Hilfe anzufordern, da sie selbst keine eigene Armee aufstellen konnten, die der feindlichen gewachsen gewesen wäre. Als die orthodoxen slawischen Staaten auf dem Balkan einer nach dem anderen vom aggressiv operierenden Ottomanischen Reich erobert wurden, gab es nur noch eine einzige Hilfsquelle: den lateinischen Westen. Ihm hatten die Byzantiner seit dem 12. Jahrhundert voller Mißtrauen gegenübergestanden; er hatte das Reich zertrümmert und byzantinisches Territorium annektiert, er hatte versucht, dem Reich eine Religion aufzuoktroyieren, die von Theologen verachtet und geschmäht und von der Masse des Volkes gehaßt wurde. Die anstehende Wahl war traumatisch.

Johannes V. setzte seine ganze Hoffnung auf die Unterstützung durch Genua in der Erwartung, es werde sein Monopol auf den Schwarzmeerhandel verteidigen, doch er wurde bitter enttäuscht. 1359 lagerten türkische Scharen aus Gallipoli vor den Mauern Konstantinopels. 1363 nahmen sie Philippopolis ein und schnitten so die Hauptstadt von Serbien und dem Westen ab. 1369 fiel Adrianopel, der entscheidende Vorposten in Thrakien. In der Zwischenzeit hatte Johannes V. mit Papst Urban V. wegen eines Kreuzzuges verhandelt, der dem Vormarsch der Moslems Einhalt gebieten sollte, und war 1366 nach Ungarn gegangen, um dort um Hilfe zu bitten. Die Antwort des Westens war ermutigend, aber nicht angemessen. Mit dem Segen des Papstes segelte eine bunt gemischte Streitmacht unter Prinz Amadeo von Savoyen die Donau hinunter. Für kurze

links: Fresken in der Kirche Kariye Camii, Konstantinopel (ehemaliges Chora-Kloster). Oben: Anastasis, die Auferweckung der Toten, in der Apsis der Seitenkapelle. Unten: Drei Kirchenväter. Von links Basilius, Gregor von Nazianz und Kyrill von Alexandria.

Zeit konnte sie die Türken aus Gallipoli vertreiben, war jedoch nicht stark genug, um weitere Unternehmungen zu wagen. 1369 ging der Kaiser nach Rom und konvertierte zum lateinischen Glauben, ein Verzweiflungsschritt, der ihn seinen Untertanen entfremdete, ohne daß er vom Papst irgendwelche Konzessionen erreicht hätte. Die serbische Armee wurde 1371 in einer Schlacht an der Maritza aufgerieben. Serbien, Makedonien und Nordgriechenland waren der türkischen Invasion preisgegeben. Die Soldaten der serbischen Fürsten wurden gezwungen, auf der Seite der türkischen Eroberer zu kämpfen. Der türkische Druck wurde nicht nur auf dem Schlachtfeld fühlbar. Johannes mußte sich in einem Vertrag als Vasall des Sultans bezeichnen. Als sein jüngerer Sohn Andronikos revoltierte und mit einem rebellischen Sohn des Sultans gemeinsame Sache machte, versuchte man den Kaiser zu zwingen, ihn ins Gefängnis zu werfen und zu blenden. Andronikos wurde zwar nicht geblendet, sondern nur mehrere Jahre lang gefangengehalten. Er entkam aber 1376 nach Galata, nahm mit türkischer und genueser Hilfe Konstantinopel ein und ließ daraufhin seinerseits seinen Vater und seinen älteren Bruder, den Mitkaiser Manuel, ins Gefängnis werfen. So gab es in der Stadt zeitweise vier Kaiser, die gegeneinander arbeiteten und alle bis zu einem gewissen Grad Werkzeuge der türkischen oder italienischen Politik waren. 1379 entkamen Johannes und Manuel; sie flohen an den türkischen Hof und wurden von der türkischen Armee und der venezianischen Flotte in der Hauptstadt wieder als Kaiser eingesetzt. Während das kleine Mosaik von Inseln und Städten, der kümmerliche Rest des Reiches, den Anschein erweckte, als sei es unabhängig — eine Zeitlang war dies auch der Fall —, entschied man über sein Schicksal schon anderswo.

Inzwischen setzten die Türken ihren Vormarsch erbarmungslos fort, 1377 wurde Adrianopel Hauptstadt. Sofia fiel 1385, Niš 1366, 1387 war Thessaloniki an der Reihe; die Stadt ergab sich, um nicht geplündert zu werden. 1389 folgte die vernichtende Niederlage der Serben bei Kosovo Polje (Amselfeld), die jeder Hoffnung auf einen erfolgreichen Widerstand der slawischen Balkan-Staaten ein Ende setzte. Der Rest Bulgariens wurde 1393 erobert und nach einem Aufstand annektiert: aus einem türkischen Vasallenstaat wurde eine Provinz des türkischen Reiches.

In Konstantinopel und Adrianopel kam es zum Thronwechsel. Manuel II., der Sohn Johannes' V., wurde 1392 gekrönt, Sultan Bajezid I. (mit dem Spitznamen Jildirim ›der Donnerschlag‹) folgte 1389 seinem Vater Murad. Der Türke war entschlossen, den eigenartigen Zustand eines fast unabhängigen orthodoxen Reiches mitten auf türkischem Gebiet zu beenden und möglicherweise anrückenden westlichen Truppen einen Riegel vorzuschieben. 1374 begann die türkische Armee mit der Blockade Konstantinopels, sie war jedoch unvollständig, da venezianische und genueser Schiffe ins Goldene Horn einfahren konnten. Aber niemand zweifelte daran, daß der Sultan die Absicht hatte, die Stadt einzunehmen und damit die vom Propheten versprochene Belohnung für den Eroberer von Rûm zu erringen; bald brach eine Hungersnot in der Stadt aus. Verwirrt und ohne kompetente Führung waren die Bürger auch untereinander uneins. Einige sprachen sich für die Kapitulation aus, um dem Schrecken der Plünderung zu entgehen. Hatte sich nicht auch Thessaloniki ergeben? Lebten nicht schon Tausende, vielleicht Millionen orthodoxer Griechen unter türkischer Oberhoheit und paßten sich so gut wie möglich dem neuen Lauf der Dinge an? Andere setzten die Hoffnung ganz auf eine entscheidende Intervention des Westens und waren bereit, den Preis einer Kirchenunion zu zahlen. Andere verloren sich in Spekulationen über den Zeitpunkt der Wiederkunft Christi, an dem der Heiland die Gläubigen in Herrlichkeit sammeln wollte. Daß er dicht bevorstand, wurde allgemein angenommen — ein Lieblingsdatum war 1492, das Jahr 7000 seit der Schöpfung nach byzantinischer Zeitrechnung.

Die christlichen Mächte des Westens waren erneut bereit, einzugreifen, doch was die Könige und Fürsten dort vor allem beunruhigte, war nicht so sehr das Schicksal des byzantinischen Reiches, dessen Bürger ja nur schismatische Griechen waren. Sie sorgten sich eher über den Vormarsch der Türken nach Zentraleuropa; die Sicherheit ihrer eigenen Gebiete stand auf dem Spiel. Ungarn war am unmittelbarsten bedroht. König Sigismund appellierte an andere Monarchen und den Papst, in Avignon eine gemeinsame Gegenoffensive zu starten, und der Aufruf wurde günstig aufgenommen: bald hatte man eine gewaltige Streitmacht von ca. 100 000 Mann versammelt, sie wurde vom Papst als Kreuzfahrerheer anerkannt. Etwa die Hälfte kam aus Ungarn, der Rest aus Frankreich, England, Spanien, Polen, Böhmen und anderen Staaten. Im Sommer 1396 marschierten die Kreuzfahrer donauabwärts, entschlossen, die Flut des Islam einzudämmen. Doch sie wurden von den Türken überlistet. Am 25. September fand sich die riesige, schwerfällige Armee bei Nikopolis in Nordbulgarien umzingelt, und die folgende Schlacht endete in der Katastrophe. Bajezid hielt an der Blockade Konstantinopels fest und begann 1397 eine große Strafexpedition gegen byzantinische Besitzungen auf der Peloponnes.

Kaiser Johannes VIII., aus einem Manuskript des 15. Jhs. auf dem Berg Sinai. Seine verzweifelten Versuche, Ost- und Westkirche zu vereinigen, blieben letztlich erfolglos.

Der französische König wurde 1396 Oberlehnsherr von Genua. Da er den genueser Kolonien im Osten seither mehr Aufmerksamkeit widmete, kam dies auch Konstantinopel zugute. 1399 gelang es einer französischen Streitmacht von 1200 Mann unter Marschall Boucicaut, die Blockade zu durchbrechen und nach Konstantinopel vorzustoßen. Die brave Tat des Marschalls ließ vor allem die prolateinische Partei in der Stadt in Jubelstürme ausbrechen, aber sie änderte nichts an der verzweifelten Situation. Sie erweckte allerdings in Regierungkreisen doch noch die Hoffnung auf wirksame Hilfe aus dem Westen. Daher begab sich Manuel II. auf eine längere Reise durch die westlichen Staaten, um Militärhilfe zu erbitten. Er besuchte Venedig und die norditalienischen Städte und traf im Juni 1400 in Paris ein. König Karl VI. empfing ihn mit der ausgesuchtesten Höflichkeit und sandte erneut eine Streitmacht unter Boucicaut auf den Weg. Gegen Ende des Jahres reiste Manuel nach London weiter, wo er ebenfalls mit Ehrerbietung empfangen wurde; allmählich aber wurde ihm klar, daß die vagen Versprechungen der westlichen Fürsten kaum hilfreich waren.

Hilfe kam trotzdem, allerdings von unvorhergesehener Seite. Der Mongolenführer Timur Lenk, im Westen nannte man ihn Tamerlan, hatte durch skrupellose Eroberungszüge ein Großreich errichtet, das sich von Delhi bis fast vor die Tore Moskaus erstreckte. Um 1400 waren der Kaukasus, Syrien, der Irak und Ägypten ebenfalls seiner Herrschaft unterworfen. Die starke türkische Macht in Kleinasien und Europa schien dem Tatarenkhan bedrohlich, da sich um diesen Kristallisationspunkt seine eigenen unzuverlässigen Untertanen hätten scharen können. Er suchte und fand leicht einen *casus belli*. 1402 führte er seine Armee nach Kleinasien, überlistete den türkischen Feind und zwang ihn, vor den Toren von Ankara die Schlacht anzunehmen. Die Türken wurden vernichtend geschlagen, ihre Armee aufgerieben, Sultan Bajezid geriet in Gefangenschaft. Als die mongolischen

Horden brennend, sengend und mordend durch Kleinasien zum Meer zogen, schmolz die türkische Blockade Konstantinopels dahin. Hocherfreut ob dieser dramatischen Wendung, sandten die Byzantiner ihrem unerwarteten Retter reiche Geschenke.

Der im Aufbau begriffene Staat war in der Tat schwer erschüttert, Byzanz erhielt eine lange Atempause. Zunächst liefen die Dinge gut: Kaiser Manuel eilte aus dem Westen zurück. Byzanz, die Türken, Genua und Venedig schlossen einen Vertrag, der Thessaloniki und andere Gebiete wieder als byzantinisches Territorium auswies. Die Tributzahlungen an die Türken wurden eingestellt, sie erkannten sogar vage die Oberhoheit des Kaisers an. Manuel konnte sich zeitweise sogar in die ottomanische Innenpolitik einmischen, indem er die Söhne Bajezids gegeneinander ausspielte. Um 1413 konnten die Byzantiner mit serbischer Hilfe Mohammed I. als Sultan eines geeinten Osmanenreiches einsetzen, worauf dieser den Vertrag von 1403 bestätigte. Aber für den Tag, an dem der ottomanische Staat sich erholt haben könnte, war Byzanz nicht vorbereitet. Man sorgte nicht für feste Beziehungen zu den Westmächten, ein Bündnis der orthodoxen Staaten auf dem Balkan wurde nicht einmal in Erwägung gezogen.

Der Tod Mohammeds I. 1421 markierte das Ende einer Epoche türkischer Schwäche. Sein Sohn und Nachfolger Murad II. verwarf die Entspannungspolitik und ging zur Offensive in Europa über. 1422 konzentrierte er seine Anstrengungen auf die Belagerung Konstantinopels, marschierte aber auch in Albanien, Epirus und Mittelgriechenland ein. Sogar die Peloponnes, jetzt fast vollständig in byzantinischer Hand, sparte er nicht aus. 1424 sah sich der mittlerweile betagte Manuel gezwungen, wieder Tribut zu zahlen und die türkischen Eroberungen der vorhergehenden Jahre anzuerkennen. Wenn es überhaupt je eine Chance gegeben hatte, so war sie jetzt verpaßt. Als Manuel 1425 starb, befand sich das Reich in einem viel erbärmlicheren Zustand als zum Zeitpunkt seiner Thronbesteigung vierunddreißig Jahre vorher. Die Alternative war klar: Aufgehen im Ottomanischen Reich oder Rettung durch den lateinischen Westen. Es gab keine dritte Möglichkeit, obwohl sich manche byzantinischen Staatsmänner der trügerischen Hoffnung hingaben, es gäbe doch eine. Die Appelle an die Westmächte wurden häufiger und besorgter. Schon 1423 hatte Manuels Sohn Andronikos Thessaloniki den Venezianern überlassen — er war Gouverneur der Stadt —, in der Hoffnung, sie dadurch sicherer zu machen. Venedig verteidigte die Stadt tatsächlich, aber völlig ungenügend. 1430 wurde daher die Stadt ein zweites Mal eingenommen, diesmal durch Sultan Murad, um bis 1912 türkischer Besitz zu bleiben. Johannes VIII., Manuels Nachfolger, reiste vergeblich nach Ungarn und Italien. Die Westmächte betrachteten den türkischen Vormarsch in Europa zwar mißtrauisch, doch wollten sie jetzt keine Konfrontation mehr riskieren, nur um die Trümmer des Byzantinischen Reiches zu retten. Die Diskussion zwischen Ost- und Westkirche verhinderte jede Aktion christlicher Solidarität.

Nach 1430 war die Westkirche selbst gespalten in Anhänger einer päpstlichen Suprematie und die Vertreter des Konzilsgedankens, die davon ausgingen, daß die wahre geistliche Autorität nur durch ein Bischofskonzil ausgeübt werden könne. Ein solches Konzil war tatsächlich in Basel ohne päpstliche Zustimmung zusammengetreten. Vielleicht konnte man die Einheit der Kirche auch ohne die verhaßte Begleiterscheinung der päpstlichen Oberhoheit erreichen. Johannes VIII., der 1332 Papst Eugenius IV. Vorschläge zur Kirchenunion gemacht hatte, wandte sich im folgenden Jahr an die in Basel versammelten Mitglieder des Konzils. Diese fanden die byzantinische Auffassung überlegenswert. Der päpstlichen Kurie war der Gang der Ereignisse nicht genehm, sie entschloß sich, die Beratungen in Basel durch Einberufung eines ökumenischen Konzils zu entwerten, zu dem der Kaiser und die Vertreter der byzantinischen Kirche eingeladen wurden. Die Vorbereitungen machten rasche Fortschritte, und 1438 segelten Johannes VIII. und

Patriarch Joseph II. zusammen mit Vertretern anderer Ostpatriarchate in Schiffen des Papstes gen Italien.

Das Konzil begann seine Arbeit in Ferrara, wurde aber 1439 nach Florenz verlegt. Alle seit langem bestehenden Probleme zwischen den beiden Kirchen wurden ernsthaft und ausführlich besprochen. Die byzantinischen Vertreter waren in vielen strittigen Punkten zu Konzessionen bereit, z. B. in der Frage des Gebrauchs von ungesäuertem Brot bei der Eucharistie und des Zölibats der Priester. Zum zentralen theologischen Problem, ob der Heilige Geist vom Vater allein ausginge oder vom Vater und dem Sohn, fand man eine Kompromißformel: man erklärte, der Heilige Geist ginge vom Vater durch den Sohn aus. Am 6. Juli feierte man die Wiedervereinigung von Ost- und Westkirche, nach einem Schisma von nahezu drei Jahrhunderten, mit der griechischen und der lateinischen Liturgie. Nur ein Vertreter aus Byzanz weigerte sich, die gemeinsame Erklärung zu unterschreiben, obwohl auch andere ernsthafte Vorbehalte hatten. Aber die Situation zwang zum Kompromiß, außerdem hatte die orthodoxe Kirche von jeher den Unterschied zwischen der idealen Forderung und der Praxis anerkannt. Der Kaiser und sein Gefolge kehrten nach Konstantinopel zurück, von den meisten Untertanen mit bitterer Feindschaft, von den Türken mit düsterem Argwohn begrüßt.

Im Jahr 1443 kamen die schwerfälligen Vorbereitungen zu dem vom Papst versprochenen Kreuzzug endlich in Gang. Der Augenblick war günstig, Sultan Murad befand sich in Kleinasien, wo er mit den rebellischen Turkmenen verhandelte. In Albanien entfachte Georgios Kastriota, genannt Skanderbeg, einen erfolgreichen Aufstand gegen die türkischen Herren. In Serbien und Bulgarien erwartete man gespannt die kommenden Dinge. Die Kreuzfahrerarmee versammelte sich in Ungarn, marschierte donauabwärts, dann die Morava aufwärts und erreichte nach der Eroberung von Niš und Sofia das Schwarze

Meer. Murad eilte aus Asien herbei, um den Kreuzfahrern entgegenzutreten. Die Anführer des Kreuzzuges verloren im Angesicht der gewaltigen ottomanischen Armee die Nerven und unterzeichneten einen Waffenstillstand, der zehn Jahre dauern sollte. Im Spätherbst flackerten die Feindseligkeiten wieder auf, angeblich wegen eines Vertragsbruchs der Kreuzfahrer. Murad fiel am 10. November über ihre Armee bei Varna her und schlug sie entscheidend. Die Überlebenden zogen hastig nach Ungarn ab, um wenigstens dieses zu schützen. Die Türken waren durch die Revolte in Serbien und Albanien mehr beunruhigt als durch alles, was in Konstantinopel geschehen könnte. So blieb die Stadt unbehelligt, während der Westen der Halbinsel zur Räson gebracht wurde.

1448 starb Johannes VIII. Auf ihn folgte sein Bruder Konstantin XI. Dragases, der einige Jahre schon Gouverneur der Peloponnes gewesen war. In Mistra wurde er zum Kaiser gekrönt, denn wegen des erbitterten Widerstands im Klerus gegen die Vereinigung mit der römischen Kirche gab es in Konstantinopel keinen Patriarchen, der ihn hätte krönen können. 1451 starb Sultan Murad II. Ihm folgte sein Sohn Mohammed II., ein junger Mann von umfassender Bildung — er sprach ein halbes Dutzend Sprachen, das Griechische eingeschlossen —, von rascher Auffassungsgabe und grenzenlosem Ehrgeiz. Der neue Sultan wollte ein für alle Mal das Problem Konstantinopel aus der Welt schaffen. Im

links: Die im Zuge der Belagerung Konstantinopels von Mohammed II. erbaute Burg Roumeli-Hissar, mit Blick auf die Stadt.

rechts: Sultan Mohammed II., Eroberer der byzantinischen Hauptstadt 1453. Portrait, das Gentile Bellini zugeschrieben wird. National Gallery, London.

Winter 1451 begann er mit der Belagerung. Er ließ eine gewaltige Burg, Roumeli-Hissar oder ›Festung Europas‹ auf der europäischen Seite des Bosporus erbauen. Von Konstantinopel aus war sie gut zu sehen und lag der 50 Jahre zuvor von Bajezid erbauten Burg Anadolu-Hissar direkt gegenüber. 1452 wurde sie vollendet, gerade als eine päpstliche Delegation unter Isidor, dem früheren Erzbischof von Kiew, jetzt Kardinal der römischen Kirche, in der Hauptstadt erschien. Die Gesandten brachten 200 Bogenschützen mit, aber ihre Anwesenheit brachte die anti-katholischen und anti-westlichen Gefühle auf den Siedepunkt. Als der Kardinal in Gegenwart des Kaisers in der Hagia Sophia die Liturgie nach römischem Ritus zelebrierte, glaubten Klerus wie Laien, daß Staat und Kirche gedemütigt seien wie nie zuvor, und daß der Zorn Gottes sicherlich die Stadt vernichten werde. Georg Scholarios, einer der Delegierten, die die Unionsakte in Florenz unterzeichnet hatten, heftete an das Portal der Hagia Sophia ein Manifest, in dem er erklärte, er wolle lieber sterben als dem orthodoxen Glauben absagen. Sein Meinungsumschwung war für die Verzweiflung vieler Byzantiner symptomatisch, denn die Union mit den Lateinern hatte sich in der Türkennot nicht ausgezahlt. Von den westlichen Regenten war allein König Alfons von Aragon an einem Krieg gegen die Türken interessiert, allerdings mit dem Ziel, das Lateinische Reich wiederherzustellen, nicht das Byzantinische zu retten. Konkrete Schritte blieben aber auch hier aus.

Im Frühjahr 1453 bereitete Sultan Mohammed den letzten Angriff auf Konstantinopel vor. Die undurchdringlichen Mauern, die Theodosius II. vor tausend Jahren errichtet hatte, waren der neuen Waffe, der Artillerie, nicht gewachsen. Die ottomanische Armee hatte etwa fünfzig primitive Kanonen, darunter ein Riesengerät, das sechzig Ochsen brauchte, damit es bewegt werden konnte. Die ottomanische Flotte war jetzt stark genug,

Belagerung Konstantinopels 1453. Wandmalerei (Ausschnitt) in der Klosterkirche zu Moldovita in der Bukowina.

um die Stadt vollständig vom Meer abzuschneiden – bis auf ein kleines Schiff, das gelegentlich im Schutze der Dunkelheit oder des schlechten Wetters durch die Blockade schlüpfte. Trotzdem konnten die Byzantiner das Goldene Horn mit Baumstämmen abriegeln und so verhindern, daß die türkischen Schiffe in sicherem Gewässer dicht an der schwächsten Stelle der Seemauer ankerten. Kaum mehr als 7000 Mann mußten die Mauern verteidigen, darunter befanden sich viele Venezianer und eine Kompanie von 700 Freiwilligen aus Genua unter der Führung des erfahrenen *condottiere* Giovanni Guistiniani. Die türkischen Belagerer waren an Zahl mindestens 15fach überlegen, dazu aufgrund der siegreichen Kämpfe diszipliniert.

Am Ostermontag, dem 2. April 1453 schlug Mohammed sein Lager vor den Toren der Stadt auf, vier Tage später begann die Artillerie ihr Bombardement. Die Verteidiger reparierten am Tag den Schaden, den die Kanonen nachts verursacht hatten. Während dieser ergebnislose Schlagabtausch andauerte, bereitete der Sultan den entscheidenden Coup vor, der nur durch seine zahlenmäßige Überlegenheit möglich wurde. Er ließ eine schiefe Ebene vom Bosporus jenseits von Galata den Berg hinauf und wieder hinunter zum Goldenen Horn konstruieren. Bestürzt sahen die byzantinischen Verteidiger am 22. April, wie die türkischen Schiffe hinter ihrer eigenen Sperre zu Wasser gelassen wurden. Die Genuesen von Galata hätten sie vielleicht versenken können, doch der Preis wäre die Plünderung und Zerstörung ihrer Stadt gewesen. So blieben sie lieber, als Zaungäste des Geschehens, ängstlich neutral.

In der Stadt wuchs die Spannung, Krawalle zwischen Griechen und Lateinern, Venezianern und Genuesen häuften sich. Die übermüdeten Verteidiger mußten nun neben den übrigen Wällen auch die Seemauern entlang des Goldenen Horns bewachen. Die Kunde von angeblich bösen Vorzeichen ging um, z. B. als während einer Prozession eine Ikone der Gottesmutter aus ihrem Rahmen fiel. Der Widerstandswille erlahmte jedoch nicht. Anfang Mai ließ der Sultan seine Übergabebedingungen verkünden, den Griechen sollte freier Abzug gewährt werden. Konstantin antwortete, er wolle mit seinen Untertanen lieber untergehen als die Stadt, die unter Gottes Schutz stehe, nach 1200jähriger Besiedelung durch die Vorfahren aufgeben. Am 27. Mai sammelte Mohammed seine Truppen, am 28. ruhte der Kampf. In der Stadt trug man Ikonen und Reliquien durch die Straßen, der Kaiser inspizierte die Mauern und ermunterte die Verteidiger, in der Hagia Sophia feierten Griechen und Lateiner gemeinsam den letzten Gottesdienst, aller Streit schien vergessen.

Am 29. Mai, einem Dienstag, begann der Sturm auf die Mauern, Woge um Woge brandete die Wälle hinauf, bis einige Janitscharen bei einer Mauerpforte durchbrachen und die Fahne des Propheten auf der Brustwehr hißten. Die Verteidiger sahen sich im Rücken angegriffen, und bald leisteten nur noch wenige byzantinische Soldaten ernsthaften Widerstand. In einem dieser versprengten Haufen, nahe dem Romanos-Tor, kämpfte und fiel auch Kaiser Konstantin. Sein Leichnam blieb unauffindbar.

Wer von den Lateinern konnte, floh mit dem Schiff Hals über Kopf nach Chios, Kreta oder Venedig, die Griechen warteten ab. Der Sultan hatte seinen Soldaten versprochen, daß sie drei Tage lang die Stadt gemäß dem islamischen Gesetz plündern durften. Ungezählte Bürger wurden getötet und Kunstwerke von unschätzbarem Wert zerstört. Manche hatten in der Hoffnung auf ein Wunder in der Hagia Sophia Schutz gesucht. Die Türken brachen ein, schlugen die wertvolle Innenausstattung von den Wänden, trieben die Gefangenen zusammen. Wer Widerstand leistete, den erschlugen sie. Bald erschien der Sultan selbst. Als Imam sprach er vom Hochaltar aus die Gebete und dankte Allah für die Erfüllung seiner Prophezeiung.

Nach der Orgie in Blut und Schrecken wurde die Disziplin schnell wiederhergestellt. Viele

Türken ließen sich in der Stadt nieder, Griechen aus anderen Städten wurden hier angesiedelt, um die Getöteten oder Geflohenen zu ersetzen. Der Sultan hatte nicht die Absicht, die große Stadt zur Bedeutungslosigkeit absinken zu lassen, er war auch sehr darauf bedacht, die Stellung der griechisch-orthodoxen Kirchengemeinschaft innerhalb des Ottomanischen Reiches gesetzlich zu regeln. Da die Reste der zivilen Verwaltungsstruktur von Byzanz hinweggefegt worden waren, blieb als Organ, das das Volk repräsentieren konnte, die Kirche, aber sie mußte ein Oberhaupt haben. In den ersten Monaten nach der Eroberung sah sich Mohammed nach geeigneten Kandidaten für das Patriarchat um. Es mußte jemand sein, der das Vertrauen der griechisch-orthodoxen Bevölkerung genoß — nun ein beachtliches Element im Ottomanischen Reich — und der ihm loyal ergeben war. Seine Wahl fiel auf Georg Scholarios, nun der Mönch Gennadios. Dieser hatte, obwohl der Kirchenunion früher nicht abgeneigt, später öffentlich und kompromißlos eine radikale Kehrtwendung vollzogen. Es war unwahrscheinlich, daß er sich dem Papst wieder zuwenden und die Türken in unerwünschte Konfrontation mit dem Westen verwickeln würde. Im Januar 1454 wurde Scholarios in der Apostelkirche zum Patriarchen ordiniert. Die große Hagia Sophia war schon Moschee geworden.

Es war das Ende eines Staates, der als christlich-römisches Reich seit Konstantin mehr als elf Jahrhunderte bestanden hatte und dessen eigentliche Ursprünge auf die sieben Hügel am Tiber zurückgingen. Seit Andronikos II. war dieses Staatswesen ein seltsames, aber angesehenes Fossil. Obwohl die ottomanischen Türken seine Liquidierung übernommen hatten, kann man doch mit Recht behaupten, daß schon die lateinischen Kreuzfahrer ihm nach 1204 den Todesstoß versetzten. Damals hatte man das Reich daran gehindert, daß in der Folgezeit ein stabiles Gleichgewicht zum jungen ottomanischen Staat hergestellt werden konnte, so wie es in früheren Jahrhunderten mit dem persischen Sassanidenreich, dem moslemischen Kalifat und bis zu einem gewissen Grad mit dem seldschukischen Sultanat von Ikonion geschah.

Das Reich war zerfallen, aber die Kirche bestand weiter, nicht nur als geistige Autorität. Sie regelte jetzt auch die weltlichen Angelegenheiten der griechischen Gemeinschaft und hatte Anspruch auf die Loyalität der zahlreichen orthodoxen Christen, die nicht Untertanen des Ottomanischen Reiches waren. Mit den übrigen byzantinischen Enklaven machten die Türken kurzen Prozeß. Die byzantinische Provinz Morea (Peloponnes) war schon ein ottomanischer Vasallenstaat, 1460 wurde er endgültig annektiert. Die Hauptstadt Mistra ergab sich ohne weiteres, vielleicht wegen des Einflusses der wohlhabenden Klöster, die durch das Abkommen des Sultans mit der Kirche ihre Stellung in der ottomanischen Gesellschaft gesichert sahen. Einige kleinere Städte leisteten erbitterten Widerstand, sie wurden aber nacheinander eingenommen. Die Resistance beschränkte sich fortan auf den Partisanenkrieg in den unzugänglichen Bergregionen. Der Staat von Trapezunt im fernen Nordosten Kleinasiens war ebenfalls ein seltsames Überbleibsel, zumal seine Herrscher nie die Hoffnung auf ein antitürkisches Bündnis aufgaben. Der Sultan griff 1461 die Stadt mit einer riesigen Armee zu Lande und zu Wasser an. Eine erfolgreiche Verteidigung war unmöglich, daher übergab der letzte Kaiser von Trapezunt kampflos seine Stadt. Er wurde in ehrenvolle Gefangenschaft nach Adrianopel gebracht, doch zwei Jahre später änderte der Sultan seine Meinung und ließ ihn umbringen. Ein Mann, der den Kaiserpurpur getragen hatte, war doch zu gefährlich.

Kulturelle Dynamik

Nach der Einnahme Konstantinopels im Jahr 1204 kam es zu einem rapiden Verfall von Kunst, Literatur und Philosophie. Weder der Kaiser noch der kaiserliche Hof konnte diese Disziplinen jetzt fördern. Die Kirche existierte zwar noch, aber ihre Reichtümer befanden sich zum großen Teil in westlicher Hand. Der orthodoxe Klerus hatte sich zerstreut und war verarmt. Klöster ließen zwar, wenn auch in geringerem Umfang, weiter Kunstwerke ausführen und Handschriften kopieren. Das kultivierte städtische Milieu aber, der eigentliche kulturelle Nährboden also, war praktisch nicht mehr vorhanden. Die Intelligenz war in Gegenden außerhalb des lateinischen Einflußbereiches geflohen oder aber in Vergessenheit geraten. Der Historiker und Theologe Niketas Choniates machte sich nach Nikäa auf. Sein Bruder Michael, der gelehrte Metropolit von Athen, verbrachte den Rest seines Lebens in Armut auf der Insel Keos. Von dort konnte er an klaren Tagen über das Meer hin die Hügel Attikas sehen. Staat und Kirche hatten für Leute mit klassischer literarischer Bildung keine Karrieren mehr zu bieten. Die kaiserlichen Fabriken waren in den allgemeinen Wirren untergegangen, Seidenweber, Mosaikleger, Goldschmiede und andere Künstler in die vier Winde zerstreut. Ihre jahrhundertealten Kunstfertigkeiten konnten sie an die folgende Generation nicht weitergeben.

Und doch gab es keinen vollständigen Bruch mit der Vergangenheit. Die Herrscher der griechischen Nachfolgestaaten in Kleinasien und Epirus begannen neben dem Versuch, das Verwaltungssystem und das höfische Zeremoniell zu erneuern, nach bestem Vermögen auch Kunst und Literatur zu fördern. Ihr Idealbild einer Gesellschaftsordnung ging weit über die bloße Verwaltungsarbeit hinaus. Es umfaßte das byzantinische Erbe in mehrfacher Hinsicht: sie fühlten sich als Nachkommen des römischen Reiches hellenischer Tradition und als Vertreter des neuen Israel, des auserwählten Volkes des Herrn. Im nikänischen Reich wurden Schulen errichtet, wo Männer, die vor 1204 in Konstantinopel studiert und gelehrt hatten, die traditionellen Bildungsgüter weitergaben. Die Namen von einigen sind uns bekannt. Michael Senachereim, dessen Kommentar zu Homer immer noch der Veröffentlichung harrt, lehrte Literatur, Theodor Hexapterygos Rhetorik. Etwas später finden wir Nikephoros Blemmydes, einen streitsüchtigen, aber hochgelehrten Mönch in Nikäa und dann in einem Kloster bei Ephesus. Seine Werke erstreckten sich von der Theologie und Philosophie bis zur Medizin und Rhetorik, sozusagen auf die ganze byzantinische Geistestradition. Die Kaiser Johannes Vatatzes und Theodor II. Laskaris waren bewußte Förderer von Literatur und Wissenschaft. Eines ihrer Probleme war allerdings der Mangel an Büchern. Nikephoros Blemmydes wurde mit dem Auftrag betraut, in den neu eroberten europäischen Provinzen Manuskripte für die Bibliothek zu sammeln, die Vatatzes in seiner Hauptstadt Nikäa errichtet hatte. Einige dieser Manuskripte existieren noch. Sie wurden wahrscheinlich im nikänischen Reich kopiert und enthalten Gedichtsammlungen, Briefe, Reden, Aufsätze und andere Gelegenheitswerke aus dem Zeitalter der Komnenen. Offensichtlich war es jenen Männern ein Herzensanliegen, die verstreuten Fragmente dieser oft kostbaren rhetorischen Literatur zu sammeln, um sie für die eigene und zukünftige Generationen zu erhalten. Theodor II.

Laskaris verfaßte selbst umfangreiche theologische und philosophische Werke, religiöse Dichtung, Aufsätze und Briefe. Zu der Zeit, als er 1254 auf seinen Vater folgte, waren die Tage des lateinischen Reiches offensichtlich gezählt. Die herrschenden Kreise in Nikäa waren nicht nur bereit, die politische Rolle zu übernehmen, die ihre Vorväter 1204 verloren hatten, sondern deren zerbrechliche, selbstbewußte elitäre Kultur weiter zu pflegen.

Die Despotie von Epirus im Nordwesten Griechenlands war in jeder Hinsicht weniger lebensfähig als das nikänische Reich. Weder hatte sie ein ausgedehntes Territorium noch die Legitimität und das Prestige, das die Anwesenheit eines ökumenischen Patriarchen verleiht. Sie war der militärischen Bedrohung von Italien her und den Ansprüchen des expandierenden Königreiches Serbien unmittelbar ausgesetzt. Das Erziehungswesen wurde anscheinend von den Herrschern in Epirus weniger gefördert als in Nikäa. So stammen auch nur wenige uns erhaltene Manuskripte aus der Feder von dort arbeitenden Kopisten. Und doch gab es genügend Wissenschaftler, die unter schwierigen Bedingungen die literarischen Traditionen ihrer Vorväter weitergaben: Johannes Apokaukos war nach einer Karriere in der Kirchenverwaltung noch vor dem Vierten Kreuzzug zum Metropoliten von Naupaktos gewählt worden. 1204 floh er nach Arta, der Hauptstadt von Epirus, wo er bis 1233 lebte. Er spielte bei der politischen Stabilisierung des neuen Staates eine wichtige Rolle. Seine religiösen Gedichte, seine Briefe und viele offiziellen Dokumente sind im reinsten klassischen Griechisch geschrieben. Der Athener Georg Bardanes, ein Protegé von Michael Choniates, mit dem er 1204 nach Keos floh, wurde 1219 Metropolit von Korfu. Als Mann der Kirche und als Diplomat gleichermaßen aktiv, hinterließ er eine Anzahl von Briefen und Gelegenheitsgedichte im klassischen Stil. Demetrios Chomatianos, vor 1204 im kirchlichen Dienst beschäftigt, floh nach der Eroberung der Stadt nach Ochrid in Makedonien, wo er zuerst Archivar, dann Erzbischof wurde. Er war ein gelehrter, scharfsinniger Jurist und wohlvertraut mit der umfangreichen juristischen Literatur. Neben zahlreichen Urteilen, die für den Sozialhistoriker von hohem Interesse sind, hinterließ er eine Sammlung religiöser Gedichte. Diese Männer gingen sicher keiner systematischen Lehrtätigkeit nach, doch sie waren das Bindeglied zu der Welt vor der Katastrophe von 1204.

Die Nachfolgestaaten des 13. Jahrhunderts hatten weder die Mittel noch die äußere Sicherheit, um Monumentalbauten zu errichten. Das wohlhabende nikänische Reich baute wenig, und von dem wenigen ist der größte Teil verschwunden. Allerdings sind uns einige Reste der Fresken in der Hagia Sophia zu Nikäa erhalten. Sie sind durchaus

Konstantinopel. Illustration aus dem Luttrell Psalter, British Library, London.

großstädtisch im Stil und wurden wahrscheinlich von Künstlern der alten Hauptstadt ausgeführt. Das winzige Reich von Trapezunt, durch den Transithandel mit dem Fernen Osten zu Reichtum gekommen, baute verschwenderischer. Wir hören von zahlreichen Mosaiken in den Kirchen, von denen aber keines erhalten ist. Aber die vielen Fresken sind im Stil großstädtisch-klassizistisch: Die Maler benützen eine viel reichere Palette als im 12. Jahrhundert und ziehen oft feinste Farbabstufungen dem eher linearen Stil in der Zeit der Komnenen vor. Einer dekorativen, phantasievollen Farbwahl um ihrer selbst willen wird nun gegenüber den mehr realistischen Farbabstufungen der Vorzug gegeben. Die epirotische Kunst scheint provinzieller gewesen zu sein. Von der dortigen Malerei ist uns wenig erhalten, aber die epirotischen Herrscher waren unermüdliche Baumeister. Obgleich ihre Paläste verschwunden sind, gibt es noch zahlreiche kleine Basiliken, häufig mit Holzdach und außen mit Ziegelornamentik geschmückt. Diese Mode breitete sich bald in anderen Teilen der byzantinischen Welt aus. Die der Paregoritissa geweihte Hofkirche in Arta (1282—89) ist eine recht unbefriedigende Mischung aus Basilika und Kreuzform. Die Kuppelkonstruktion ist eigentümlich: auf acht Pfeilern erheben sich, dreigeschossig angeordnet, vorspringende Säulen, von denen die oberen die Kuppel tragen. Die Innenausstattung der Kirche ähnelt Vorbildern des 10. Jahrhunderts.

Als Michael VIII. am 15. 8. 1261 feierlich in der Hagia Sophia gekrönt wurde, erstand nach der offiziellen Lesart das christliche Römerreich Konstantins und Justinians neu; man knüpfte da an, wo es 1204 geendet hatte. Obwohl eine gewisse Kontinuität byzantinischer Herrschaft im Nikänerreich gewährleistet schien, war Byzanz während der letzten zwei Jahrhunderte seines Bestehens doch sehr verschieden von jenem Reich, das während des 4. Kreuzzuges untergegangen war. In Politik, Wirtschaft und Gesellschaft hatten sich irreversible Veränderungen vollzogen; sie wurden von durchaus anderen Wert- und Zielvorstellungen der Bevölkerung begleitet.

Zunächst ist das reduzierte Areal dieses Reiches zu nennen, das im weiteren Verlauf der Geschichte nahezu bis auf einen Punkt zusammenschrumpfte. Die Einnahmen des Staates, auch wenn sie mit der gleichen Effizienz wie früher eingetrieben worden wären, reichten nicht aus, einen kostspieligen Hofstaat, einen großen Verwaltungsapparat und so umfangreiche kirchliche Aktivitäten finanziell zu stützen, geschweige denn zu fördern, wie das früher möglich war. Die Steuern flossen spärlicher, das *Pronoia*-System löste sich mit dem Erblichwerden der Grundstücke auf, die Rekrutengestellung wurde allgemein vernachlässigt. Alles dies waren Konsequenzen, die eine schwache Zentralregierung nach sich zog. Die Magnaten und die Kirche erhielten das Recht, die Steuern von den Hörigen selbst einzuziehen, ein ganzes System von Immunitäten ließ die Kassen des Staates weiter austrocknen. Vieles war in Ansätzen schon vor 1204 sichtbar geworden, doch die zentrifugalen Kräfte begannen erst nach 1261 lebensbedrohend zu werden. Unterstützt wurde diese Entwicklung fraglos auch von der geographischen Zersplitterung, doch die Hauptursache für den Niedergang ist deutlich der Feudalisierungsprozeß der byzantinischen Gesellschaft. Mitglieder der kaiserlichen Familie beherrschten z. B. Thessaloniki oder weite Teile der Peloponnes, als ob sie kleine Privatstaaten mit dem Recht zu eigenständiger Politik besäßen. Der Provinz Morea (die Peloponnes) stand zuerst ein jährlich vom Kaiser ernannter Gouverneur vor. Allmählich wurde dessen Amtszeit prolongiert; Ende des 13. Jahrhunderts wurde Andronikos Paläologos Asanes, ein Sohn des früheren Bulgarenkönigs Johannes III. und Enkel Kaiser Michaels VIII. zum Gouverneur ernannt und blieb es ein Vierteljahrhundert lang. In den 50er Jahren des 14. Jahrhunderts regierte dort ein Bruder des Johannes Kantakuzenos, danach wurde der Posten gänzlich zur Sinekure für Brüder oder Söhne des jeweils regierenden Herrschers. Der letzte Kaiser von Byzanz, Konstantin XI., der im Kampf gegen die Türken 1453 fiel, war jahrelang Gouverneur von Morea gewesen, bevor er 1449 nach dem Tod des Bruders Kaiser wurde.

Gleichzeitig erhielten Städte und Gemeinden größere Privilegien und mehr Rechte als in den vorangehenden Perioden, was besonders im krisengeschüttelten 14. Jahrhundert deutlich wird: Wir hören wiederholt von Bürgerversammlungen mit scharfen Debatten, Konflikten zwischen Stadtadel und Bürgerschaft, Auseinandersetzungen um die Rolle der Zünfte usw. Der Extremfall ist Thessaloniki, wo die anti-aristokratische Bürgerregierung der *Zeloten* acht Jahre lang eine Großstadt regierte. Vieles erinnert in diesem Zusammenhang an die Zustände in italienischen Städten, doch es gibt auch beträchtliche Unterschiede. Die die Städte beherrschenden Familien gehörten dem Landadel an, der byzantinische Aristokrat war in der Stadt ebenso zu Hause wie auf seinen Landgütern. Der Trend zur ›demokratischen‹ Selbstregierung wurde hier auch nicht so sehr von einer mächtigen Lobby reicher Kaufleute gefördert, wie das in Italien der Fall war, da der byzantinische Handel vorwiegend von Ausländern oder aber in der Regie der Großgrundbesitzer abgewickelt wurde.

Zeitweise wurden die Einnahmeverluste des Staates wettgemacht durch eine Ausweitung des Fernhandels; nun, da ganz Asien und Osteuropa von Korea bis Polen unter mongolischer Herrschaft waren, konnten die Handelsbeziehungen entscheidend intensiviert werden. Hauptumschlagplätze wie Täbris, Trapezunt, Konstantinopel und die italienischen Häfen blühten auf, und obwohl italienische Kauffahrer den Löwenanteil in diesem Geschäft für sich beanspruchten, blieb viel Geld auch auf den Konstantinopler Märkten, so daß über Steuern und Abgaben auch der Staat davon profitierte. Einnahmen aus diesem weltweiten Warenverkehr versetzten denn auch Kaiser Michael VIII. in die Lage, eine Art Großmachtpolitik zu betreiben. Der Zerfall des riesigen Mongolenreiches ließ die Handelsströme abrupt versickern, Byzanz kam plötzlich die eigene prekäre Situation voll zu Bewußtsein. Um 1350 stellte man die Kronjuwelen aus Glas her, das Gold- und Silbergeschirr des Hofes wurde durch Keramik ersetzt. Studierte Leute fanden weder im Staats- noch im Kirchendienst entsprechende Positionen, die Figur des armen Gelehrten wurde in Konstantinopel zu einem gewohnten Bild.

Kaiserhaus und Zentralregierung konnten ihre gewohnte Rolle als Mäzene der Kunst und Wissenschaft längst nicht mehr ausfüllen. Viele Privatleute waren weitaus vermögender als der Kaiser, wenn man liquide Mittel als Maßstab anlegt, so daß der Privatmann als Kunstmäzen immer stärker hervortritt, gleichzeitig aber auch die Rolle der Provinzen im Kulturbetrieb eine andere Gewichtung erhält als ehedem. Zum ersten Mal seit den Araberstürmen des 7. Jahrhunderts gab es nun größere Kulturzentren auch in der Provinz, Thessaloniki oder Mistra sind hier gute Beispiele. Obwohl der Einfluß Konstantinopels unverändert stark war, was besonders für das Gebiet der Literatur gilt, sind lokale Einflüsse bei den bildenden Künsten unübersehbar. Das gleiche gilt für Epirus oder die byzantinischen Besitzungen an der Schwarzmeerküste, z. B. für Mesembria (Nesebur). Die veränderte Situation veränderte auch das Verhältnis von Staat und Kirche zueinander. Auch wenn das Staatsgebiet von Byzanz schrumpfte, blieb die Kirche von Konstantinopel weiterhin Wegweiserin der Orthodoxie, mit Ausnahme von Syrien und Ägypten einerseits, Bulgarien andererseits. Der Patriarch blieb in Fragen des Kirchenrechts und der Lehre die alleinige Autorität für die Griechen unter byzantinischer, lateinischer oder türkischer Herrschaft, für die Serben, für Albanien und, besonders wichtig, für die russische Kirche. Byzanz, als Staat immer weniger ein ernstzunehmender Faktor, betrieb als kirchliches Zentrum weiterhin Weltpolitik. Kirche und Staat sind seit 1261 nicht mehr wie früher zwei Seiten derselben Münze, und die lateinischen Neigungen eines Michael VIII., eines Johannes V. oder Johannes VIII., die alle den Westen besuchten, ließ die verwüstet darnieder. Was an Schätzen noch vorhanden war, hatten die lateinischen Eroberer fast vollständig geplündert. Zerstückelt und verarmt, sah sich das wiedererstandene Reich Michaels VIII. noch größeren Problemen im außenpolitischen Bereich gegenüber.

Zunächst mußte man westlichen Eroberungsplänen entgegentreten, die besonders bedrohlich wurden, als Manfred von Hohenstaufen 1266 gestürzt und als Herrscher von Süditalien und Sizilien Karl von Anjou, ein Bruder Ludwigs IX. von Frankreich, eingesetzt wurde. Dieser genoß die volle päpstliche Unterstützung. Da er der Bedrohung widerstand, wurde Michael zu einer führenden Figur der mediterranen Politik. Das zweite Problem bestand darin, die byzantinische Macht in Europa zu festigen. Das hieß nichts anderes, als die Vertreibung der griechischen Herren von Epirus, um damit den Drang Serbiens und Bulgariens nach Süden aufzuhalten. Es war primär ein militärisches Problem, hatte aber auch einen diplomatischen Aspekt, da es dringend geboten schien, ein effektives Bündnis der slawischen Staaten mit Karl von Anjou zu vereiteln. Das dritte Problem war die dauernde Kontrolle Westkleinasiens, dem Kernland des nikänischen Reiches. Hier hatte die mongolische Invasion eine Wanderung der halbnomadischen Turkmenen nach Westen verursacht. Von ihren traditionellen Weidegründen vertrieben, lebten sie hauptsächlich von Raubzügen. Ihr unkoordinierter, aber schonungsloser Druck machte sie zu weit schwierigeren Gegnern als es das träge seldschukische Sultanat gewesen war.

Wie andere Völker im Niedergang, waren auch die Byzantiner nicht willens, sich einzugestehen, daß ihre Größe der Vergangenheit angehörte. Die meisten Äußerungen der Zeitgenossen zu diesem Thema klingen daher hohl und etwas wirklichkeitsfremd. Triviale Lokalgefechte verglich man mit den Schlachten des großen Alexander. Der spätere Kaiser Konstantin XI. wurde als neuer Agesilaos gepriesen, nachdem es ihm als Gouverneur von Morea gelungen war, den schwachen Lateinerstaaten einige kleinere Gebiete abzunehmen; man sah ihn schon an der Spitze seiner Truppen von Sparta (Mistra) gen Osten aufbrechen, um die Perser (die ottomanischen Türken) zu schlagen. Als im Jahr 1393 Sultan Bajezid Bulgarien vereinnahmt hatte und sich auf seine achtjährige Blockade Konstantinopels vorbereitete, ließ der Großherzog von Moskau Wassili Dimitrijewitsch den Patriarchen Antonios IV. wissen, er habe vorgeschlagen, in den russischen Kirchen den Namen des Kaisers nicht mehr zu nennen, da Moskau mit Byzanz keinerlei politische Beziehungen habe: »Wir haben eine Kirche, aber keinen Kaiser«. Die Antwort des Patriarchen erfolgte prompt: obwohl Byzanz leider Gebietseinbußen habe hinnehmen müssen, sei der Kaiser weiterhin Gottes Stellvertreter auf Erden, erhabener als alle anderen Fürsten, und das Haupt der einen universalen Kirche aller Rechtgläubigen; sein Name müsse daher in den Kirchengebeten erscheinen. Die Antwort zeigt die rigide Auffassung der meisten Byzantiner, was althergebrachte Traditionen angeht, aber auch den immer größer werdenden Einfluß der Kirche. Gelehrte und Staatsmänner sahen sehr wohl den Unterschied zwischen ihren Wunschvorstellungen und der realen Welt des 13./14. Jahrhunderts, doch die komplexe Ideenwelt der früheren Zeit, deren überkommenes Prestige auch jetzt noch im düsteren Alltag aufleuchtete, stellte keine Formeln bereit, das Hier und Heute zu durchleuchten. Theodor Metochites, der wichtigste Minister Andronikos' II. und ein berühmter Gelehrter, beklagte sich von Zeit zu Zeit über den Ballast der Tradition, der neue Gedanken schon im Keim erstickte — er blieb jedoch mit dieser Denkweise allein.

Das Hauptfeld geistiger Betätigung in Byzanz blieb weiterhin die griechische Sprache, Literatur und Ideenwelt; fast ganz natürlich fühlten die Byzantiner sich hier mehr als

Theodor Metochites, der Minister Andronikos' II., schenkt Christus das Chora-Kloster (Kariye Camii). Auf Metochites, hier in Ministerkleidung dargestellt, geht die Dekoration der Kirche zurück.

Griechen denn als Christen; allein schon der in der Literatur vorherrschende Attizismus, welcher mit einer fast sklavischen Imitation klassischer Modelle einherging, spricht für sich. Jene Abhängigkeit ging sogar über Sprache und Stil hinaus — selbst Ortsnamen mußten antikisiert werden, auch wenn man die ursprünglichen Namen nicht einmal sicher kannte. Die Stadt Serres, nordöstlich von Thessaloniki gelegen, wird oft als Pherae zitiert, da der Klang des Wortes ähnlich ist: Das antike Pherae lag dagegen 160 km südlich von Thessaloniki in Thessalien. Völker und Länder der spätmittelalterlichen Welt erscheinen oft bis zur Unkenntlichkeit verkleidet: Die Türken sind ›Perser‹, die Franzosen ›Gallier‹, die Serben ›Triballi‹ (ein illyrischer Volksstamm des 5. Jahrhunderts vor Chr.), die Bulgaren ›Mysier‹; ›Skythen‹ können dagegen Russen, Bulgaren, Mongolen oder Türken sein. Sogar die seit tausend Jahren auch im griechischen Osten üblichen römischen Monatsnamen werden häufig durch altgriechische ersetzt. Diese Literatur verstand nur eine kleine gebildete Minderheit, sie ist eine Literatur der Elite. Sie ist andererseits im Charakter durchaus mit den Schriften der italienischen Renaissance zu vergleichen, sowohl vom Kreis der Verfasser her, wie auch von der angesprochenen Leserschaft.

Ähnlich wie im Italien der Renaissance waren Literatur und wissenschaftliche Studien bevorzugte Betätigungsfelder gelehrter Staatsmänner, hierin investierten sie häufig mehr Arbeitskraft als in ihren eigentlichen Beruf. Der schon erwähnte Theodor Metochites verfaßte neben Briefen, Gedichten, Reden und Essays z. B. noch Heiligenviten, Kommentare zu Artistoteles und ein Handbuch der Astronomie. Als zentrale Figur eines Literaten-

rechts: Das Innere der Periblebtos-Kirche in Mistra. Dargestellt sind Szenen aus dem Neuen Testament, 14 Jh.

190

kreises ist er nicht nur ›arbiter elegantiarum‹ gewesen, sondern wirkte ebenfalls als
Lehrer. Sein Zeitgenosse Nikephoros Choumnos, der Schwiegervater eines Sohnes von
Kaiser Andronikos II., profilierte sich in ähnlicher Weise, u. a. schrieb er neun philosophische Abhandlungen und verfaßte mehrere Arbeiten zur Physik, die eine gute Kenntnis
der klassischen mathematisch-naturwissenschaftlichen Literatur offenbaren. Zwei Essays
über die Seele richteten sich vorwiegend gegen Auffassungen des Neuplatonikers Plotin,
verschiedene Predigten legten die Schrift mit den Regeln der klassischen Philosophen aus.
Choumnos hatte klare Vorstellungen zu den unterschiedlichsten literarischen Problemen.
In Sprache und Stil orientiert er sich eng an großen Vorbildern der Vergangenheit, im
Gegensatz zu seinem Freund Metochites, den er wegen seines lockeren Stils scharf
kritisierte. Vielleicht verbargen sich hinter diesem Streit auch politische Gegensätze, die
man so verschleiern konnte. Seine Wirkung als Staatsmann schätzte Choumnos im
Vergleich zum Effekt der literarischen Arbeiten gering ein: »Es gibt nichts in der Welt«,
erklärte er, »was ich literarischem Ruhm vorziehen würde« − ein Urteil, das viele seiner
Zeitgenossen unterschrieben hätten. Der Logothet Konstantin Akropolites stellte eine
Epitome der römisch-byzantinischen Geschichte von Aeneas bis auf das Jahr 1323
zusammen, Demetrios Kydones übersetzte Werke von Thomas von Aquin, Augustin,
Anselm von Canterbury und anderen Theologen, verfaßte Streitschriften gegen den
Hesychasmus und veröffentlichte eine umfangreiche Sammlung von Reden und Briefen
− eine glänzende Illustration des regen geistigen Lebens in Konstantinopel nach 1350.
Auch Kaiser betätigten sich literarisch. So schrieb Michael VIII., eigentlich ein Paradebei-
spiel für den ›Mann der Tat‹, eine ausführliche Autobiographie. Theodor Laskaris und
Johannes Kantakuzenos sind hier ebenfalls zu nennen, der letztere kommentierte die
Geschichte seiner Zeit u. a. auch aus theologischer Sicht als Förderer des Hesychasmus
(nur weniges davon ist heute veröffentlicht). Manuel II. fand noch die Zeit, zahlreiche

Briefe, Reden, Essays und Gedichte zu schreiben, er ist außerdem Autor eines Fürstenspiegels und mehrerer theologischer Werke. Auch seine Arbeiten legen Zeugnis ab von intelligenter Beobachtungsgabe, die sich mit fundiertem Wissen paart.

Man kann fast jeden einzelnen dieser gelehrten Männer als Polyhistor bezeichnen, denn sie waren gleichermaßen nahezu mit jeder Materie vertraut, einschließlich technischer, medizinischer und mathematischer Probleme. Nikephoros Gregoras war Historiker, Theologe, Mathematiker, Astronom, Musikwissenschaftler und Kalenderspezialist. Barlaam von Kalabrien befaßte sich neben der Theologie auch mit Logik und Dialektik sowie der Geometrie. Der Historiker Georg Pachymeres schrieb Abhandlungen zur Rhetorik und Theologie, eine Einführung in die aristotelische Philosophie und ein umfangreiches Handbuch zur Mathematik, wovon nur die Einleitung veröffentlicht wurde. Maximos Planudes verfaßte Lehrbücher der Grammatik und Rhetorik, Kommentare zu klassischen Texten, einen Kommentar zum Werk des Diophantus über die Theorie der Zahlen, ein Handbuch zur Astronomie, polemische Schriften zur Theologie und war als Übersetzer aus dem Lateinischen tätig. Leitfiguren der Renaissance wie Leon Battista Alberti oder Leonardo da Vinci klingen im Lebenswerk jener Gelehrten der spätbyzantinischen Zeit schon an.

Das bewußte Hervorkehren der altgriechischen Vergangenheit läßt sich auch als Teil der politischen Auseinandersetzung mit den verhaßten Lateinern begreifen. Seit 1204 waren die Byzantiner gedemütigt, beleidigt, ausgenutzt und betrogen worden. Viele wurden Untertanen lateinischer Fürsten, die sie höhnisch als Ketzer behandelten. Die militärische Schwäche versuchte man durch Rückbesinnung auf die kulturelle Überlegenheit zu kompensieren. Die Eroberungspläne Karls von Anjou, die im letzten Moment mit Hilfe der diplomatischen Intrige Michaels VIII. durchkreuzt wurden, bestärkten das Gefühl des Mißtrauens gegenüber dem Westen, aber auch den Willen, die byzantinischen Traditionen deutlich herauszustellen. Doch die Beziehungen waren immer recht komplexer Natur: ein gebildeter Mann wie Maximos Planudes (Ende des 13. Jahrhunderts) übersetzte mit Eifer Cicero, Caesar, Ovid, Augustin und Boëthius. Er war aber kein Freund des Westens, der etwa Michaels VIII. unglückseligen Versuch, den Frieden mit einer Kirchenunion zu erkaufen, unterstützt hätte. Planudes' Interesse war rein sachlich bestimmt — damals die große Ausnahme —, er hatte als Diplomat Latein gelernt und dann entdeckt, daß einige lateinische Klassiker interessante Dinge zu sagen hatten, und dies auf sehr kultivierte Art und Weise. Die Mehrzahl der profilierten Byzantiner aber behandelten die lateinische Welt mit Überheblichkeit und Verachtung, verständlicherweise. Als dann das Vordringen der Ottomanen unaufhaltsam schien, war das Dilemma groß. Sollten die verhaßten Lateiner das Reich retten um den Preis einer Verleugnung dessen, wofür Byzanz stand? Oder sollte man religiöse und intellektuelle Freiheiten selbst dann noch verteidigen, als die Vernichtung des Staates drohte?

Die Sprecher der Kirche lehnten klar jedes Rapprochement mit dem Westen ab. »Glaube nicht«, schrieb Patriarch Anastasios I. an Kaiser Andronikos II., »daß wir mit Hilfe der bewaffneten Macht bestehen könnten, auch wenn uns der gesamte Westen helfen würde.« Der Strom der antilateinischen Polemik floß breit dahin, und die *Hesychasten* taten das ihre dazu, nicht allein aufgrund der neuen Theologie, die sie verbreiteten, sondern wegen der damit verbundenen Stärkung des byzantinischen Selbstbewußtseins, das sich klar aus der eigenen privilegierten Stellung im kosmischen Geschehen herleiten ließ. Es gab aber auch andere Stimmen, die erkannten, daß die angebliche byzantinische Überlegenheit keine reale Grundlage besaß, daß der Westen sogar — wie auch immer die Vergangenheit gewesen sein mochte — nicht allein militärisch überlegen war, sondern auch für intellektuelle Ansprüche einiges zu bieten hatte. So schrieb etwa der kaiserliche

Minister Demetrius Kydones zur Zeit Kaiser Johannes' V.: »Es ist absurd, daß sich Christen nur auf das verlassen sollen, was in griechischer Sprache erschienen ist, sich aber weigern, etwas in Latein zur Kenntnis zu nehmen, als ob das Wahrheitsmonopol bei einer Sprache liege.« Kydones lernte die westliche Theologie bei den Dominikanern in Galata kennen, konvertierte später auch zur römischen Kirche. Andere Zeitgenossen sahen die Unterschiede zu den Lateinern eher historisch als theologisch gerechtfertigt, auch verfolgten sie die Blasiertheit ihrer Mitbürger mit wacher Kritik. Kydones bemerkte 1376, daß seine Kollegen in Konstantinopel und Thessaloniki die Philosophie verachteten und verurteilt manche antilateinische Polemik als rhetorische Haarspalterei. Einige dieser griechischen ›Lateiner‹ hatten persönliche Einbußen oder Behinderungen zu befürchten oder auch hinzunehmen, jetzt, da die Kirche dem *Hesychasmus* folgte. Johannes Kyparissiotes, ein Schüler des Nikephoros Gregoras, floh erst nach Zypern, dann nach Italien, wo er nach der scholastischen Methode die orthodoxe Theologie auslegte. Manuel Kalekas, ein Schüler des Demetrius Kydones, lebte in Italien und auf Kreta und Lesbos; dort übersetzte er die Schriften eines Boëthius und Anselm von Canterbury ins Griechische. Andreas Chrysoberges, Mitglied im Kydones-Kreis, lehrte Philosophie und Theologie in Padua, dolmetschte beim Konstanzer Konzil 1414, beim Konzil von Florenz 1439 und starb als lateinischer Erzbischof von Nikosia auf Zypern.

Jene ›Emigranten‹ sind Vorläufer oder Zeitgenossen der byzantinischen Gelehrten gewesen, die nach Italien gingen, um die frühen Humanisten im Griechischen zu unterweisen.

Der Gelehrte Manuel Chrysoloras, der als erster einer ganzen Reihe von byzantinischen Professoren nach Italien ging und in Florenz die klassischen Altertumswissenschaften lehrte.

Der vielleicht wichtigste Wegbereiter der klassischen Studien war Manuel Chrysoras, der Freund und Weggefährte Manuels II.; er folgte 1397 einem Ruf des Florentiners Coluccio Salutati und übernahm einen Lehrstuhl für Griechisch in Florenz. Seine Schüler waren u. a. Guarino von Verona, Leonardo Bruni, Jacopo d'Angeli da Scarparia und Pier Paolo Vergerio. Den Einfluß von Männern wie Chrysoras, Johannes Argyropoulos, Theodor Gaza und anderer zu verdeutlichen, würde den Umfang dieses Buches sprengen und mitten in das Werden der modernen Kultur Europas hineinführen. Wichtig ist, daß sie alle dem byzantinischen kulturellen ›Establishment‹ angehörten, aber die gängigen Vorurteile gegen den Westen ablehnten und somit in entscheidender Weise dazu beitrugen, das byzantinische Erbe dem Westen zu vermitteln.

Ein anderes Anzeichen für Spannungen innerhalb der byzantinischen Gesellschaft, für die Diskrepanz zwischen traditionellen Werten und der harten Realität, war das Erwachen einer volkstümlichen Literatur. Sie erschien meist anonym, ist auch schwierig zu datieren, doch gehören die Anfänge wohl dem frühen 14. Jahrhundert an. Die Mehrzahl dieser Werke behandelten in balladenhafter Form fiktive Themen wie die Romanzen *Kallimachos und Chrysorrhoe, Belthandros und Chrysantza* oder *Phlorios und Platziaflora*. Andere erzählten von Helden wie Alexander oder Belisar, es gab auch Bearbeitungen von Themen der westlichen Literaturen, so aus dem Provençalischen, aus der Toskana; ein langes Gedicht über den Trojanischen Krieg war eine fast wörtliche Übersetzung des altfranzösischen *Roman de Troie* des Benoit de St. Maure. Die *Morea-Chronik* erzählt die Entstehung und Geschichte des lateinischen Fürstentums auf der Peloponnes von einem scharf anti-griechischen Standpunkt aus: Volksliteratur in Prosa existiert praktisch nicht, die erwähnten Werke erschienen alle im 15zeiligen Vers, der keine klassischen Vorbilder hat. Da es keine verbindlichen Regeln gab, ist die Sprache sehr uneinheitlich, es finden sich fast immer alltagssprachliche Formen vermischt mit klassizistischen Relikten − durchwegs für den Leser kein ästhetischer Genuß, zumal das Triviale thematisch vorherrschend war. Geschichte, Theologie, Rhetorik, Philosophie − alle diese Studiengebiete konnte man in dem neuen Medium Volkssprache nicht bearbeiten, denn da die Hüter der klassischen Tradition, besonders aber die Grammatiker, der Alltagssprache tunlichst aus dem Wege gingen, wurde für sie auch keine Systematik erarbeitet. Ein griechischer Dante, der in der Sprache des Volkes seriöse Themen behandelte, war weit und breit nicht in Sicht.

Wie schon erwähnt, waren mehrere jener volkssprachlich orientierten Werke Bearbeitungen von Originalvorlagen aus dem Westen. So finden sich häufiger Lehnworte aus dem Italienischen und dem Französischen oder auch Denkweisen, die westlichen Ursprungs sind, z. B. die Wertschätzung des Turnierkampfes, oder eine gewisse Vorliebe für westliche Mode. Früher hieß es oft, die Volkssprache sei in Gegenden mit fränkischem Einfluß literaturfähig geworden, was aber nicht haltbar ist. Sehr wahrscheinlich stammt die früheste Verserzählung dieser Art, *Kallimachos und Chrysorrhoe*, von Andronikos Komnenos Dukas, einem kaiserlichen Offizier und Verwandten des Andronikos II. Das Gedicht über Belisar oder die seltsame Allegorie über die vierfüßigen Raubtiere sind wohl in der Hauptstadt entstanden. Mit einiger Sicherheit liegen die Ursprünge jener Literaturform nicht in den lateinischen Gebieten des Reiches.

Oft hören wir auch, daß jene Literatur eine Art Subkultur des einfachen Volkes darstelle, das zusehends selbstbewußter geworden sei. Nach heutigem Forschungsstand ist auch diese These nicht haltbar. Andronikos Dukas z. B. war sehr wohl in der Klassik bewandert, auch die anderen Autoren zeigen zumindest ansatzweise Spuren der traditionellen klassischen Bildung. Die volkssprachliche Literatur stammt daher aus denselben ›gebildeten‹ Kreisen, die mit Sicherheit sich auch an den Vorbildern der großen Vergangenheit begeisterten, sie ist wohl als Ausfluß der Experimentierfreude der kulturellen Elite zu verstehen, die auf diese Weise breitere Volksschichten ansprechen wollte. Damit dürfte klar sein, daß es eine breite Schicht lesekundiger Leute gab, die an dieser Art von Literatur Gefallen fand; es waren jene, die nach einigen Schuljahren ins Berufsleben eintreten mußten, da sie nicht fähig, willens oder reich genug waren, um mit grammatischen oder rhetorischen Studiengängen auf der Elementarbildung aufzubauen.

Wissenschaft und Frömmigkeit, beide Zweige sahen die Gewichtung des Kulturlebens unterschiedlich je nach ihren Wurzeln, hier Palästina, dort Griechenland, doch sie schlossen sich nicht notwendigerweise gegeneinander ab. Kaiser Andronikos II., fast bigott in seiner extremen Religiösität, förderte großzügig den Literaturbetrieb seiner Zeit. Sein gelehrter Minister Theodor Metochites verwandte viel Geld für den Wiederaufbau und den künstlerischen Schmuck eines Klosters, in dem er als Pensionär lebte. Die Hesychastenbewegung mit ihrer antirationalen Ausrichtung sorgte allerdings dafür, daß Männer wie Gregor Palamas das intensive Studium der Klassik als für das Christentum unnütz verwarfen. Bürgerkrieg, Pest und der Sieg des Hesychasmus zusammengenommen brachten einen Zug zur Intoleranz in die spätbyzantinische Gesellschaft. Nicht zu verkennen ist aber, daß in Notzeiten die ethnische und soziale Identität des Volkes auch bei einer emotional reagierenden orthodoxen Kirche immer noch besser zur Geltung kam als bei der kleinen Elite der klassisch Gebildeten.

Johannes Kantakuzenos und Nikephoros Gregoras sind die letzten Historiker in einer ganzen Reihe von Zeitgeschichtlern. Erst nach 1453 wurde jene Tradition wieder aufgenommen, doch die Zeiten hatten sich sehr geändert. Auch 'das früher sehr lebhafte Interesse an Mathematik, Astronomie, Musik und den Naturwissenschaften läßt im letzten Jahrhundert vor der Eroberung durch die Türken schlagartig nach. Dasselbe gilt von der Bearbeitung klassischer Texte. Planudes, Manuel Moschopoulos, Thomas Magister und Demetrios Triklinios (alle etwa 1270–1350) sind berühmte Vertreter der klassischen Philologie gewesen, doch sie blieben ohne Nachfolger: Gutwillig vor sich hinwerkelnde Schulmeister nehmen ihre Stelle ein. Zwar dauerte die antilateinische Polemik an, doch fällt sie gegenüber der früheren intellektuell stark ab.

Es wäre töricht, wollte man den Bruch, der um 1350 allgemein erkennbar wird, zu sehr betonen. Klassische Vorbilder blieben weiterhin richtungweisend im kulturellen Leben, doch spielt sich das Geistesleben insgesamt vergleichsweise auf niedrigerem Niveau ab. Glücklicherweise war die kulturelle Vermittlungstätigkeit der Byzantiner gegenüber dem lateinischen Westen nicht davon betroffen, so daß das Wissen des griechischen Ostens, das bis auf das Museion und die Bibliothek in Alexandria zurückgeführt werden konnte, auch im Abendland weiter Freunde gewann. Manuel Chrysoloras, der erste öffentlich bestellte Professor für Griechisch in Florenz, könnte als junger Mann Nikophoros Gregoras noch gesehen haben.

Eine ganz andere Reaktion auf den sichtbaren Verfall des Reiches bestand darin, daß manche Byzantiner den Einfluß des Christentums auf die byzantinische Kultur plötzlich ignorierten. Ein radikaler Versuch in dieser Richtung wurde kurz vor dem Zusammenbruch des Reiches von Georg Gemistos Plethon (geb. 1353) und seinem Kreis in Mistra unternommen. Als Philosophieprofessor in Konstantinopel ersetzte er den Namen (Gemistos = voll) durch das klassische Äquivalent Plethon, das dem Namen Platos (griech. Platon) ähnelte. Als Konstantinopel von Sultan Bajezid belagert wurde, ging er als Verwaltungsbeamter nach Mistra, setzte dort aber auch seine Lehrtätigkeit fort. Mitglieder seines Freundeskreises waren u. a. der zukünftige Kardinal Bessarion, Johannes und Markus Eugenikos, Johannes Argyropoulos (er lehrte später Griechisch in Florenz), der Historiker Chalkokondyles, Johannes Moschos (der Nachfolger Plethons) oder Michael

Der gelehrte Bücherfreund Theodor Synadenos und seine Gemahlin. Synadenos trat als Parteigänger des Johannes Kantakuzenos hervor.

Apostolis, der später als Kopist für viele italienische Gelehrte arbeitete. Plethon reiste 1438/39 zum Konzil in Ferrara-Florenz, wo er sich kaum in die theologischen Diskussionen einschaltete, doch bei Vorlesungen über die Philosophie Platos großen Anklang fand — das Platostudium der Renaissance wäre ohne einen Mann wie ihn kaum denkbar gewesen. Er starb 1452 im Alter von 99 Jahren zu Mistra, ein Jahr später fiel seine Heimatstadt Konstantinopel. Im Jahr 1464 eroberte ein Admiral der Flotte Venedigs, der begeisterte Platofreund Malatesta, in der Peloponnes die Stadt Mistra und überführte die sterblichen Reste Plethons nach Rimini, wo sein Sarkophag noch heute in der Kirche S. Francesco zu sehen ist.

Wie alle byzantinischen Kenner Platos wurde Plethon vom Neuplatonismus des Plotin und seiner Schule stark beeinflußt, doch er war kein blinder Eiferer. Wie sein Lehrer Plato war er ein Mann der Praxis, gleichzeitig ein phantasievoller Träumer. Sein Werk umfaßt zahlreiche Reden, Gelegenheitsschriften, eine Abhandlung über politische und wirtschaftliche Reformen in Morea, ein Handbuch der Geographie, eine scharfsinnige Analyse der Unterschiede zwischen Plato und Aristoteles und einen umfassenden Entwurf für den Idealstaat, den er nach den platonischen *Gesetzen* ebenfalls *Gesetze* nannte.

Für Plethon war der Hellenismus Vorbild für den eigenen Lebensstil, keine archivalische Angelegenheit. Wer hätte dieses Vorbild besser verwirklichen können als die direkten Nachfahren der alten Griechen? In einer Begräbnisrede 1409 entwickelte er dieses Thema und führte aus, daß die Peloponnes, soweit menschliches Wissen zurückreiche, von der gleichen griechischen Rasse bewohnt sei. Für den Rest seines Lebens blieb er bei diesem Thema, denn die Halbinsel war für ihn — wie Syrakus für Plato — das Gebiet, wo der Idealstaat verwirklicht werden konnte. Ihm schwebte eine starke monarchische Zentralgewalt (unter einem Philosophenkönig) vor; die eine Kategorie der Bürger war der von allen Steuern befreite Soldatenstand, die andere waren steuerzahlende Bauern, die jedoch keinen Wehrdienst zu leisten hatten. Grund und Boden gehörten dem Staat, doch solange der Bauer Steuern zahlte, durfte er soviel Land bebauen, wie er nur konnte. Der Außenhandel unterlag strengen Kontrollen, der ausländische Einfluß, besonders der von Venedig, sollte keine Rolle spielen. Gelehrte Männer sollten den König mit Rat und Tat unterstützen und als Leuchten der Moral den Bürgern vorangehen. Plethons Vorstellungen über den Idealstaat waren Vorbildern der griechischen Geschichte stark verpflichtet; dennoch gehen die Meinungen über ihn sehr auseinander. So wird er z. B. als rudimentärer Sozialist, als unpraktischer Träumer oder gar als archetypischer Faschist bezeichnet. Sein Denken ist wahrscheinlich hauptsächlich bestimmt gewesen durch die praktischen Erfordernisse der feudalen Gesellschaft, in der er selbst verantwortlich wirkte; daß es keinen Hinweis auf konkrete Reformvorhaben der Gouverneure von Mistra gibt, heißt nicht automatisch, daß seine Ideen wirklichkeitsfremd waren. Sie mußten allerdings auf den scharfen Widerstand der Großgrundbesitzer stoßen, der weltlichen wie der geistlichen. Plethon wollte aber keineswegs das Feudalsystem abschaffen, sondern dessen Reform herbeiführen: konkrete Vorbilder dafür gab es viele in der früheren byzantinischen Geschichte.

Plethon übergeht die byzantinische Staatsideologie völlig, nach der das Reich als Gottes Instrument interpretiert wird. Die Frage der Regierungsgewalt ist für ihn im wesentlichen kein religiöses Problem, sein Idealstaat würde kein ›Neues Israel‹ sein, wie er denn auch in verschiedenen Schriften äußert, er lehne das Christentum zugunsten einer ›neuen‹ hellenischen Religion ab, in der Zeus und die anderen Götter im Pantheon vereint seien. Damit ist keine altertümelnde Restauration des Heidentums gemeint, sondern eine Art Philosophenreligion, denn Plethons Götter haben keine personale Identität, sie sind Begriffe für philosophische Kategorien. In seiner neuplatonischen Kosmologie sieht er das Universum hierarchisch gegliedert; der Anfang, das Eine, ist ›Zeus‹. Nach Zeus kommt ›Poseidon‹, Symbol der physischen Welt usw. Die höheren Ordnungen schaffen die niederen nicht durch Emanation, sondern die eine erhabene Welteinheit umschließt harmonisch die Vielheit der Dinge. Monistische Tendenzen kommen hier klarer zum Vorschein als beim früheren Neuplatonismus; doch da Plethons *Gesetze* fast vollständig verloren sind, wissen wir nur wenig über sein theoretisches Lehrgebäude. Der pantheistische Zug, der zweifellos erkennbar wird, genügte, diesen Platonismus bei der Kirche verdächtig zu machen, so daß nach 1453 der neue Patriarch Gennadios seine Schriften verbrennen ließ.

Plethon galt sicher auch bei vielen seiner griechischen Freunde als Einzelgänger, doch konnte er eine Schar von Jüngern um sich versammeln, die seine Ablehnung des Christentums teilten. Einer dieser Schüler, Juvenal, spricht 1438 von einer ›Phratrie‹ (d. h. Geheimbruderschaft) der Hellenen. Dieser Juvenal war auf Veranlassung der Kirchenbehörden aus Konstantinopel verbannt worden, in Morea schnitt man ihm später die Zunge und die rechte Hand ab und stieß ihn über ein Kliff ins Meer. Seine Bestrafung ertrug er gelassen als ›Märtyrer des ersten Prinzips aller Dinge‹. Hätten die türkischen

Aristoteles, in spätbyzantinischer Kleidung dargestellt. Aus einer Handschrift des 14. Jhs. in der Bodleian Library, Oxford.

rechts: Die 1164 erbaute Kirche in Nerezi, Jugoslawien. Die Kirche ist nach dem klassischen Baumuster der Byzantiner über eingeschriebenem Kreuz mit fünf Kuppeln errichtet.

Eroberer der orthodoxen Kirche nicht einen gewissen Schutz gewährt, wäre Plethons Ablehnung der byzantinischen Synthese des Hellenismus mit dem Christentum in intellektuellen Kreisen sicherlich noch viel wirksamer gewesen. So trug seine Arbeit zunächst in der Platonischen Akademie Marsilio Ficinos Früchte und strahlte aus in die Gedankenwelt der italienischen Renaissance. Raphaels großartiges Fresko ›Die Schule von Athen‹ verdankt dem Besuch eines Georgios Gemistos Plethon in Florenz fast hundert Jahre früher sehr viel.

Das verarmte Byzanz der Spätzeit baute nur noch kleinere Kirchen, sie wurden vorwiegend durch lokale Stifter finanziert. Der Basilika-Stil oder Mischformen herrschten vor, wobei sich auch oft westliche Einflüsse bemerkbar machten, z. B. der freistehende Campanile. Das Ende der kulturellen Vormachtstellung Konstantinopels gab dem Architekten freiere Hand für seine Entwürfe; man kann, etwa bei Kirchen in Thessaloniki, Mistra oder Mesembria die verschiedensten stilistischen Variationen studieren. In Thessaloniki sind zu nennen u. a. die Katharinenkirche (13. Jh.), die Apostelkirche (frühes 14. Jh.), die Eliaskirche (14. Jh.), St. Pantoleimon (13. Jh.), die Taxiarchen-Kirche (14. Jh.),

St. Nikolas Orphanos (14. Jh.). In Mistra können die Metropolis-Kirche (1291/92), St. Theodor (1295), die Sophienkirche (14. Jh.), die Klosterkirchen Periblebtos (14. Jh.), Pantanassa (1428), Evangelistria (14./15. Jh.), St. Georg (14. Jh.?) als Beispiele gelten. In Mesembria (dem heutigen Nesseber/Bulgarien) sind zu nennen die Pantokrator-Kirche (13./14. Jh.), die Johannes-Aleiturgetos-Kirche (13./14. Jh.), St. Theodor (14. Jh.), Gabriel und Michael (14. Jh.). Daneben stehen heute im Nordbalkan noch zahlreiche andere Kloster- und Dorfkirchen aus jener Zeit, vor allem auch im damaligen Serbien, so etwa in Gračanica, Studenica, Arelje, Sopocani, Mileseva, die Periblebtos-Kirche zu Ochrid, die Kirchen von Bojana bei Sofia, von Zica oder Cučer. Hauptstädtische Kirchenbauten aus jener Zeit sind z. B. die des Chora-Klosters (Kariye Camii) oder des Pammakaristos-Klosters (Fethiye Camii).

In Mistra sind auch einige nichtkirchliche Bauten aus jener Periode erhalten, so das zweistöckige Laskaris-Haus, der Despoten-Palast (13.–15. Jh., mit Anklängen an die italienische Renaissance) oder das Palataki-Haus (wahrscheinlich 14. Jh.). Alle diese Gebäude waren stark befestigt und sind im Stil uneinheitlich.

Die spätbyzantinische Malerei ist leichter zu analysieren als die spätbyzantinische Architektur, sie bietet insgesamt auch anschaulicheres Material. Viele Kirchen bewahren noch heute ihren Mosaikschmuck oder Fresken, Ikonen, gemalt oder als Klein-Mosaiken, sind in großer Fülle auf uns gekommen; wo sie entstanden, ist aber meist unbekannt. Auch die Kunst der Buchmalerei stand weiterhin in voller Blüte. Die uns bekannten Kunstwerke sind in ihrer Thematik alle religiös bestimmt, die Kirche war eine der großen Mäzene der Kunst. Es müssen auch ›weltliche‹ Arbeiten angefertigt worden sein, davon ist allerdings nichts erhalten geblieben.

Bis vor kurzem hat man die byzantinische Kunst als uninteressant oder dekadent abgetan, analog einer mißverstandenen soziobiologischen Parallele von Jugend, Reifezeit und Senilität. Fast automatisch galt die spätbyzantinische Kunst daher als eine ›Kunst des

Niedergangs«. Als weiterer Faktor für jene Einschätzung ist die Ansicht Ainalows, eines der Väter der byzantinischen Kunstgeschichte, zu nennen. Seiner Meinung nach stand das Kunstschaffen nach 1204 unter dem maßgeblichen Einfluß des Westens, er sprach infolgedessen der spätbyzantinischen Periode jede Originalität ab. Die neuere Forschung hat ergeben, daß diese Ansicht unhaltbar ist. Die Fülle, Vitalität und Variationsbreite des spätbyzantinischen Kunstschaffens sind alles andere als Anzeichen einer morbiden Dekadenz.

Die mit am besten erhaltene Kirchen-Innendekoration finden wir im Chora-Kloster zu Konstantinopel (türkisch Kariye Camii), das 1328 von Theodor Metochites restauriert wurde. Kirche und Portiken sind mit Mosaikdekorationen ausgekleidet (u. a. Zyklen aus dem Leben Christi und der Muttergottes in naturalistischer Darstellung mit Vorliebe auch für kleine Details). In allen Zyklen sind die Charaktere sympathisch dargestellt, ohne ins Süßliche abzuleiten. Das wunderbare Bild von der Geburt, mehr noch, das von den ersten Schritten der kleinen Maria zeigen dies sehr gut. Im Parekklesion (Nebenkapelle) ist ein Fresko zu bewundern, das, obwohl auf den ersten Blick weniger glanzvoll, in mancher Hinsicht noch gelungener erscheint. Das riesige Bild vom Besuch Christi in der Vorhölle (Apsis) und das noch eindrucksvollere Jüngste Gericht in der Kuppel zeigen eine meisterhafte Kompositionskunst. Im äußeren Narthex über dem Haupteingang ist ein Mosaik angebracht, das den Stifter darstellt, wie er seine Kirche Christus darbringt. Metochites erscheint hier äußerst realistisch mit gepflegtem Bart, elegant gezogenen Augenbrauen, üppig dekorierter Amtsrobe und riesigem turbanartigem Hut. Zweifellos tritt uns der große Staatsmann sehr geschönt gegenüber − es ist kein einziges graues Barthaar zu sehen −, doch ist er nicht zur Idealfigur emporstilisiert. In den Augen seiner Zeitgenossen muß er so und nicht anders gewirkt haben.

Etwa gleichzeitig, kurz nach 1315, sind die Mosaiken der Pammakaristos-Kirche (Fetiye Camii) entstanden, der Stiftung eines gewissen Michael Glabas. Im Kuppelraum ist Christus als Pantokrator dargestellt, von 12 Propheten umgeben, in der Apsiswölbung erscheint Christus, im Bema Maria und Johannes der Täufer, alle drei bilden eine Deesis. Im Vergleich zu den Mosaiken der Chora-Kirche sind die Figuren weniger weich gezeichnet, die Farben greller, sie sind aber ebenso naturalistisch ausgestaltet. Ähnlich um Naturalismus bemüht, doch in der Darstellung zweitrangig, sind Mosaikarbeiten in der Kirche des Theodorklosters (Kilise Camii). Das Innere des Exonarthex schmücken individualisierte Portraits der Könige von Israel.

Mosaiken und Fresken der Apostelkirche in Thessaloniki sind vielleicht noch eine Spur realistischer als die Arbeiten in der Hauptstadt, z. B. der Einzug in Jerusalem, sie können jedoch sehr wohl auch von Künstlern aus Konstantinopel ausgeführt worden sein. Was an Arbeiten von zeitgenössischen Künstlern der Hauptstadt verlorengegangen ist, entzieht sich unserer Kenntnis. Wir hören von einem Maler Theophanes, der von Konstantinopel nach Rußland ging (nach 1350) und dort, neben anderen, die Erlöserkirche zu Nowgorod ausmalte. Derselbe Künstler soll in der Hauptstadt vor seiner Abreise in 40 Kirchen gearbeitet haben; kein einziges seiner Werke ist außerhalb Rußlands erhalten geblieben. Während man an den Kunstwerken des Chora- und Pammakaristos-Klosters arbeitete, vollendete Giotto seine Fresken in der Arena-Kapelle zu Padua. Die Ähnlichkeiten sind frappierend, so daß man sich fragte, ob nur der Zufall mitspielte oder ob vielleicht eine gegenseitige Beeinflussung vorliege. Die Antwort ist schwierig, da ein Künstleraustausch Byzanz − Norditalien oder umgekehrt nicht nachweisbar ist und die Künstlerpersönlichkeit in Byzanz meist im Anonymen verharrt. In Venedig, dem Oberherrn Paduas, gab es eine große byzantinische Kolonie, folglich muß die kulturelle Ausstrahlung recht stark gewesen sein; die nächstliegende Antwort dürfte jedoch in der Tatsache liegen, daß hier

Dieses hervorragend ausgeführte Mosaik stellt die ersten Gehversuche der kleinen Maria dar. Kariye Camii (Chora-Kloster) in Konstantinopel, um 1320.

wie dort ein ähnliches intellektuelles und ästhetisches Klima vorhanden war, das solche Werke entstehen ließ. Auch in Makedonien ist das 13./14. Jahrhundert eine Zeit kultureller Blüte gewesen, gleichermaßen in den byzantinischen Gebieten wie in denen des Königreiches Serbien. Künstlerisches Zentrum war vor allem der Berg Athos, da die reichen Klöster dort häufig als Auftraggeber auftraten. Die Malerei im Protaton zu Karyes (Regierungszeit Andronikos' II.) geht in ihrer Leuchtkraft über die Konstantinopler Werke noch weit hinaus, stilistisch ähnlich sind Dekorationen der Klosterkirchen in Chilandari und Vatopedi, welche im 19. Jahrhundert wahrscheinlich übermalt wurden, die Fresken der Klemenskirche in Ochrid (ca. 1300), der Niketaskirche in Cučer, von

Kirchen in Staro Nagoričino, Studenica, Gračanica und Dečani (alle Anfang des 14. Jahrhunderts). Einige Künstler verewigten sich mit ihrem Namen, über ihre Herkunft und über die in der Malerei erscheinenden Legenden (gewöhnlich in Griechisch, gelegentlich in Alt-Slawisch) hat es viele Diskussionen gegeben; was sich dabei herausschälte, war, daß dieser sogenannte makedonische Stil Traditionen der früheren Klostermalerei wieder aufgriff und weiterentwickelte und sich vor allem auf die Darstellung emotionaler Elemente konzentrierte — im Gegensatz zum damaligen Naturalismus hauptstädtischer Künstler. Die weite Ausstrahlung dieser ›Provinzialkunst‹ weist ebenfalls auf den größeren Polyzentrismus in der Kulturlandschaft des späten Byzanz hin.

Die Wandmalereien in Mistra belegen die Variationsbreite des Stilempfindens vom Ende des 13. bis zur Mitte des 15. Jahrhunderts an vielen Beispielen. Fresken in St. Demetrios (1291) erinnern z. T. noch an die hauptstädtische Kunst des 12. Jahrhunderts, andere wiederum zeigen lebhaftes Interesse an äußerst dicht komponierten Massenszenen und detailreichem Hintergrund. Die beiden Kirchen des Brontochion-Klosters (ca. 1295) deuten in ihrer künstlerischen Dekoration schon mehr auf die ›humanistischen‹ Tendenzen des 14. Jahrhunderts. Das Haupt des Propheten Zacharias — ähnlich dramatisch ausgestaltet wie Johannes der Täufer im serbischen Gračanica — und die Heilung des Blinden in der Aphentiko-Kirche geben die gegensätzlichen Intentionen des neuen Stilempfindens, Dramatik und zartes Empfinden, deutlich wieder. Der zierlich-graziöse Figurenstil der Malerei in der kleinen Periblebtos-Kirche (um 1450), z. B. bei der Geburt Christi oder dem Einzug in Jerusalem, wird bisweilen mit der Hesychasten-Bewegung in Zusammenhang gebracht, doch es fehlen konkrete Beweise. Die spätesten künstlerisch exzellenten Wandmalereien jener Periode finden wir in der Pantanassa-Kirche zu Mistra, die um 1350 gebaut und von Johannes Frangopoulos 1428 dekoriert wurde. Zu einer Zeit, als das Reich in die politische Bedeutungslosigkeit versank, erstrahlt hier noch einmal, gleichsam symbolisch, die ungebrochene Vitalität des spätbyzantinischen Künstlertums. Der Einzug in Jerusalem, die Verkündigung, die Auferweckung des Lazarus erfreuen durch Unmittelbarkeit und Ausdrucksfrische, manchmal scheint es, als ob ein El Greco nicht mehr fern sei.

Die in der Wandmalerei erkennbaren künstlerischen Tendenzen sind auch bei den vielen tragbaren Ikonen zu finden, deren Entstehungsdatum meist unsicher ist. Einige erinnern an den Stil des Chora-Klosters, so etwa die Verkündigung von Ochrid (jetzt im Museum zu Skopje) oder die sehr guten Darstellungen der Verkündigung und des Marientodes (Museum für die bildenden Künste, Moskau). Andere Beispiele sind die Mosaikikone der Verkündigung im Victoria and Albert Museum in London, die Zwölf Apostel im Moskauer Puschkin-Museum, die große Christusikone in der Eremitage (ein Geschenk an das Pantokrator-Kloster auf dem Berg Athos um 1360), die Maria mit dem Kind in der Tretjakow-Galerie in Moskau, deren Entstehungsort einige Gelehrte an die adriatische Küste verlegen — es ist ein reiches Feld von Werken höchster Qualität.

Auf dem Gebiet der Buchmalerei wird die traditionelle Portraitkunst fortgeführt, wobei sich hie und da individuellere Züge bemerkbar machen. Als Beispiele sind zu nennen, das Portrait des Alexios Apokaukos in einer Hippokrates-Handschrift[18] aus der Zeit um 1340; das Doppelportrait Johannes Kantakuzenos' als Kaiser und Mönch[19] von ca. 1370; das Gruppenbild mit Manuel II., Kaiserin Helena und ihren drei Kindern in einem Manuskript des Pseudo-Dionysios von Areopagita (Louvre, Paris, Anfang des 15. Jahrhunderts); ein anderes Portrait Manuels II. in einer Kopie seiner Trauerrede zum Tode des Bruders Theodor[20], die wahrscheinlich um 1410 in Mistra entstand. Etwas strenger sind die Portraits eines kaiserlichen Prinzen und einer Prinzessin ausgefallen, die wir in einem *Typikon* (Handbuch der Klosterregeln) finden, das jetzt im Lincoln College in Oxford

Der Judaskuß, Fresko in der Klemenskirche zu Ochrid, Jugoslawien, um 1300. Massenszenen in lebendigen Farben sind typisch für die makedonische Wandmalerei der Zeit.

aufbewahrt wird. Auch Evangelistenportraits der Zeit sind mit vielen individuellen Zügen ausgestattet, etwa der Johannes in einem griechisch-lateinischen Evangeliar, das um 1250 von einem Griechen für seinen lateinischen Auftraggeber hergestellt wurde[21], oder der Hippokrates in der oben erwähnten Handschrift[22]. Die westliche Mode findet sich gelegentlich bei Illustrationen der klassischen Schriftsteller, so etwa bei einer Buchmalerei zu Oppian[23], die außerdem durch lebendige Jagdszenen erfreut. Es sind hierbei wohl dieselben Motive maßgebend gewesen, die dazu führten, daß westliche Vorlagen in der eigenen Volkssprache nacherzählt wurden. Einige Kunstwerke überraschen durch ungewohnte Komposition, Darstellung überschäumender Emotionen oder originäre Farbzusammenstellungen. Als Beispiel soll die Verklärung Christi aus der erwähnten Kantakuzenos-Handschrift genügen. Wenn überhaupt, könnte man hier vielleicht gewisse Einflüsse des Hesychasmus erkennen.

Die Verkündigung, tragbare Miniatur-Mosaikikone aus dem 14. Jh., Victoria and Albert Museum, London.

Daß der politische Zusammenbruch des byzantinischen Staates nicht Hand in Hand ging mit dem Zusammenbruch der Kultur, ist hinreichend dargestellt worden. Die unseligen Vorgänge in der Mitte des 14. Jahrhunderts untergruben vielleicht die brüchige, elitäre Welt der Nachklassik, aber zerstörten sie sicher nicht. Die späte byzantinische Theologie und Philosophie war in ihren Interessen nicht mehr so weitausgreifend, doch die Volksdichtung blieb lebendig, und in den Jahren unmittelbar nach der Einnahme der Stadt beschrieben vier Historiker mit unterschiedlichem Standpunkt facettenreich die letzten Tage des Reiches. Dukas gab in einfachem, leicht verständlichem Griechisch die Ansichten der doch recht zahlreichen Freunde einer Kirchenunion wieder; danach lag die einzige Hoffnung der byzantinischen Gesellschaft in der Vereinigung mit dem lebenskräftigen lateinischen Westen. Sphrantzes stellte eindringlich, doch ohne patriotisches Vorurteil die Meinung des früheren Staatsmanns unter dem letzten Kaiser Konstantin XI. dar. Kritoboulos vertritt die pro-ottomanische Sicht; für die byzantinische Gesellschaft sei die einzige Alternative eine Anpassung an die türkische Herrschaft. Sein Werk ist eine Lobeshymne ottomanischer Macht und Größe. Der vierte Historiker Chalkokondyles –

ein Vetter jenes Demetrios Chalkokondyles, der in Padua Griechisch lehrte und dort den ersten gedruckten Homer sah — analysierte das Werden des Ottomanischen Reiches mit einer visionären Darstellungsgabe, die an Herodot oder Polybius erinnert. Die selbst in einer verarmten Gesellschaft noch vorhandene Vitalität und künstlerische Gestaltungskraft wurde bereits ausführlich beschrieben. Auch die byzantinische Kirchenmusik wandelte sich noch einmal im 13. und 14. Jahrhundert, als man die ursprünglich einfachen Melodien mit kunstvollen Koloraturen ausschmückte. Die Komponisten Johannes Glykys, Johannes Koukouzelis und Johannes Lampadarios sind Vertreter des ›neuen Stils‹.

Der Historiker wird auf die Frage, warum ein so blühendes Reich nach tausend Jahren so schmählich zugrunde gehen konnte, zweifellos nicht nur einen einzigen Grund angeben. Die unterschiedlichsten Faktoren trafen zusammen, von der Verbesserung der Technik im Schiffsbau bis zu klimatischen Veränderungen in Zentralasien, von der wachsenden Unabhängigkeit der Grundbesitzer bis zur hausgemachten Inflation, die den Geldmangel verschleiern sollte. Falls es ein entscheidendes Unglücksjahr gab, dann war es das Jahr 1204, als sich das Territorium des Reiches noch von der Adria bis zu den Grenzen Syriens erstreckte, nicht aber 1453, als Konstantinopel in die Hände einer Großmacht wie eine reife Frucht fiel. Das Machtvakuum nach der lateinischen Invasion ermöglichte es den orthodoxen Slawenstaaten, ohne die Großmacht Byzanz im Rücken, eigene Wege zu gehen, doch schließlich waren auch sie dazu verurteilt, dem ottomanischen Eroberer gegenüber klein beizugeben. Rivalitäten und Intrigen verhinderten die Ausbildung einer soliden politischen Führung, die es den Balkanvölkern mit ihrem Menschenreichtum und ihrer einheitlichen Kultur ermöglicht hätte, wirkungsvoll Widerstand zu leisten.

Glücklicherweise hatten Gesellschaft und Kultur von Byzanz so lange Bestand, bis die westliche Welt reif genug war, von ihr zu lernen. So eignete sie sich nicht tote Doktrinen, sondern viele lebendige Traditionen einer kulturellen Weltmacht an, ohne sich selbst damit zu sehr zu belasten. Der Lernprozeß war auch zur Zeit der Renaissance und Reformation noch nicht beendet. Byzantinische Religiosität und Staatskunst faszinierten im 17. Jahrhundert die Gelehrten, byzantinische Texte wurden eifrig gedruckt. Das Zeitalter der Aufklärung, obwohl voller Verachtung für das Mittelalter, favorisierte in nahezu beunruhigender Weise die byzantinische Welt, wie bei Edward Gibbon seitenweise nachzulesen ist. Der Anzahl von Veröffentlichungen nach zu schließen, ist auch in unserer Zeit ein neues Interesse an Byzanz erwacht. Vielleicht finden sich hier Antworten auf politische und kulturelle Probleme, die wir, im Überschwang imperialistischen Selbstvertrauens, glaubten vernachlässigen zu können; Probleme, wie sie z. B. die Ost-West-Beziehungen oder die Dynamik traditionsverhafteter Gesellschaften immer wieder aufwerfen. Auf jeden Fall können wir noch von den Byzantinern lernen.

Die Verklärung Christi, Illustration in einer Schrift des Johannes Kantakuzenos, um 1370.

Anmerkungen

1) Leon VI. *Tactica* 12. 72 (MPG 107.826)
2) P. de Lagarde, *Johannis, Euchaitorum metropolitae quae in codice Vaticano gr. 676 supersunt,* Göttingen 1881, No. 43
3) Cod. Paris. gr. 139 fol. 435 ᵛ.
4) *Ibid.* fol. I ᵛ.
5) Stavronikita cod. 43 fol. 10
6) *Ibid.* fol. 5 ᵛ.
7) Cod. Paris gr. 139
8) Cod. Paris gr. 510
9) Venedig, Bibliotheca Marciana cod. gr. z. 17
10) Cod. Vat. gr. 1613
11) Cod. Coislin gr. 79
12) Niketas Choniates p. 269
13) Cod. Paris suppl. gr. 1262 fol. 35
14) Cod. Vat. Urb. gr. 2 fol. 20
15) BM Add. Ms. 11870 fol. 174 ᵛ.
16) *Ibid.* fol. 60
17) Cod. Misc. 136 fol. 231 ᵛ.
18) Cod. Paris gr. 2144 fol. 11
19) Cod. Paris gr. 1242 fol. 123 ᵛ.
20) Paris suppl. gr. 309 fol. VI
21) Cod. Paris gr. 54
22) Cod. Paris gr. 2155 fol. 10
23) Cod. Paris gr. 2736

Zeittafel

476	Ende des Weströmischen Reiches.
493—526	Theoderich König der Ostgoten in Italien.
518—527	Kaiser Justin I.
527—565	Kaiser Justinian I.
533/534	Belisar erobert das Wandalenreich in Afrika.
535—540	Belisar kämpft gegen die Ostgoten in Italien.
542	Die Pest in Konstantinopel.
552/553	Narses siegt über die Ostgoten in Italien.
577	Awaren und Slawen setzen sich im Balkangebiet fest.
610—641	Kaiser Herakleios.
614—619	Die Perser erobern Syrien, Palästina und Ägypten.
622	Mohammed flieht von Mekka nach Medina. Herakleios beginnt mit dem Feldzug gegen Persien.
626	Belagerung Konstantinopels durch Perser und Awaren.
627	Herakleios besiegt die Perser bei Ninive.
636—646	Die Araber besetzen Syrien, Palästina und Ägypten und zerstören das Perserreich.
647	Erster Einfall der Araber nach Kleinasien.
674—678	Die Araber belagern Konstantinopel.
681	Gründung des Bulgarenreiches.
711	Eroberung Nordafrikas durch die Araber abgeschlossen.
717/718	Die Araber belagern Konstantinopel zum zweiten Mal.
726—780	1. Periode des Bilderstreites.
756—775	Krieg zwischen Byzanz und Bulgarien.
811	Kaiser Nikephoros fällt im Kampf gegen die Bulgaren.
813—843	2. Periode des Bilderstreites.
827	Die Araber besetzen Kreta.
864	Die Bulgaren nehmen das Christentum an.
912—922	Krieg zwischen Byzanz und Bulgarien.
923—944	Johannes Kurkuas bleibt in mehreren Feldzügen gegen die Araber siegreich.
961	Wiedereroberung Kretas.
990—1019	Basileios II. erobert Bulgarien.
1022	Armenien wird annektiert.
1055	Die Seldschuken erobern Bagdad.
1071	Kaiser Romanos IV. unterliegt im Kampf gegen die Seldschuken. Große Teile Kleinasiens gehen Byzanz verloren. Die Normannen erobern Bari.
1082	Kaiser Alexios I. gewährt Venedig Handelsprivilegien.
1096—1099	1. Kreuzzug.
1133—1143	Kaiser Johannes I. in Kilikien und Syrien siegreich.
1147—1149	2. Kreuzzug. Die Normannen erobern Korfu, Korinth und Theben.
1155	Byzantinische Truppen operieren erfolgreich in Italien.
1176	Niederlage der Byzantiner gegen die Seldschuken bei Myriokephalon.
1182	Massaker an Lateinern in Konstantinopel.
1185	Eroberung Thessalonikis durch die Normannen.
1204	Während des 4. Kreuzzuges erobern die Kreuzritter Konstantinopel und errichten ein Lateinisches Kaiserreich.
1259	Sieg der nikänischen Truppen über Lateiner und Epiroten bei Pelagonia.
1261	Wiedereroberung Konstantinopels durch nikänische Truppen. Ende des Lateinischen Kaiserreiches.
1274	Auf dem Konzil zu Lyon akzeptiert Kaiser Michael VIII. die Kirchenunion.
1282	Sizilianische Vesper. Karl von Anjou und die Franzosen werden aus Sizilien vertrieben.
1308	Die ottomanischen Türken erobern Ephesus.
1321—1328	Andronikos II. und Andronikos III. kämpfen um die Alleinherrschaft.
1329	Die Türken erobern Nikäa.
1337	Die Türken erobern Nikomedia.
1341—1347	Johannes V. und Johannes Kantakuzenos kämpfen um die Alleinherrschaft.
1347	Die Pest wütet in Konstantinopel.
1354	Die Türken erobern Gallipoli.
1365	Adrianopel wird Hauptst. der Türken.
1376—1379	Erneut Bürgerkrieg in Byzanz.
1387	Thessaloniki in türkischem Besitz.
1393	Bulgarien wird Provinz des Osmanenreiches.

209

1393	Thessalien wird von den Türken besetzt.
1396	Ein Kreuzritterheer wird bei Nikopolis von den Türken vernichtet. Manuel Chrysoloras lehrt Griechisch in Florenz.
1397–1402	Sultan Bajezid belagert Konstantinopel.
1422	Sultan Murad belagert Konstantinopel.
1430	Thessaloniki fällt erneut an die Türken.
1439	Proklamation der Kirchenunion auf dem Konzil von Florenz.
1444	Niederlage eines ungarischen Kreuzzugsheeres bei Varna.
1453	29. Mai: Eroberung Konstantinopels durch die Türken. Kaiser Konstantin XI. fällt im Kampf.
1460	Mistra fällt an die Türken.
1461	Das Reich von Trapezunt wird türkisches Gebiet.

Silberschale aus Vilgort, UdSSR, 12. Jh.

Herrscherliste

Konstantin I.	324–337	Basileios I.	867–886	Alexios III.	1195–1203
Konstantius II.	337–361	Leon VI.	886–912	Angelos	
Julian	361–363	Alexander	912–913	Isaak II. (erneut)	
Jovian	363–364	Konstantin VII.	913–959	und Alexios IV.	1203–1204
Valens	364–378	Romanos I.	920–944	Alexios V.	1204
Theodosius I.	379–395	Lekapenos		Murtzuphlos	
Arcadius	395–408	Romanos II.	959–963	(Nikäa)	
Theodosius II.	408–450	Nikephoros II.	963–969	Konstantin	1204
Marcian	450–457	Phokas		Laskaris	
Leon I.	457–474	Johannes I.	969–976	Theodor I.	1204–1222
Leon II.	474	Tzimiskes		Laskaris	
Zenon	474–475	Basileios II.	976–1025	Johannes III.	1222–1254
Basiliskos	475–476	Konstantin VIII.	1025–1028	Dukas Vatatzes	
Zenon (erneut)	476–491	Romanos III.	1028–1034	Theodor II.	1254–1258
Anastasios I.	491–518	Argyros		Laskaris	
Justin I.	518–527	Michael IV.	1034–1041	Johannes IV.	1258–1261
Justinian I.	527–565	Michael V.	1041–1042	Laskaris	
Justin II.	565–578	Zoe und		Michael VIII.	1259–1282
Tiberios I.		Theodora	1042	Palaiologos	
Konstantinos	578–582	Konstantin IX.	1042–1055	Andronikos II.	1282–1328
Maurikios	582–602	Monomachos		Palaiologos	
Phokas	602–610	Theodora (erneut)	1055–1056	Andronikos III.	1328–1341
Herakleios	610–641	Michael VI.	1056–1057	Palaiologos	
Konstantinos III.		Isaak I.	1057–1059	Michael IX.	1294–1320
und Heraklonas	641	Komnenos		Palaiologos	
Konstans II.	641–668	Konstantin X.	1059–1067	Johannes V.	1341–1391
Konstantinos IV.	668–685	Dukas		Palaiologos	
Justinian II.	685–695	Eudokia	1067	Johannes VI.	1347–1354
Leontios	695–698	Romanos IV.		Kantakuzenos	
Tiberios III.	698–705	Diogenes	1068–1071	Andronikos IV.	1376–1379
Justinian II.	705–711	Eudokia	1071	Palaiologos	
(erneut)		(erneut)		Johannes VII.	1390
Philippikos		Michael VII.		Palaiologos	
Bardanes	711–713	Dukas	1071–1078	Manuel II.	1391–1425
Anastasios II.	713–715	Nikephoros III.		Palaiologos	
Theodosios III.	715–717	Botaneiates	1078–1081	Johannes VIII.	1425–1448
Leon III.	717–741	Alexios I.		Palaiologos	
Konstantin V.	741–775	Komnenos	1081–1118	Konstantin XI.	1449–1453
Leon IV.	775–780	Johannes II.		Palaiologos	
Konstantin VI.	780–797	Komnenos	1118–1143		
Irene	797–802	Manuel I.			
Nikephoros I.	802–811	Komnenos	1143–1180		
Staurakios	811	Alexios II.	1180–1183		
Michael I.	811–813	Komnenos			
Leon V.	813–820	Andronikos I.			
Michael II.	820–829	Komnenos	1183–1185		
Theophilos	829–842	Isaak II.			
Michael III.	842–867	Angelos	1185–1195		

Literatur [1])

Zusammenfassende Darstellungen.

Ahrweiler, H. *L'idéologie politique de l'empire byzantin,* Paris 1975

Ahrweiler, H. *Études sur les structures administratives et sociales des Byzance,* London 1971

Baynes, N. H. und Moss, H. St. L. B. *Byzantium: An Introduction to East Roman Civilization,* Oxford 1948

Beck, H. G. *Kirche und theologische Literatur im byzantinischen Reich,* München 1959

Beck, H. G. *Geschichte der byzantinischen Volksliteratur,* München 1971

Beckwith, J. *Early Christian and Byzantine Art,* Harmondsworth 1970

Browning, R. *Byzantine Literature,* in: Dudley/Lang, *The Penguin Companion to Literature 4,* S. 179—216, Harmondsworth 1969

Cambridge Medieval History, Band IV, 1966—67 (Hg. J. M. Hussey u. a.)

Guillou, A. *La civilisation byzantine,* Paris 1974

Haussig, H. W. *Kulturgeschichte von Byzanz,* Stuttgart 1959

Hussey, J. M. *Die byzantinische Welt,* Stuttgart 1958

Krautheimer, K. *Early Christian and Byzantine Architecture,* Harmondsworth 1965

Michel, A. *Die Kaisermacht in der Ostkirche (843—1204),* Darmstadt 1959

Obolensky, D. *The Byzantine Commonwealth: Eastern Europe 500—1453,* London 1971

Ostrogorsky, G. *Geschichte des byzantinischen Staates,* 3. A. München 1963

Rice, D. T. *Die Kunst im byzantinischen Zeitalter,* München 1968

Rouillard, G. *La Vie rurale dans l'Empire byzantin,* Paris 1953

Runciman, S. *Byzantine Style and Civilization,* Harmondsworth 1975

Vasiliev, A. A. *History of the Byzantine Empire,* Madison 1958ˑ

Vryonis, S. *Byzantium: its Internal History and Relations with the Muslim World,* London 1972

Wellesz, E. *A History of Byzantine Music and Hymnography,* 2. A. Oxford 1961

Whitting, P. *Byzantium: An Introduction,* Oxford 1971

Kapitel 1

Barker, J. W. *Justinian and the Later Roman Empire,* Madison-London 1966

Brown, P. *Welten im Aufbruch: Die Zeit der Spätantike,* Bergisch Gladbach 1980

Browning, R. *Justinian und Theodora. Glanz und Größe des byzantinischen Kaiserpaares,* Bergisch Gladbach 1981

Grabar, A. *Byzantium from the Death of Theodosius to the Rise of Islam,* London 1966

Rubin, B. *Das Zeitalter Justinians,* Band I., Berlin 1960

Stein, E. *Histoire du Bas Empire,* Band II., Paris 1949

Kapitel 2

Head, C. *Justinian II. of Byzantium,* Madison 1972

Karayannopoulos, J. *Die Entstehung der byzantinischen Themenordnung,* München 1959

Lemerle, P. *Le premier humanisme byzantin,* Paris 1971

Ostrogorsky, G. *Studien zur Geschichte des byzantinischen Bilderstreites,* Breslau 1929

Stratos, A. N. *Byzantium in the Seventh Century,* 3 Bde., Amsterdam 1968—1975

Kapitel 3

Browning, R. *Byzantium and Bulgaria,* London 1975

Jenkins, R. *Byzantium: The Imperal Centuries, AD 600—1071,* London 1966

Runciman, S. *The Emperor Romanus Lecapenus and his Reign.* Cambridge 1929

Stadtmüller, G. *Geschichte Südosteuropas,* München 1950

Stökl, G. *Geschichte der Slawenmission. Die Kirche in ihrer Geschichte,* Bd. 2, Lfg. E, Göttingen 1961

Toynbee, A. J. *Constantine Porphyrogenitus and his World,* London 1973

Kapitel 4

Brand, C. M. *Byzantium Confronts the West, 1180—1204,* Cambridge, Mass. 1968

Mayer, H. E. *Geschichte der Kreuzzüge,* Stuttgart 1965

Rice, D. T. *The Twelfth Century Renaissance in Byzantine Art,* Hull 1965

---

[1]) Ergänzt und für den deutschen Leser eingerichtet vom Übersetzer.

Kapitel 5

Angold, M. *A Byzantine Government in Exile: Government and Society under the Laskarids of Nicaea (1204–1261)*, London 1975

Beck, H. G. *Theodoros Metochites. Die Krise des byzantinischen Weltbilds im 14. Jahrhundert*, München 1952

Bosch, U. V. *Kaiser Andronikos III. Palaiologos*, Amsterdam 1965

Geanakoplos, D. J. *Interaction of the ›Sibling‹ Byzantine and Western Cultures in the Middle Ages and Renaissance*, New Haven-London, 1976

Nicol, D. M. *Church and Society in the Last Centuries of Byzantium*, Cambridge, 1979

Nicol, D. M. *The End of the Byzantine Empire*, London 1979

Nicol, D. M. *The Last Centuries of Byzantium 1261–1453*, London 1972

Rice, D. T. *Byzantine Painting: The Last Phase*, London 1968

Runciman, S. The Sicilian Vespers, Cambridge 1958

Runciman, S. *The Fall of Constantinople 1453*, Cambridge 1965

Runciman, S. *Mistra*, London 1980

Weiss, G. *Johannes Kantakuzenos*, Wiesbaden 1969

Bildnachweis

Bayerische Staatsbibliothek, München: 193

Biblioteca Apostolica Vaticana: 58, 61, 89, 91

Biblioteca Estense, Modena: 131

Biblioteca Marciana, Venedig: 46, 48, 62, 101, 103 (Scala)

Biblioteca Nacional, Madrid: 51 (MAS)

Bibliothèque Nationale, Paris: 2 (Hirmer), 55, 112 (Hirmer), 113 (Hirmer), 121, 138 (Hirmer)

J. Blankoff: 11

Bodleian Library, Oxford: 100, 200

British Museum: 127, 186

Castello Sforzesco, Mailand: 21

Corinth Excavations, American School of Classical Studies: 161

École des Hautes Études, Paris (collection Millet): 134

Edinburgh University Library: 23

Ermitage, Leningrad: 41 oben, 210

Ian Graham: 180

Sonia Halliday: 20, 86, 104, 174 oben und unten, 191, 192

André Held: 31

Foto Hinz: 12, 73, 111

Hirmer Fotoarchiv, München 15, 85, 123, 208

Michael Holford: 28, 155

Istanbul Archaeological Museum: 43

Library of Congress: 167, 178

Lincoln College, Oxford: 198

Louvre, Paris: 25, 77 (Hirmer), 195

Magyar Nemzeti Museum, Budapest: 93

Mansell Collection: 10, 18—19, 125, Vor- und Hintersatz

Metropolitan Museum of Art: 41 unten und 146 (Geschenke von J. Pierpont Morgan, 1917), 42 rechts (The Cloister Collection Purchase, 1950)

Museo Civico, Pisa: 173 (Hirmer)

Muzeul de Arta, Bukarest: 182

The National Gallery, London: 181

Österreichische Nationalbibliothek: 33, 36, 141, 150

Patriarchial Institut, Kloster Wlatadon: 107

Josephine Powell: 39, 72, 109, 190, 201, 205

Scala: 26—27, 117

Ronald Sheridan: 137, 156

Dusan Tasić: 139

Tretjakow-Galerie, Moskau: 158

Troyes Cathedral Treasury: 97 (Giraudon)

Vatikan: 67

Victoria and Albert Museum, London: 115, 165, 206

Archiv Weidenfeld and Nicolson: 40, 45

Kurt Weitzmann, Princeton: 42, 66

Worcester Art Museum (J. Wheelock Fund): 176

Kursiv gesetzte Zahlen weisen auf Farb-Abbildungen hin

Register

216

CONSTANTINVS MAIOR
HERACLII ET TIBERII

HIS IGITVR SOCIVS MERITIS P
AVLA NOVOS HABIT/S FECIT